KB142445

**대학이란
무엇인가**

DAIGAKU TOWA NANIKA
by Shunya Yoshimi

ⓒ 2011 by Shunya Yoshimi
First published 2011 by Iwanami Shoten, Publishers, Tokyo.
This Korean language edition published 2014
by Geulhangari, Paju
by arrangement with the proprietor c/o Iwanami Shoten, Publishers, Tokyo.

대학이란
무엇인가

요시미 순야 지음 | 서재길 옮김

글항아리

일러두기

1. 각주는 모두 역자가 독자의 이해를 돕고자 붙인 것이다.
2. 외래어 표기는 국립국어원 외래어 표기법을 따랐으며, 일본어 고유명사의 표기는 가급적 일본어 발음을 그대로 옮겼다.

| 한국어판 서문 |

오늘날 격변하는 세계 속에서 대학과 그 안에서 이루어지는 지식의 양상은 그 근저에서부터 변화하고 있습니다. 일본에서는 1990년대 이후 대학 설치기준 간소화와 교양교육 붕괴, 대학원 중점화, 국립대학의 법인화, 저출산에 따른 대입 정원의 과잉 및 대학생의 학력 저하, 신진 연구자의 불안정한 지위, 세계화와 그로 인한 유학생 증가 등 급격한 변화가 대학교육의 현장에 밀어닥치게 되어 우리는 대학을 그 근본까지 거슬러올라가 새롭게 묻지 않을 수 없게 되었습니다.

최근 수십 년에 걸쳐 일본 사회에서 '대학'이 사회적 논의의 대상이 된 것은 분명해 보입니다만, 대부분의 경우 '대학이란 무엇인가'라는 근본적인 질문은 빠뜨린 채 논의가 진행되었습니다. 즉 대학에 대한 최근의 논의는 대체로 대학이라는 제도를 주어진 것으로 전제한 바탕에서 오늘날의 격변만을 말하고 있는 것으로 보입니다. 그러나 지금 진정 필요한 것은 '대학'이라는 개념 자체를 재정의하는 것이 아닐까 합니다.

그렇다고 해서 저는 자본주의가 석권한 이 시대에 대학에서 '교양주의'를 부활시켜야 한다고 주장하고 싶지는 않습니다. 지금 필요한 것은 '교양'을 부활시키는 일이 아니라 '대학'을 다시 정의하는 일이라고 생각합니다. 다시 말해 과거 2세기에 걸쳐 존재했던 것과는 다른 형태로서, 즉 과거와 같은 '교양'의 부흥으로 회귀되지 않는 포스트 국민국가 시대의 지적 공간으로서 미래의 대학을 재정의할 필요가 있습니다.

이 같은 문제의식을 바탕으로 이 책은 세 가지 관점을 제시하고 있습니다. 첫 번째로 대학은 두 번 태어났다는 점입니다. 중세 도시를 전제로 하여 생겨난 대학과, 이와 어느 정도 연속성을 공유하면서도 19세기 이후 국민국가를 기반으로 하여 훔볼트 이념에 기초해 생겨난 대학은 서로 다릅니다. 중세 대학이 생겨나고 발전하다가, 한 차례 거의 사멸한 뒤 재탄생하는 과정에서 근대 대학이 생겨난 것입니다. 다시 태어난 근대 대학이 지금 상태로 지속될 것인지 아니면 곧 두 번째의 죽음과 세 번째의 탄생을 맞이할 것인지는 아직 알 수 없습니다만, 이것이 지금부터 우리가 고민해야 할 문제임에는 틀림없을 것입니다.

두 번째로 대학은 미디어라는 점입니다. 대학이란 출판이나 박물관, 도서관과 마찬가지로 일종의 미디어라고 할 수 있습니다. 마셜 매클루언은 미디어를 인간의 신체와 세계 사이의 관계를 구조화하는 매개기술이라고 말한 바 있습니다. 미디어가 신체와 환경의 관계를 구조화하는 장 혹은 제도라고 한다면, 매스컴이나 신문, 인터넷뿐만 아니라 박람회나 백화점, 도서관이나 미술관 그리고 대학과 학생 역시 지식과 신체를 매개하는 장이라는 의미에서 미디어로서 고찰할 수 있을 것입니다.

세 번째로 대학은 자유를 의미한다는 점입니다. 18세기의 철학자 임마누엘 칸트는 대학에 대해 논한 『학부들의 논쟁Der Streit der Fakultäten』이라는 저서에서 의학이나 경영학 등 소위 사회에 도움이 되는 '유용한 지식'과 미학이나 인문학 등 '리버럴한 지식'으로 학문을 나누고, 대학은 이 두 가지 지식이 긴장을 품은 채로 상호연관을 지닌 곳으로서, 양자가 결합된 형태로 가르치고 또한 이를 배우는 장소라고 말한 바 있습니다. 이 같은 칸트의 대학론은 21세기에도 유효하다고 봅니다. 세계화한 현대사회에서 '유용한 지식'이란 환경이나 정보 등 전 지구적 규모의 과제에 대응할 수 있는 실천적인 지식을 의미할 것입니다. 그렇다면 세계화 사회에서 '리버럴한 지식'은 무엇일까요. 이 물음에 대답하기 위해서는 이 책의 범위를 넘어서는 별도의 고찰이 필요하리라고 봅니다.

그렇다면 대학은 지금 어디로 향해 가고 있는 것일까요. 앞에서 말한 세 가지 논점과 표리관계를 이루는 것이겠지만, 저는 16세기와 21세기가 닮아 있다고 생각하고 있습니다. 16세기는 콜럼버스로 대표되는 스페인·포르투갈 세력의 항로 개척을 계기로 세계가 '대항해시대'에 돌입한 시대인 동시에 구텐베르크의 활판인쇄술의 보급에 의해 엄청난 양의 다양한 '정보'가 유통되기 시작한 시대이기도 합니다. 그리고 바로 이 16세기 이후 대학은 서서히 죽음으로 향하는 길로 접어들게 됩니다. 근대의 뛰어난 사상가나 위대한 과학자 중 대학교수였던 사람이 아주 적다는 사실이 시사하듯 17~18세기 서양 근대 사회에서 대학은 그다지 중요한 역할을 하지 못했습니다. 대학은 16세기 이후 세계화와 인쇄술에 의한 정보 폭발이라는 근대 최초의 격동에 적절하게 대응하는 데 실패했던 것입니다.

21세기를 맞이한 지금 더욱 급속히 전개되는 세계화와 디지털 기술에 의한 정보 폭발 속에서 대학의 모습 또한 크게 흔들리고 있습니다. '세계화'와 '정보 폭발'을 경험하고 있다는 점에서 16세기와 21세기는 아주 닮아 있으므로, 오늘날의 대학은 자칫하다가는 세계사적 격변에 적응하는 데 또다시 실패할지도 모릅니다. 16세기 이후의 세계가 중세에서 근대로 극적으로 변화해나갔듯 21세기라는 시대 역시 향후 사회가 크게 변화해나가는 최초의 세기가 되지 않을까 합니다. 그 변화의 입구에 있는 지금 새삼스럽지만 '대학'을 재정의하는 일이야말로 매우 중요하다고 저는 생각하고 있습니다.

꽤 요란스러운 논의를 전개하고 있는 이 책을 한국의 독자 여러분이 읽을 수 있게 되어 매우 기쁩니다. 한국과 일본은 대학교육에 관한 한 공통점이 많다고 생각합니다. 두 나라의 고등학생은 대학입시를 위해 맹렬히 공부하며 부모들도 자식의 공부에 극성인 편입니다. 한국 대학은 미국 대학의 시스템을 일본보다 일찍, 더 적극적으로 수용한 면도 있습니다만, 고학력자의 취업난 등 일본과 유사한 문제도 많이 안고 있습니다. 비서양 세계에서 극도로 발달한 학력사회가 만들어졌다는 점이나 그 속에서 대학의 폭발적인 확대를 경험해왔다는 점에서도 한국과 일본 그리고 중국은 유사한 경향을 띠고 있습니다.

잘 알려져 있듯 서울대학교의 전사前史는 일본의 식민지주의와 깊이 연관되어 있습니다. 19세기 말부터 20세기에 걸쳐 일본이 발전시켰던 제국대학 시스템을 일본 국내의 문제로서만이 아니라 동아시아에서의 제국주의와 그 학지學知[1]의 문제로 국경을 초월하여 되돌아볼 필요가 있는 것입니다. 이때 '제국'대학—도쿄 대학, 서울대, 타이베이 대학 등 근대 일본의 제국주의를 배경으로 생겨난—과 사립대학—일본과 한국에서 한편으로 서양 지식을 번역하고 다른 한편으로는 기독교의 강한 영향을 받으면서 발달한—이라는, 동아시아의 20세기를 관통하는 이원적 시스템의 동시대성이 그 윤곽을 드러낼 것입니다.

바로 이러한 측면에서, 서양 대학의 긴 역사와 근대 일본에서 이루어진 대학의 발달을 스케치한 이 책이 한국의 많은 독자에게 읽

---

1 동아시아 한자문화권에서 '배움을 통한 지식'이라는 뜻으로 일반적으로 사용되는 용어로서, 이 책에서는 '앎'이라는 보편적 행위와 제도로서의 '학문'을 결부시킨 포괄적인 개념으로 사용하고 있다. 한편 원서의 '지知'라는 용어는 문맥에 맞추어 '지식'이나 '지성'으로 번역했다.

혀 한국의 '대학론'에 다소나마 시사하는 바가 있었으면 하는 바람을 가져봅니다. 마지막으로 이 책을 번역한 서재길 교수에게 깊은 사의를 전합니다.

2014년 4월
요시미 순야

| 여는 글 |

대학이란 무엇인가

대학이란 무엇인가

오늘날 대학은 일찍이 유례가 없던 어려운 시기를 맞이하고 있다. 1990년대 이후 대학 설치기준의 간소화와 그 결과로 나타난 교양교육 붕괴, 대학원 중점화, 국립대학 법인화, 저출산에 따른 대학 입학 정원의 과잉과 학력 저하, 젊은 연구자의 지위 불안정화, 세계화와 유학생 증가 등 큰 파도가 잇따라 밀려와 대학은 그 제도의 내력이 근본부터 흔들리는 시대로 들어섰다. 대학 운영의 틀도 대학 교원의 생활도 이미 이전과는 완전히 다른 모습으로 변해가고 있다.

이 같은 상황 속에서 오늘날 '대학'은 차츰 교육학자는 물론 언론 및 정·재계를 포함한 광범위한 사람들의 논의 대상이 되어왔다. '대학'이 이 정도로 세간의 이목을 끌게 된 것은 일찍이 학생운동에 의해 대학에 대한 근본적인 질문이 제기되었던 1960년대 말 이후 처음 있는 일이다. 대학이 직면한 오늘날의 곤란은 여러 분야에서 다뤄진다. 교육학자들은 종종 제도사적 측면에서 분석하고, 총장 경력자나 문부과학성 출신자들은 자신의 경험에서 회고하는가 하면, 교육 저널리스트들은 당사자들에 대한 청취 조사를 통해 문제를 제기해왔다.

그러나 이러한 논의를 일별해보면 무언가 결여되어 있다는 느낌이 든다. 바로 대학이 직면하고 있는 당장의 어려움을 '대학이란 무엇인가'라는 물음, 즉 대학 개념 자체에 대한 물음과 서로 맞부딪치도록 하는 작업이다. 오늘날 대학에 관한 논의는 대개 대학이라는 제도를 주어진 것으로 전제하고 현재의 격변에 관해 말한다. 그러나 지금 필요한 것은 '대학'의 개념 그 자체를 재정의하고 '대학이란 무엇인가'라는 오래된 물음에 새로운 방식으로 대답을 제시하는 일이 아닐까.

이 같은 질문이 아예 없었던 것은 분명 아니다. 오히려 몇몇 논자는 최근 대학 '교양'의 재구축을 주장하기도 했다. 간소화에 의해 교양교육이 위기에 봉착했고, 대학원 중점화에 따라 학부교육 그 자체가 경시되고 있으며, 전문대학원 등의 설립이 이 같은 경향을 강화하면서 교양의 장으로서의 대학이라는 개념이 근본적으로 공동화空洞化되어버렸다는 비판이 그것이다. 이 비판은 분명 정당하다. 그러나 비판의 맨 앞쪽에 놓아야 하는 것은 비단 '교양'의 재구축만이 아니다. '교양'의 재구축만큼이나 중요한 것은 '대학'을 재정의하는 일이다. 다시 말해 대학을 과거 2세기 동안 존재했던 것과는 다른 방식으로, 즉 기존 '교양'의 부흥으로 회귀하지 않고 포스트 국민국가 시대에 가능한 장으로서 '대학'을 재정의해야 하지 않을까.

오늘날 대학에 쏟아지는 사회의 엄정한 비판에 대답한다는 의미에서도 이 같은 재정의는 필요하다. 예를 들어 민주당 정권 탄생 뒤 요란하게 추진된 사업 분화는 대학의 기반 예산에도 영향을 끼쳐, 운영비 교부금의 일부 재검토, 글로벌 COE[1]나 대학원개혁 프로그램 등의 예산 감축, 슈퍼컴퓨터 등 대규모 과학기술 예산의 감축이 결정되었다. 이에 대해 대학 관계자는 일제히 반발하고 있다. 이전의 일곱 제국대학과 와세다早稻田, 게이오慶應 대학 총장이 "대학의 연구력과 학술의 미래를 걱정한다"라는 공동성명을 발표하여, 공적 투자의 명확한 목표를 설정하고 지속적으로 확충하며 대학의 기반 경비를 충실히 하고 정부와 대학 사회의 대화를 중시할 것 등을 호소했다. 또한 노벨상, 필즈상[2] 등의 수상자들도 이름을 모아 기초연구비의 중단은 다음 세대를 담당할 인재를 고갈시켜 일본 과학기술의 미래에 "돌이킬 수 없는" 사태를 낳을 것이라고 긴급 성명을 발표했다. 이밖에도 많은 연구자와 과학기술단체가 대학의 기초연구비 확충을 호소하는 설명을 발표했는데, 그 수가 20건이나 되었다.

이 같은 대학인들의 비통한 호소는 많은 대학의 교육연구비와 교직원 수 절감이 거의 한계에 도달해 있다는 인식에 기반한다. 그러

---

1 Global COE(Center of Excellence) Program: 일본에서 세계적 수준의 대학원 육성을 위해 거점 대학을 선정하여 지원하는 문부성의 프로그램.
2 수학의 업적에 대해서 주어지는 국제적인 상으로 '수학의 노벨상'이라 불린다.

나 전반적으로 보자면, 저명한 대학인들이 앞장서 호소를 했음에도 불구하고 여론의 강력한 지지를 받는 데까지 이르지는 못했다. 이 같은 상황은 일본의 고등교육에 대한 공공재정 지출이 세계 최저 수준이라는 사실과 나란히 보면 더욱 우울해진다. 전체 국내총생산 GDP에서 고등교육기관에 대한 공공재정 지출이 차지하는 비율을 나라별로 비교하면, 일본은 GDP 대비 약 0.5퍼센트로 멕시코나 한국 보다도 낮고, 미국이나 프랑스 등 구미 여러 나라의 절반 이하, 핀란드 등의 북유럽 국가의 3분의 1 이하에 머물러 있다. 무릇 일본은 교육에 대한 공공재정 지출 자체가 취약하여, 2007년의 통계에서는 3.3퍼센트로 경제협력개발기구OECD 회원국 가운데 최하위에 머물렀다. 공공재정의 비율이 높은 북유럽 국가는 물론, 4퍼센트 정도로 상대적으로 낮은 수준인 한국이나 이탈리아보다도 낮다. 2009년에 일어난 정권 교체는 국가정책의 기축을 '궤짝 만들기'에서 '사람 만들기'로 전환하지 않을까 하는 기대를 낳았으나, 이 또한 공약空約으로 끝나게 될 듯하다. '사람 만들기'의 기본이 교육일진대 이미 이 나라는 수십 년간 얼마나 교육을 소외시켜 왔던가.

국가로부터 최소한의 재정적 지원밖에 받지 못하고 미국처럼 기부금을 지원하는 세금제도도 육성되지 못한 상황 속에서, 전후 오랜 기간 동안 그 나름대로 일본 교육의 질이 유지되고 대학이 지속적으로 확대될 수 있었던 것은 많은 일본인이 국가가 지원하지 않는 몫을 가계에서 부담하여 교육을 일정 수준 뒷받침해왔기 때문이다.

"서당식 교육寺子屋 정신이 일본의 지적 능력을 뒷받침해왔다"는 말이 듣기에는 좋다. 그러나 개별 가계가 지탱해온 목표는 "우리 아이의 학력 획득"일 뿐, 공공적 측면에서 배움의 가치는 아니었다. 그 결과 이 나라에서 이상할 정도로 발전한 것이 바로 학원산업과 거대 사립대학이다. 전국 방방곡곡 어느 거리에나 대학 입시는 물론 초등학교 입시를 위한 학원까지 북적대고 있다. 일본 가정은 열심히 일해 번 가계 수입의 상당 부분을 아이들의 학원비로 지출한다. 학원에 다니면 그만큼 실력이 느는 까닭에 '입시산업의 번성이 공적 교육 시스템의 취약을 보충해왔다'고 빈정 섞인 태도로 말하게 된 것이다.

하지만 이렇게 오랜 기간의 투자가 결실을 맺어 아이가 희망하던 대학에 합격하면, 이번에는 적지 않은 학비가 다시 가계를 압박한다. 고등교육비 지출 가운데 공공재정 지출이 차지하는 비율은 북유럽 국가의 경우 거의 전액에 가깝고 독일이나 프랑스에서도 80퍼센트 이상 되며, OECD 회원국 전체 평균으로도 70퍼센트인데, 일본은 약 30퍼센트에 불과하다. 그만큼 아이가 대학에 진학하고 난 뒤에도 부모의 가계는 자식들의 학비를 대는 데 사용될 수밖에 없다. 사실 이 같은 방대한 사적 부담이 일본 사립대학의 큰 발전을 뒷받침해온 것이다. 일본의 사립대학은 전후 개혁 속에서 여러 규제가 사라진 뒤, 교육의 질 문제는 뒷전으로 미루고 학생 수를 급격히 팽창시켜 그 학비 수입으로 대학의 규모를 확대해왔다. 그 여파가

1960년대 말 발생한 학생운동에서 하나의 원인이 되었다는 점은 뒤에서 다시 논할 것이다.

부모 입장에서 보면, 얼마 안 되는 돈을 변통하여 학원비로 돌려 아이가 간신히 대학에 합격하고 나서도, 또 다시 학비를 쏟아부음으로써 얻고자 하는 것은 아이의 학력이다. 대학 측에서 보면, 충분한 학비 수입만 확보된다면 교육의 질 향상은 뒷전이고 이를 사업 확대에 사용하려 한 경우가 많았다. 이러한 고등교육이 미래에 어떠한 공공적 가치를 담당할 수 있을 것인가. 이에 대한 근본적인 물음은 공공재정 지출을 억눌러왔던 정부와 내 자식의 입시에만 몰두하는 가정 사이에서 줄곧 방치되어왔다.

폭발하는 대학

현대 대학의 위기란 어떠한 성질의 것인가. 교양의 붕괴와 학생들의 학력 저하, 대학교육의 가능성이나 학위에 대한 세상의 놀라울 정도의 몰이해, 교직원 정원 삭감과 신자유주의적 가치의 침투 같은 현실을 매일 접하노라면, 이제 이 나라에서 대학이라는 제도는 절멸해버리는 것이 아닐까 하는 생각에 사로잡히게 된다. 그러나 고도 孤島의 순수종인 대학이 외부의 이러저러한 위협에 노출되어 절멸의 위기에 처해 있다고 생각하는 것은 대학을 지나치게 낭만화하는 것이다. 대학은 적어도 현상적으로는 멸종위기종이 아니다. 그렇기는 커닝 최근 20년 혹은 30년 단위로 세계의 조류를 고찰해볼 때, 대학이라는 제도는 오히려 대폭발을 이어오고 있다는 사실을 알 수 있다. 이는 그야말로 어느 종이 돌연히 대번식을 시작하여 지상을 완전히 덮어버렸다가, 마침내 자기과잉 및 그것이 가져온 순환계 파괴로 인해 절멸을 향하기 바로 직전 상황과 흡사하다.

세계의 대학이나 학생 수는 20세기 초반까지는 한정되어 있었으나 제2차 세계대전 이후 급속히 증대되기 시작하여 최근 30년간 폭발적으로 늘어났다. 1970년대 이후 고등교육기관 입학자 수의 변화를 나타낸 유네스코의 통계를 보면 최근 삼십몇 년간 전 세계의 대학생 수가 꾸준히 증가했으며, 특히 1990년대 중반 이후 급증했다는 사실을 알 수 있다. 특히 1990년대의 수치를 뒷받침하는 것은 동아시아 여러 나라의 대학생 수 급증이었다.

그 결과 1970년 전 세계 대학생 수의 48퍼센트를 점해 최대 다수였던 북미 및 서유럽 대학생의 비율이 2007년에는 23퍼센트로 줄곧 감소한 반면, 동아시아 및 태평양 연안 국가의 대학생 수는 1970년 14퍼센트에서 2007년에는 32퍼센트로 껑충 뛰어올라 최대 다수가 되었다. 그 사이 일본의 대학생 수는 점증하는 추세를 보이므로 격증의 주된 요인은 중국이나 한국 등 1980년대 이후 급속히 성장한 국가들의 고학력화에 의거한 것일 터이다.

최근 몇 년 일본의 대학이 고뇌를 거듭하는 동안 중국 최상위권 대학이 큰 발전을 이룩한 것은 전반적으로 이 같은 흐름 속에서였다. 물론 일부 상위 대학뿐 아니라 급조되어 생겨난 대학의 수가 막대하다. 최근 30년 동안 세계에서 신설된 대학이 얼마나 되는지를 상세하게는 알 수 없지만, 적어도 미국의 경우 4년제 대학 약 2400개에 2년제 대학 1700여 개를 더하면 그 총수는 4000개를 초과한다. 중국의 경우 1990년에 1000개 정도였던 대학이 2005년에 이르러 약 1800개로 증가했다고 한다. 이들 대학에서 진정 '대학'이라는 이름에 값하는 교육이 이루어지는가는 별도로 하고, 오늘날 세계의 대학 수를 합하면 대략 1만을 넘지 않을까 한다. 게다가 지금도 계속 증가하고 있다. 향후의 경제발전을 감안하면 중국과 마찬가지 상황이 인도에서도 일어나게 될 것이다.

물론 변화가 개발도상국에서만 일어나고 있는 것은 아니다. 예를 들어 영국에서는 1992년 모든 전문학교(폴리테크닉polytechnic)를 학위 수여권이 있는 대학으로 승격시켰다. 이 조치에 따라 영국의 대학 수는 단숨에 2배가 되었고, 대학생 수도 50퍼센트나 늘어났다. 이리하여 그전까지 18~21세 인구 중 6퍼센트 정도만이 정식 대학생이었던 고전적인 대학문화의 전통국가 영국은 일거에 150만 명 이상의 다양한 학생을 거느린 대형 고등교육 국가로 변모했다.

이 같은 흐름 속에서 석사학위, 박사학위 등 학위 취득자의 수도 폭발적으로 늘어나고, 유학생 증대와 논문의 상호참조, 공동연구의 증가로 국경을 넘어선 대학 간의 유대가 늘어나고 있다. 오늘날 도대체 얼마나 많은 대학교수와 유학생들이 세계를 돌아다니고 있는 것일까. 세계 주요 도시의 모든 공항에는 입국 수속을 마친 출구에 '프로페서'를 국제회의장으로 인도하기 위해 마련해둔 안내인이 눈에 잘 띄게 여럿 대기하고 있다. 수많은 대학교수와 유학생 각각은 부자가 아니겠지만, 그 수로 보면 이들은 이미 전 세계 항공회사의 단골고객이다. 오늘날 세계에서 대학이라는 제도의 지배력은 축소되기는커녕 압도적인 것이 되고 있다. 따라서 글로벌 지식 체계로서 폭발하고 있는 '대학'이 그 실질에 있어서 어떻게 변질되고 심각한 곤란에 직면했는지를 묻지 않으면 안 된다.

저출산 국가 일본의 대학 거품

그렇다면 일본 대학의 상황은 어떠한가. 1970년대 초반까지 일본의 대학생 수는 매년 5~10만 명 규모로 증가하여 1978년 186만 명을 정점으로 감소 추세로 돌아섰다. 그러나 단카이團塊 세대[3]의 아이들이 18세가 된 1980년대 후반 다시 증가하기 시작해 이들 세대가 대학을 떠난 뒤인 1990년대에도 학생 수는 줄지 않고 있다. 1995년에는 전체 대학생 수가 250만 명을 돌파했고, 2003년에는 280만 명에 이르렀다. 전체적으로 18세 인구가 감소하고 있음에도 대학생 수만이 계속 증가하고 있는 것은 기묘한 일인데, 이는 대체로 진학률

---

3 일본에서 제2차 세계대전 패전 이후인 1947~1949년에 태어난 베이비붐 세대로서, 정년 및 연금 문제 등 많은 사회문제의 원인이 되고 있다.

이 더 높은 비율로 상승한 데 기인한다. 즉 일본의 대학 진학률은 1980년대에는 47퍼센트였으나 2005년에는 마침내 50퍼센트를 돌파했다. 여기에 대학원생 격증과 유학생 증가 등의 요인이 더해져서 1990년대 이후 일본 대학의 재적 학생 수가 지속적으로 증가하고 있는 것이다.

여기에서 중요한 것은 대학의 수도 계속 증가해왔다는 사실이다. 패전 당시 겨우 48개에 지나지 않았던 일본의 대학 수는 1965년에 300개, 1975년에 400개를 넘어섰다. 여기까지는 18세 인구 자체가 계속 증가했기 때문이라고 이해할 수 있다. 하지만 대학 수는 1990년에 507개, 1995년에 565개, 2000년에 649개, 2005년에 726개로, 18세 인구의 감소와 관계없이 그 이후로도 계속 증가했다. 1990년대 이후 대학 진학률이 상승한 것은 다소간 이처럼 대학 측의 새로운 수요 창출이 계속된 결과였다. 이때부터 광고 지면을 이용한 대학의 홍보활동이 성행하게 되고, 각 대학은 다양한 이미지 전략에 전적으로 몰두하게 되었다. 이는 원래 대학 입학을 희망하는 젊은이들의 방대한 수요에 대학이 대응하는 구조로부터, 대학 측에서 학력이나 장래희망과는 별도로 대학에 일단 진학해두려는 이들을 창출해내는 구조로의 전환이었다. 즉, 상품 마케팅과 마찬가지 논리가 대학 진학 시장의 개발에도 광범위하게 퍼지고 있었음을 의미한다.

따라서 1990년대 이후 일본에서 대학이 증가한 사태는 일종의

'거품'이다. 애당초 18세 인구는 감소하고 있고, 이 경향은 이후로도 지속될 것이다. 이는 예측 가능한 문제인 만큼, 많은 신설 대학은 수요가 없는 상황에서 수요를 만들어내야 하는 상황, 즉 처음부터 지원자 대상 마케팅을 전제하고 설립된 것이다. 이처럼 지극히 소비 사회적인 전략이 성공할지 여부는 대학의 사용가치—교육의 질—보다는 그 교환가치—미디어를 통한 이미지 만들기와 고등학교를 대상으로 한 마케팅 수완—에 의해 결정될 것이다.

그렇지만 역사가 증명하고 있는 것처럼 '거품'은 언제든 붕괴될 운명에 놓여 있다. 즉 760개가 넘는 일본의 대학이 앞으로도 유지되리라 보기는 어렵다. 멀지 않은 장래에 대학이 대규모로 도태되는 시대가 도래할 것이다.

두 번 탄생한 대학

이 책은 이상과 같은 문제의식을 기초로 하여 대학의 역사를 살핌으로써 '대학이란 무엇인가'라는 질문에 대답하려 한 시도다. 책의 내용을 명쾌히 하기 위해 여기서는 우선 다음 장 이후에 진행될 논의의 골격을 그려보고자 한다. 이 책의 서술은 크게 아래 세 가지 탐구의 축을 따라 구성되었다.

첫 번째로, 대학의 탄생과 죽음 그리고 그 재탄생과 이식·증식을 세계사적 문맥에서 파악했다. 역사를 되돌아보면 대학의 개념이 공동화된 것은 현대에 처음 일어난 일이 아니다. 대학은 지금까지 적어도 두 번의 탄생과 한 번의 죽음을 겪었다. 대학이 탄생한 것은 12세기에서 13세기 중세 유럽에서였다. 중세적 질서 속에서 대학은 교황권력과 황제권력의 대립을 적절히 이용하여, 또 이 두 보편적 권력과 도시를 지배하는 지방 유력자들 간의 힘의 균형을 이용하여 전 유럽으로 증식해갔다. 그러나 중세 대학이 근대 이후의 대학으로 그대로 연결된 것은 아니다. 15세기까지 대학의 고양기가 있은 뒤 16세기에 시작된 근대로의 역사적 이행 과정에서 대학은 그 역동성과 지식 생산의 중심적 장으로서의 지위를 잃게 되었다. 이 시기 대학을 능가한 것은 인쇄술의 발달이었다. 근대적 지식문화를 생산하고 발전시키는 기반이 된 것은 활판인쇄였는데, 이 매체 환경을 기반으로 한편에서는 프로테스탄티즘이 서양 문명 전체를 종교개혁의 소용돌이 속으로 몰아넣었고, 다른 한편에서는 영방국가領邦國家[4]에 이어 절대왕정이 발흥하게 된다. 이 시기 군사, 법학, 의학, 과학, 공학 등 근대적 학문의 모든 분야에서 새로운 지식 형성의 중핵을 이룬 것은 대학이 아니라 전문학교와 아카데미 등에서 이루어진 전문교육이었다. 즉, 이 시기 대학은 한 번 죽어가고 있었다.

그러나 19세기 이후 대학은 국민국가, 나아가서는 제국의 지적 자원의 주요한 공급원으로 자리매김하면서 인재 육성과 연구·개발의

---

4 중세 독일의 지방 국가. 13세기 이후 신성로마제국 황제의 지배권으로부터 독립하여 지방 제후가 주권을 행사했는데, 결과적으로 통일국가 건설에는 장애물이 되었다.

양면에서 국가의 지원을 받으며 종합적인 고등교육 및 연구기관으로 화려하게 부활한다. 그 효시가 훔볼트Karl Wilhelm Von Humboldt[5] 이념에 기초한 프로이센의 베를린 대학이었다는 사실은 잘 알려져 있다. 그러나 베를린 대학이 훔볼트라는 한 사람의 천재에 의해 탄생한 것은 아니었다. 18세기 말부터 19세기 초반에 걸친 질풍노도의 시대 칸트, 실러, 피히테, 셸링 등 독일 계몽주의자들의 지적 조류와 불가분의 관계를 맺고 있었던 것이다.

이와 같은 근대 대학의 재탄생에 있어 그 중심에 위치하는 것은 칸트다. 그는 대학을 구성하는 주요 학부 가운데 신학부, 법학부, 의학부 셋을 '상급학부'로, 철학부를 '하급학부'로 이름하고 하급학부가 이성과 진리만을 따르고 "자신의 교설에 대해 정부의 명령으로부터 독립적이며, 명령을 내리는 자유를 갖지는 못했지만 모든 명령을 판정하는 자유를 가질" 것을 옹호했다. 칸트에 따르면 신학이나 법학, 의학과 같은 학문은 대학이 국가에 유용한 것이기 때문에 필요하다면, 철학은 이성을 위해, 다시 말해 진리 자체를 위해 필요하다. 대학이 대학으로서 존재하기 위해서는 양자 사이에 긴장감 있는 대항관계가 성립해야 하므로 어느 한쪽만 있어도 된다고 말할 수 없다는 것이다.

칸트가 이렇게 논한 것은 국민국가와의 긴밀한 관계를 상정하지

5 1767~1835. 독일의 언어학자이자 휴머니즘 사상가·정치가로서 베를린 대학 설립에 관여했다.

않고서는 근대 대학의 재탄생이 불가능하기 때문이기도 했다. 중세의 대학이 지방 유력자와 교황 및 황제권력의 미묘한 균형을 적절히 이용하여 자치도시의 지반을 확고히 한 것과 달리, 근대 대학의 성장 과정에는 처음부터 국가의 강력한 지원이 반드시 필요했다. 근대 대학은 발흥하는 국민국가로부터 전면적인 지원을 받아 성장했지만, 그 속에서도 국가로부터의 자율, 곧 '학문의 자유'를 주장했다. 여기에는 처음부터 해결 불가능한 모순이 잉태되어 있었으나 훔볼트를 포함한 많은 대학인은 오히려 이 모순을 이용하여 대학을 발전시키는 데 힘썼다. 그 결과 독일에서 시작된 새로운 대학문화는 19세기 내내 영국, 북유럽, 북미 대륙으로 그 영향력을 확대해갔다.

근대 일본의 대학은 이처럼 서양 각지에서 퍼지고 있던 대학 개념을 이식함으로써 탄생했다. 메이지 정부는 유행 브랜드의 신제품을 품목별로 사들이는 서투른 소비자처럼, 의학과 자연과학은 독일, 법학은 프랑스, 공학은 스코틀랜드, 농학은 미국, 문학은 잉글랜드라는 식으로, 당시로서는 최첨단으로 여겨졌던 국가에서 외국인 교사를 초빙하고 그 나라에 유학생을 보냄으로써 근대 일본 학지의 기초를 쌓았다. 말 그대로 '이식'이었으되 그 이식된 지식은 모리 아리노리森有禮[6]의 구상을 거쳐, 천황의 시선을 통해 결합되는 '제

---

6 1847~1889. 가고시마 출신의 정치가로서 메이로쿠샤明六社를 창립했고, 제1차 이토 히로부미 내각의 문부대신이 되어 일련의 학교령을 공포하고 학제를 개혁했다. 히토쓰바시 대학一橋大學의 설립자이기도 하다.

국대학'을 만들어냈다. 그리고 이는 중세 대학이나 훔볼트형 대학과는 다른 근대 일본 고유의 대학 유형이 되었다.

이러한 의미에서는 지금까지 세계 표준이 되고 있는 미국식 대학 시스템, 즉 리버럴 아트 칼리지liberal arts college[7]로서의 학부와 석·박사학위 취득 시스템으로 구조화된 대학원을 결합한 현대적인 대학 개념 역시 19세기 이래의 근대적 대학 개념을 재구성한 변형variation으로서 출발한 것이었다. 이 같은 미국형 대학이 탄생하는 계기가 된 것은 '대학원'의 발명이었다. '연구'와 '교육'의 일치를 원칙으로 하는 훔볼트형 대학의 관점에서 보면 대학원 같은 것은 부속품과 다름 없었다. 이에 비해 사실상 교양교육 칼리지였던 미국 대학이 명실상부한 종합대학university이 되기 위해서는 새롭게 대학원graduate school을 발명하여 유럽적인 대학 개념을 능가할 필요가 있었다. 이렇게 발명된 미국식 대학이 20세기를 거치면서 전 세계에 파급되어 오늘날 대학의 표준형이 된 것이다.

이 같은 긴 역사 속에 놓고 보면 오늘날 유럽 각국에서 시행하고 있는 '볼로냐 프로세스Bologna process'[8] 같은 고등교육의 범유럽적 제휴 움직임이나 동아시아에서 구상되고 있는 대학 간의 다양한 제휴는, 세계의 대학이 근대적 대학 개념에 의해 일원화된 이후 다음 시

---

7 저자는 '리버럴 아트'라는 영어와 '교양'이라는 한자어를 동시에 사용하고 있는데, 번역에서는 원문에 사용된 용어를 그대로 사용했다.
8 국가별로 달랐던 유럽 대학의 학제를 통일시킴으로써 여기에 소속된 20개 회원국 대학 졸업자에게 동등한 자격을 부여하는 일련의 고등교육 개혁 프로그램.

대의 트랜스내셔널한 대학 개념을 창출하기 위해 머리를 맞대기 시작한 징조라고 볼 수 있을 것이다. 그 목적지는 불분명하지만 적어도 영어가 갈수록 인류의 '새로운 라틴어'가 되고, 대학인이 갈수록 세계 곳곳으로 이동을 계속하고 있는 것은 확실하다. 이런 움직임은 국민국가 속의 대학보다는 중세 도시 네트워크를 기반으로 한 대학 시대의 재래再來를 연상시킨다. 실제로 21세기 초인 현재 국민국가는 쇠퇴 과정에 있고, 설령 그냥 사라지지는 않더라도 장차 인류사회의 역사 속에서 그 역할은 점점 상대적인 것이 될 것이다. 이러한 역사적 대전환기에 '대학'을 어떻게 정의할 것인가. 이 질문에 대답하는 것은 인류의 지知의 미래를 위해 필요한 일이다.

미디어로서의 대학

이 책에서 탐구의 축이 되는 두 번째 관점은 커뮤니케이션 미디어로서의 대학이다. 즉 도서관이나 박물관, 극장 등 문화시설은 물론이고 활판인쇄에서 인터넷에 이르기까지 갖가지 미디어가 범람하는 상황에서, 이와 유사한 미디어의 일종으로서 대학이라는 장을 생각하는 것이다. 대학은 지식 생산 및 재생산 과정의 중요한 부분을 담당하고 있지만 어디까지나 일부분에 불과하므로, 동시대 지식의 커뮤니케이션 질서가 중층적으로 편성되는 가운데 대학이 차지하는 위치가 새롭게 정의되어야만 한다. 대학은 교육연구의 '제도'이기 이

전에 '가르치다' 혹은 '배우다'라는 커뮤니케이션 행위의 장이다. 그리고 이러한 실천이 구체적 장소(교실, 캠퍼스)나 기술적 매개(책, 칠판, 컴퓨터 등)와 결부되어 영위된다는 점에서, 우선 미디어라고 생각할 수 있다.

학지가 만들어지는 보다 광범위한 미디어의 적층 속에서 미디어로서의 대학이 처음으로 곤란에 직면한 시기는 16세기였다. 15세기 중반 구텐베르크에 의해 인쇄술이 발명됨으로써 구전 혹은 필사筆寫문화에서 활자문화로 이행이라고 하는, 인류의 지식사상 결정적인 혁명이 일어났다. 이 인쇄혁명은 종교개혁이나 근대과학 탄생의 전제가 되었고, 출판문화를 기반으로 근대적 지식의 위대한 '저자들'이 비로소 등장하게 된다. 이러한 지식의 지각변동 속에서 대학은 어떤 적극적인 역할도 수행하지 못했다. 이와는 달리 일찍이 중세 지식인들은 교회(신의 미디어)와 대학(이성의 미디어)이라고 하는 두 개의 '미디어'를 이용하여 '신의 말씀'이나 '이성의 언어'의 매개자가 될 수 있었다. 이에 비할 때, 출판이라는 이 새로운 미디어 기구는 교회나 대학과는 전혀 다른 매개의 지평으로 방대한 독자를 끌어들이는 새로운 지식의 담당자, 즉 저자를 출현시킨 것이다.

이윽고 17~18세기 출판산업이 발흥하여 서점과 독자가 만들어낸 문화가 널리 퍼지면서 지식의 생산과 유통 방식은 결정적으로 변화했다. 그러나 이런 상황에서도 대학은 전통적인 체제를 변혁하려 하지 않았다. 게다가 종교개혁기의 종교대립을 넘어서는 대화 공간을 창출하지도 못했고 인문주의나 과학혁명에 대한 대응 역시 뒤떨어졌다. 라틴어 중심의 교육에 대한 집착과 국민어 경시가 다음 시대까지 이어졌기 때문에, 대학은 지식 생산의 전선에서는 완전히 사라져버렸다. 이 시대의 대학이 갖추지 못했던 것은 출판 유통을 기반으로 하는 새로운 미디어 상황과 그 속에서 새로운 지식을 창출하기 위한 민감한 대응이었다. 이 같은 민첩성을 갖추고 있던 것은 대학이 아니라 오히려 르네상스의 인문주의자들에서 계몽기의 백과전서파encyclopedist[9]에 이르는 세간의 지식인과 예술가들이었다.

이로부터 대학이 애초에 단독으로 새로운 지식을 형성하거나 유통, 계승하는 기반적 층위로서는 적합하지 않다는 사실을 알 수 있다. 대학보다 훨씬 더 아래층에는 다종다양한 미디어에 의한 '커뮤니케이션=교통交通'의 적층이 존재한다. 그러므로 대학이란 이처럼 적층되는 지식을 형성하기 위한 실천을 집중시키고 재편성하여, 이를 보다 안정적으로 계승하게 하는 메타 미디어다. 이 같은 인식을 결여하고 있었기에 근세의 대학은 인쇄혁명으로 생겨난 새로운 상황에 대응하지 못하고 새로운 지식을 매개하는 메타 층위의 조직으로 발전하는 데 실패했다.

그리고 오늘날 디지털화와 인터넷 보급으로 우리가 직면한 상황은 인쇄술이 지식의 근저를 바꾸기 시작한 16세기와 유사하다.

---

9 18세기 프랑스에서 『백과전서』(1751~1781)의 집필과 간행에 참여한 계몽사상가 집단.

16세기에 출판은 교사나 학생이 도시에서 도시로 새로운 지식을 찾아 여행하던 시대와는 비교도 안 될 만큼 대량의 지식 유통을 가능하게 했고, 사람들이 가만히 앉아서 먼 곳의 지식을 획득할 수 있는 상황을 만들어냈다. 또한 우리는 인터넷 보급에 의해 출판의 시대와 비교도 되지 않을 정도로 쉽게 글로벌한 네트워크 속에서 새로운 지식에 접근할 수 있다. 출판의 시대에는 책이나 잡지를 대량으로 소장하는 장치로서 도서관이 여전히 필요했고, 대학은 전문성 높은 서책을 집적한 도서관을 필수적인 부속시설로 발전시켜왔다. 그러나 이제 모든 지식이 디지털화되고 전문全文 검색까지 가능해진 상황에서 책자 형태의 서책과 거기에 쓰인 지식은 분리되었고, 후자는 말 그대로 점점 유비쿼터스화하고 있다. 16세기적인 지평과는 달라진 이 같은 새로운 미디어와 지식의 관계에 21세기의 대학은 과연 제대로 대처할 수 있을 것인가.

새로운 리버럴 아트를 향해

세 번째 탐구의 축은 리버럴 아트와 전문지식의 관계에 대한 새로운 인식 지평을 제공하는 것이다. 오늘날 많은 대학론이 '대학이란 무엇인가'라는 질문에 대한 대답을 자명한 것으로 간주한 채 현상 분석으로 나아가버리는 상황에서 일부 논자만이 이 질문을 정면으로 다루고 있다. 이 책은 이들의 논의와 출발점을 같이하지만, 이들의 고찰은 종종 '교양'의 가치를 재발견하고 고전 독서를 권하는 결론으로 흐르는 경향이 있다. 예를 들어 바로 이러한 질문을 진지하게 제기하고 있는 이노키 다케노리猪木武德의 『대학의 반성』은 현대 일본의 대학이 교양교육을 장식품처럼 취급해버렸다고 비판하면서 "대학에서의 본격적인 교양교육 부활, '교사'라는 직업 존중"을 표방했다. 이노키가 여기서 부활하기를 기대하는 것은 '고전'에 대한 '동경'이다. 왜냐하면 "인류의 지적 유산의 물질적 결정結晶"으로서의 '고전'을 "읽고, 생각하고, 대화하고, 논쟁하는 것을 통해서 '이상'이나 '동경'의 내실을 지적으로 새롭게 이해하는 것이 가능하기" 때문이다.

이때 이노키가 전제하고 있는 것은 19세기 중반의 신학자 존 헨리 뉴먼John Henry Newman[10]이 쓴 『대학의 이념』이다. 뉴먼이 1852년 아일랜드 가톨릭대학 학장에 취임할 때 행한 연속 강연을 정리한 이 책은 오늘날까지 대학의 위기를 걱정하는 논의 속에서 반복적으로 언급되어왔다. 여기에 따르면 리버럴한 지식은 그 자체가 목적으로, 다른 외적인 목적을 위한 것이 아니다. 즉 어떠한 초월성에 종속되는 것도 아니고 유용성을 위한 수단도 아니다. 뉴먼은 아리스토텔레스까지 거슬러올라가 '리버럴'의 반대말이 '노예적'이라고 하면서, 그 판별 기준은 어떤 행위가 타자에 종속되어 있는가 아니면 그 자체로서 충족되고 있는가 하는 데 있다고 강조했다. 따라서 리버럴한

---

10 1801~1890. 19세기 영국의 신학자로 아일랜드 더블린에 신설된 가톨릭대학 학상을 지냈고 1879년 추기경이 되었다.

지식은 기술적인 유용성뿐만 아니라 종교적인 초월성에도 종속되지 않는다.

그러나 대학을 이와 같은 리버럴한 지식의 장으로서 정의하게 되면 그 귀결점에 존재하는 이상은 옥스퍼드 대학이나 훔볼트형 대학의 교육이 된다. 이는 일본으로 치자면 구제舊制 고교[11]나 제국대학의 교육을 의미한다. 산업화된 사회에 만연한 '기계'의 논리에 휩쓸리지 않고 리버럴한 지식을 유지하고 있는 것이 바로 영국 신사인 셈인데, 여기에 노동자나 여성, 식민지로부터 들어온 사람들의 모습은 없다. 어쩌면 이들 노동자나 여성도 '교양'을 갖춤으로써 문화적으로 도야될 수 있으리라. 셰익스피어나 괴테로부터 나쓰메 소세키夏目漱石[12]나 모리 오가이森鷗外[13]에 이르기까지 이러저러한 고전을 배우는 것은 국민적 교양이라는 토양이 제공하는 지평을 향해 자기를 만들어나간다는 점에서 그야말로 국민국가가 근대 대학에 요구한 일이었다. 그러나 우리는 지금 이 같은 '대학의 이념'이 한계에 처한 현실에 직면해 있다. 다시 말해 복잡하게 거대화된 전문지식의 범람 속에서 근대 대학의 리버럴한 지식이 '고전' 그 이상의 가치를 드러내지 못하고 있는 것이다.

---

11 고등학교령(1894)에 기초하여 설치된 일본의 고등학교로 1950년에 폐지되었다. 당시 구제 고교의 교과과정은 현재의 대학 교양과정까지 포함하고 있었다.
12 1867~1916. 영문학자이자 일본을 대표하는 소설가로서 『나는 고양이로소이다』, 『도련님』, 『마음』 등의 작품을 썼다.
13 1862~1922. 신문학 개척기 일본을 대표하는 소설가로서 『무희』, 『기러기』 등의 작품이 있다.

이 같은 상황에서 필요한 것은 '고전'이나 '교양'을 부활시키는 것과는 다른 방식으로 리버럴한 지식을 추구하는 일이라고 필자는 생각한다. 전문지식에 대립하여 이와 동떨어진 차원에서 리버럴 아트를 '부흥'시킬 것이 아니라, 고도로 세분화됨으로써 종합적인 관점을 잃어버린 전문지식을 결합하고 여기에 새로운 인식의 지평을 부여함으로써, 상대화되는 새로운 유형의 리버럴 아트에 대한 상상력이 필요한 것이다. 지금까지 존재했던 '리버럴 아트=교양' 개념이 19세기 이후의 국민국가와 고등교육의 결합에 의해 구축된 '근대 신화'의 일부라는 점을 비판하고, 오히려 이 같은 '교양'의 개념으로 회수되지 않는 새로운 리버럴 아트를, 중세나 고대 그리고 또한 다양한 문화의 과거와 미래로 열려 있는 고등교육 모델로서 상상하는 것이다.

우리에게 친숙한 '교양' 및 '문화' 개념은 근대국민국가의 형성 과정에서 발견되어 정전처럼 여겨온 구축물이다. 영국의 문화연구cultural studies가 초기에 이룬 성취는 바로 이 같은 '교양'이나 '문화'라는 개념의 역사성과 그 계급적 문맥을 파악하고, 그 한계를 노동자계급의 일상적인 문화 실천이나 트랜스내셔널한 인종과 민족, 젠더의 문화 실천을 위해 드러낸 데 있었다. '대학이란 무엇인가'라는 이 책의 질문은 기존 '교양'의 부흥에서 그 대답을 찾아내는 것이 아니라, 바로 이러한 문화 개념 전체를 탈구축하고, 이를 통해 전문지식과 리버럴한 지식의 새로운 관계를 발견하기 위한 것이어야 한다.

제1장

도시의 자유,
대학의 자유

중세 도시와 유니버시티
학예제학과 자유로운 지식인
증식과 쇠퇴: 대학의 첫 번째 죽음

중세 도시와
유니버시티

대학에 선행한 도시적인 것

오늘날과 같은 의미에서의 '대학'은 12세기 후반에서 13세기 초반에 걸친 시기의 중세 유럽에서 탄생했다. 북이탈리아의 볼로냐에서 세계 최초의 대학에 신성로마제국 황제의 특허장이 수여된 것이 1158년, 교황의 칙서에 의해 파리 대학이 설립된 것이 1231년이다. 대학의 원형이 되는 이들에 이어 13세기 영국에서는 옥스퍼드와 케임브리지 대학이 설립되었고, 이탈리아에서는 모데나 대학, 레조 대학, 아레초 대학, 파도바 대학, 나폴리 대학, 시에나 대학, 페루자 대학, 피렌체 대학, 피사 대학, 베로나 대학, 파비아 대학, 페라라 대학, 토리노 대학 등 다수의 대학이 설립되었다. 같은 시기 중부 유럽에서도 프라하 대학, 빈 대학, 크라코프 대학, 하이델베르크 대학, 라이프치히 대학 등 새로운 대학이 설립되어 15세기에 이르면 전 유럽의 대학 수는 70~80개에 이르게 된다. 중세적 질서 속에서 대학 그리고 그 근간이 되는 교사와 학생의 협동조합은 교황권력과 황제권력의 대립을 적절히 이용했고, 이 보편적 권력과 각 도시의 지역 유력자 사이에서 균형을 유지하면서 급속히 증식하여 그 세력을 확대했다.

중요한 것은 이상과 같이 중세 서구에서 대학이 탄생하기에 앞서 동시대 도시를 거점으로 사람들이 광범위하게 왕래하고 물류가 활발히 유통되는 환경이 성립되어 있었다는 사실이다. 서구의 여러 지방에서는 10세기경부터 농업생산력이 상승하여 광역 경제의 거점으로서 도시가 발달했고, 그에 따라 자치권을 획득하는 경우가 생겨났다. 급속히 증가한 무역과 분업 체제 속에서 중세 도시는 지중해 연안에서 발트 해와 북해 연안까지 확대된 새로운 전 유럽적 네트워크의 허브가 됨으로써, 신종 상인부터 방랑하는 탁발수도사에 이르기까지 다종다양한 유랑민을 떠맡기 시작했다. 태어난 고향을 떠나 평생을 이동하며 살아가는 그들은 각지에서 발흥하고 있던 자치 도시에 모여 지식을 교환하고 협동조합과 같은 새로운 조직을 형성했다. 정보 미디어라고는 베낀 책이나 편지 정도밖에 없었던 당시에 도시에서 도시로 이동하는 이 사람들은 새로운 지식의 전달·집적을 가능케 하는 최대의 미디어였다.

당시 "편력자, 방랑자, 나그네 중에는 학자나 낭독자들의 소규모 그룹도 있어 이들 주변에는 늘 가르침을 요청하는 사람들이 넘쳐났고 그 영향권에 지식욕 왕성한 사람들이 우르르 몰려들고 있었다(H. W. 프랄, 『대학제도의 사회사』)"고 한다. 대학은 이처럼 중세 유랑민들이 결합한 네트워크의 결집 지점으로서 출발했기에 그 조직 원리의 밑바탕에 초경계성과 탈영역성을 내포하고 있었다. 그들의 이동 능력은 도시 지배층이나 지주는 물론, 보다 보편적으로는 황제나 교황의 권력조차도 상대화할 수 있는 자유를 갖게 했다. 이 이동성과 일체화된 '도시의 자유'야말로 훗날 이념화될 '대학의 자유'의 현실적인 기반이었다.

물론 '도시의 자유'가 대학을 탄생시킨 유일한 요인이었던 것은 아니다. 중세 서양에서 대학이 탄생한 배경에는 특권적 지식층의 확대를 포용할 만한 생산력, 행정조직 발달, 지적 활동에 대한 수요 증대, 전문가나 학자 역할 확대, 동업조합 조직 보급, 아라비아를 경유한 고대 지중해 세계 학문의 수용 등과 같은 여러 요인이 복합적으로 작용하고 있었다. 그러나 이러한 요인만으로 여기에 등장하는 지식·교육기관이 꼭 '대학'이어야만 한다는 결론은 성립하지 않는다.

고대 이래로 문명이 고도화되면 사회는 반드시 전문지식층을 생산했고, 이 전문가들이 지식을 계승하기 위한 기관이 설치되었다. 고대 그리스의 아카데미나 바빌로니아의 도서관, 이슬람의 성서학교 등이 그 예다. 근대 일본의 경우 한코藩校[1]가 있었다. 지식기관을 설치하는 일은 늘 사회의 정체성identity을 유지하는 근간이 되었지만, 그 정점에 있는 것이 반드시 '대학'이어야 할 필요는 없었다. 고

---

1 에도 시대 일본의 각 번에서 사무라이의 자제를 교육하기 위해 설립한 지방 교육기관.

도의 지식문화를 지녔음에도 '대학'이 없는 사회는 얼마든지 있었다. 그러나 12세기 유럽은 지식의 중핵이 되는 기관으로서 '대학'을 탄생시켰고, 그후 '대학'은 인류의 지적 활동에 있어 가장 영향력 있는 모델이 되었다.

각지의 고도 문명이 산출한 지식기관과 중세의 서양이 탄생시킨 대학을 구별하는 결정적인 포인트는 도시와의 관계에 있다. 자치도시의 횡단적 네트워크는 사람과 사물의 일상적인 이동을 가능케 했고, 이를 기반으로 하는 '도시의 자유'에 매개되어 보다 엄밀하게 말하면 '자유로운 학지'라는 사고방식이 발생했다. 초기의 대학은 교사校舍를 건축하면서 시작된 것도, 국가로부터 전문적인 역할을 부여받으면서 시작된 것도 아니었다. 초기의 대학은 이동 가능한 집단이었던 까닭에, 그 중핵을 형성하고 있던 학생단이나 교사단이 결의하면 다른 도시로 이동하는 것도 가능했다. 대학을 담당하던 이들은 도시에서 도시로 이동이 가능하다는 점과 복수의 권위와 다원적으로 결합할 수 있다는 점을 적극적으로 활용하여 대학 기반을 강화해갔다. 대학이 사고나 대화 면에서의 관념적 자유에 머무르지 않고 교육 내용의 선정이나 가르치는 주체의 인선까지를 포함한 실천적 자유를 갖기 위해서는 이 같은 '도시의 자유'가 반드시 필요했다. 초기의 대학은 서양의 중세 도시였기에 가능했던 '자유'에 의해 뒷받침되고 있었는데, 그 모태였던 중세 도시가 국민국가 시스템에 흡수되어버린 이후에도 대학은 이 같은 사회·문화적 유전자를 계속 유지했다.

조합단체로서의 유니버시티

대학의 이 같은 도시적 기원은 '대학'이라고 하는 말 자체에 여실히 나타나 있다. '유니버시티university'라는 말의 원래 의미는 학문의 보편성universality이나 학지의 우주universe와는 아무런 관련이 없다. 이 말은 원래 이해利害를 같이하는 학생(또는 교사)의 '조합단체'를 의미했다. 『중세의 대학』의 저자인 자크 베르제는 "도시는 또한 때때로 우니베르시타스universitas로도 불린 '단체'이기도 했다"라고 기술한다. 도시화는 곧 노동 분업화를 의미했는데, "같은 일에 종사하고 인접해서 살아가는 사람들은 당연히 스스로를 지키기 위해 결합하려 했다. 봉건사회에서 가신을 영주와 이어주던 종적인 의존관계와는 달리 이러한 결합은 평등한 사람들의 공동체를 만들어냈다". 이것이 '대학=단체'의 기원이다. 이 단체의 내부에도 '위계'는 존재했지만, 상위 단계로 승급하는 데는 공적인 시험(교수 자격시험 등)과 같은 제도화된 과정이 있었다.

이 같은 학생과 교사의 조합으로서의 대학이 가장 일찍이 형성되고 있었던 것은 이탈리아다. 원래 북이탈리아의 볼로냐에는 11세기 후반부터 페포Pepo[2]나 이르네리우스Irnerius[3] 같은 저명한 법학자가 등장하여 이들에게 배우려는 학생들이 유럽 전역에서 모여들고 있었다. 이들 대부분은 알프스 이북에서 건너온 이방인이었기에 도시 관습법의 보호를 받지 못하는 존재였다. 그리하여 이들은 수완 좋은 마을 사람들로부터 자신의 생활을 지키기 위해 조합consortium을 형성했는데, 이것이 여차한 과정을 거쳐 '대학＝유니버시티'로 결실을 맺게 되었던 것이다.

학생들의 조합이 '대학'으로까지 발전하게 되는 과정은 매우 복잡하다. 이를 상세하게 고찰한 고다마 요시히토兒玉善仁에 따르면, 그 결정적 계기는 개별 조합이 '나치오(네이션)'라 불린 조직―학생들이 출신지역에 따라 결합된 국민단―으로 재편됨에 따라 그 이전에 있었던 개별 교사와 학생들 사이의 가족적인 유대가 끊어지게 된 것이었다. 국민단이 같은 지역 출신들을 전체 도시 안에서 연대시킴으로써 학생들은 주쿠塾4와 같이 교사를 중심으로 하기보다는 국민단의 원리에 의거하여 행동하게 되었던 것이다. 이리하여 학생들은 각 국민단에서 대표를 선출하고 이들 대표자에 의해 운영되는 새로운 단체를 조직했다. 이것이 대학단, 즉 '유니버시티(우니베르시타스)'와 다름이 없었다. 따라서 대학단의 성립을 기준으로 대학의 탄생을 볼 경우, 볼로냐 대학의 창립을 의미하는 황제의 특허장이 수여된 1158년 시점에서는 아직 '대학'이 성립하지 않은 셈이다. 사실 이

2 ?~?. 11세기 이탈리아의 로마법 전문가로 볼로냐 대학 최초의 법학 교수를 역임했다.
3 1050?~1125?. 볼로냐 태생의 이딜리아의 법학자로 볼로냐 학파의 창시자다.
4 청소년에게 학문이나 기예를 가르치는 일본의 전통적인 소규모 사설 교육기관.

특허는 학생에 대한 재판권을 교사에게 부여한 것으로, '대학에 부여한다'는 명시는 없다. 오히려 이 특허장이 교사에게 학생에 대한 재판권을 부여한 데 반발하여 학생들 쪽에서 다시 새로운 조직화를 향한 움직임이 일어났고, 이것이 대학단 설립으로 이어지게 된 것이 아닐까 하고 고다마는 추측한다(『이탈리아의 중세 대학』).

이와 같은 흐름 속에서 교사와 학생의 가족적 유대가 옅어지면서 학생들은 차츰 교사와 학생 사이의 합리적 계약관계라는 사고방식을 전면에 내세우게 된다. 학생이 내는 수강료가 주 수입원이었던 교사들은 이를 잃게 되는 상황을 피해야만 했으므로, 대학단에 고용된 전문교사라는 지위로 몰리게 되었다. 즉 이전처럼 학생들이 개별적으로 교사와 계약을 맺는 대신, 수업료를 대학단에 지불하면 대학단이 교사를 고용하는 구조가 생겨난 것이다. 게다가 단결한 학생들이 지역 주민들과 대립할 경우, 모두 함께 마을에서 퇴거하겠다고 위협함으로써 도시 내에서 유리한 입장에 설 수 있게 되었다. 아직 "대학은 건물이 없었기 때문에 자유로이 이동할 수 있었(C. H. 하스킨즈, 『대학의 기원』)"고, 도시 측에서는 이동 가능한 '대학'을 자기 지역에 붙잡아두기 위해 학생들의 요구를 수용할 수밖에 없었다.

'유니버시티'가 원래 학생들의 조합을 의미하는 단어였던 것에 비해 '칼리지college(콜레기움collegium)'는 교사의 조합을 지칭하는 단어로서 출발한 듯하다. 교사들은 단체를 결성한 학생들에 대항해 자신들의 권리를 지키기 위해 스스로 단체 만들기에 나섰다. 학생들

의 '조합＝유니버시티'의 최대 담보가 수강료였다면, 교사들의 '조합
＝칼리지'의 최대 담보는 학위수여권이었다. 학위수여권이야말로 지
식을 양식으로 하는 교사의 직능과 분리하기 어려운 것이어서, 중
세 대학에서도 이미 교사단은 '박사(독토르doctor)' 석사(마기스테르
magister)'와 같은 학위를 수여하고 있었다. 학위로서는 가장 낮은 '바
칼라우레우스baccalaureus'는 교수 보좌의 면허 같은 것으로, 조수 자
격에 해당했다. '독토르'와 '마기스테르'는 원래 학위의 단계를 의미하
지 않았다. '독토르'는 법학이 중심이었던 볼로냐 대학의 학위를, '마
기스테르'는 신학이나 자유학예를 중심으로 한 파리 대학의 학위를
의미했던 듯하다. 따라서 법학 독토르는 법률가로서의, 학예 마기스
테르는 자유학예 교사로서의 전문 자격을 보증하는 말이었다.

　'독토르'나 '마기스테르'는 최고의 학위였고, 이를 얻기 위해서는
학식이나 능력뿐 아니라 상당한 비용 지출이 요구되었다. 자격을 갖
춘 이들도 막대한 비용이 소요되는 가입식을 통과해야만 학위를 얻
은 것으로 간주되었다. 따라서 당시 대학 재적자 중 '독토르'나 '마기
스테르' 학위를 얻는 데까지 도달한 사람은 극히 소수로, 전체 학생
중 불과 몇 퍼센트로 추산될 정도였다. 학위 취득자가 소수였다는
점은 역으로 학위제도의 희소가치를 높임으로써 중세 대학의 엘리
트적 성격을 두드러지게 했다.

볼로냐 대학에서의 법학의 우위

12세기 후반부터 이루어진 볼로냐 대학 형성의 역사에는 또 하나 매우 중요한 포인트가 있는데, 바로 초창기 대학에서 '법학'이 결정적으로 중요한 지위를 지녔다는 것이다. 초기 볼로냐 대학의 역사란 법학이 다른 모든 학문 분야에 대해 헤게모니를 행사하고, 이에 대항하여 의학을 필두로 한 모든 학문이 새로운 학문 분야와 그 조직을 만들어간 역사였다.

이 같은 법학의 특권적 성격은 원래 대학이 중세 도시를 역사적 모태로 하여 자라났다는 점을 증명하는 것이기도 했다. 중세의 자치도시는 로마 교황과 신성로마제국 황제의 격렬한 서임권 투쟁 사이에서 독립적인 법적 단체로서 입지를 세우려 했다. 이를 위해서는 '자치도시=코뮌'의 법적 지위와 권리에 기초를 부여하는 새로운 법제도의 정비가 필수적이었기에, 이를 뒷받침하는 법학이 중시되었다. 이때 우선적인 준거가 되었던 것이 로마법이었다. 기독교회의 질서가 세속권력에 침해당하는 것을 극력 배제하려 했던 그레고리우스 7세에 맞서기 위해 신성로마제국 측에서는 로마법에서 근거를 구하려고 했다. 그러나 부활한 로마법이 신성로마제국의 황제권을 정당화하기 위해서만 사용되었던 것은 아니다. 이 시기 로마법은 새롭게 발흥하고 있던 중세 자치도시와 여기서 생겨난 여러 '단체=법인'의 법적 기반을 정비하기 위한 전략적 담론으로 활용되었다. 볼로냐 대학을 필두로 각지의 대학에서 법학 연구와 교육을 발달시켜 법률

전문가를 많이 육성하는 것은 중세 자체도시의 운명을 결정할 정도로 중요한 사업이었던 것이다.

그러나 당시의 사회적 요청으로 법학에 어느 정도의 특권적 중심성이 부여되었다고는 해도, 학문 체계는 그 나름의 내재적 논리를 지니고 있었다. 실제로 중세 볼로냐에 모여든 학생들이 법학만을 목적으로 한 것은 아니었으며 대학이 탄생하기 전부터 이 도시에는 의학이나 학예제학學藝諸學[5]을 가르치는 학교가 개설되어 있었다. 로마법에 대한 지식을 기초로 한 이 시기, 이탈리아의 법학은 전통적 지식을 주변으로 밀어내면서 지배적인 지위를 확립한 선진적 지식 체계였다. 그만큼 당시의 법학생은 엘리트 의식이 강하여 다른 분야의 학생을 업신여기기 일쑤였다. 사실 법학생 이외의 학생은 법과대학에 학비를 지불하면서도 법학생들이 향유하는 특권에서 배제되었고, 대학단의 정규 구성원으로 간주되지도 않았다.

다른 학문 분야에 대한 법학의 이 같은 차별적 자세는 당연히 다른 분야 학생 및 교사의 불만과 이반의 원인이 되었다. 법학으로부터 배제된 그들은 오히려 적극적으로 법학으로부터 떨어져나와 독자적인 대학단을 형성하고자 했다. 앞서 언급한 고다마는 그 경위를 추적하면서 "법과대학단에서 배제된 법학생 이외의 학생들이 법과대학단의 전횡에 맞서 교양제학教養諸學의 이름 아래 독립적인 대학

---

5 영어 'liberal arts'에 해당되는 또 다른 번역어로서 문법, 논리학, 수사학, 산수, 기하학, 천문학, 음악 등 일곱 가지 교양과목을 의미. '교양제학' '자유제학' 등으로도 번역된다.

단을 형성하기 위해서는 그 조직구조에 합치되는 교양제학의 지적 배열을 확립한 다음 법학에 필적할 정도의 중핵적 학문을 형성하는 것이 필수조건"이었다고 말하고 있다. 여기서 법학으로부터 떨어져 나와 학예제학의 중핵을 형성한 것은 또 다른 새로운 학문의 하나, 바로 의학이었다.

의학을 중심으로 한 새로운 학예제학의 대학단은 법학을 중심으로 한 대학단의 조직화와는 다른 방향으로 꾸려졌다. 즉 학생이 중심이 되어 교사와의 관계를 끊고 대학단을 형성해나갔던 법과대학단과 달리, 막강한 선행 세력과 대항하면서 대학조직을 만들어나가야 했던 의학 및 학예제학에서는 교사가 학생과의 긴밀한 협동관계를 유지하면서 대학을 조직화해갔다. 따라서 법학단에서는 교원단이 대학에 대한 운영권을 갖지 못한 채 대학 운영이 오로지 학생대학단에 맡겨져 있었다면, 후발주자인 의학 및 학예제학의 교원단은 대학 운영에 관해 법학단보다 더 강력한 영향력을 지니고 있었다. 법과대학단에 맞서 의학과 학예제학의 대학조직화가 본격화된 것은 13세기 후반의 일이었다. 이 같은 움직임은 1288년 도시 자치단체가 의학과 학예제학의 학생에게도 법학생과 동등한 권리를 인정하게 되면서 일단 매듭지어진다. 그리고 이즈음부터 교원단은 오늘날의 대학에서와 마찬가지로, 학위수여권만이 아니라 교육 내용의 결정권이나 교원 인사권을 포함한 자치권을 점차 획득하게 된다.

코페르니쿠스와 자유학예로서의 수학

그러나 이처럼 의학이 법학과 동등한 권리를 가진 학문으로서 지위를 확립하기 시작하면서 이번에는 의학과 그 이외 분야 사이에 격차가 발생했다. 13세기 초반까지 학예제학의 칼리지에서 학생들은 대부분 철학이나 논리학, 문법 등을 의학과 함께 배웠다. 그 기본적인 구상은 당시의 '자유학예=리버럴 아트' 개념에 드러나 있다. 중세에 '자유학예'를 대표한 것은 문법, 논리학, 수사학, 산수, 기하학, 천문학, 음악의 이른바 '자유칠과'였다. 우주의 성립을 탐구하는 천문학과 마찬가지로 인체의 형성을 탐구하는 의학 역시 원래대로라면 '칠과'에 포함되어 있어도 이상하지 않은 분야였다. 따라서 법학의 전횡에 반발한 학문 분야들이 독립적인 학예제학의 대학조직을 만들어나갈 무렵 의학은 이들과 똑같은 위치를 점하고 있었던 것에 불과했다. 그러다가 마침내 시대적 요청과 학문의 체계화를 통해 의학은 다른 학예제학보다 우위에 서게 되었고, 종국에는 다른 학예제학을 거느리는 상급 학문으로 진화하기 시작했다.

중세 후기의 대학에서 형성된 이 같은 학문 간의 관계를 지동설을 주장한 코페르니쿠스가 젊은 시절 겪은 배움의 사례를 통해 살펴보자. 폴란드 북부의 발트 해와 인접한 도시 토른에서 자란 코페르니쿠스는 1491년 크라코프의 아기엘로니안 대학Agiellonian University in Krakow에 입학하여 교양과정에서 학예제학을 공부하기 시작했다. 당시 대학생은 대학에서 4년 동안 교양과정으로 아리스토텔레스의 저작이나 유클리드 수학 등의 고전학을 배웠다. 코페르니쿠스는 그곳에서 "기하학을 배우고 논리적 관계를 파악하는 훈련을 받으면서 천문학을 연구할 수 있는 실력을 지니게 되었다(O. 갱그리치 외, 『코페르니쿠스』)". 4년 뒤 고향에 돌아온 그는 사제직을 얻어 교회법을 배우기 위해 볼로냐 대학에 부임하게 된다. 볼로냐 대학은 당시 여전히 법학 분야에서는 압도적인 강세를 자랑하고 있었다. 볼로냐에서 그는 천문학 교수의 관측 조수로 근무하면서 천문학 연구에도 빠져들었다. 1500년 볼로냐 대학에서 법학 공부를 마친 코페르니쿠스는 고향의 성당 참사회의 허가를 얻어 파도바 대학에 의학생으로 입학한다. 당시 의학과 천문학은 점성술을 사이에 두고 있는 가까운 관계였다.

이리하여 1503년 법학 박사학위를 취득하고 고향에 돌아오기까지 코페르니쿠스는 약 12년에 이르는 대학생활을 보냈다. 그 사이 그는 학예제학, 법학, 의학 교육과정에 소속되어 있었는데, 모두가 어떠한 형태로든 천문학과 관련되어 있었다. 여기에서 그가 여러 학문을 섭렵했다는 사실은 매우 중요하다. 천문학만 공부해서 지동설을 주장하기에 이른 것이 아니기 때문이다. 볼로냐와 파도바 대학에서 그는 법학과 의학 공부에 꽤 많은 시간을 할애했고, 실제로 그후 그의 생활을 지탱해준 것도 천문학보다는 법학이나 의학 지식이었다. 이것이 코페르니쿠스만의 특이한 경험은 아니었을 것이다. 이 시대에 대학생이 된다는 것은 크든 작든 간에 학예제학을 기초로 하여 법학이나 의학, 신학으로 통달하는 지식을 습득하는 과정이었던 것이다.

학예제학과
자유로운 지식인

도시를 편력하는 자유로운 지식인

초창기 대학이 중세 도시라는 모태에서 태어났다면, 학생과 교사의 협동조합으로서 출발한 대학이 전 유럽에 낳은 최대의 산물은 중세적인 의미에서의 '자유로운 지식인'이었다. 이 '자유'는 이동의 자유와 사고의 자유라는 두 가지 의미에서의 자유였다. 우선 이동의 자유라는 면에서 볼 때, 대학교육이 전 유럽적인 획일성과 공통성을 지니고 있었기에 교사나 학생은 이 대학에서 저 대학으로 자유롭게 이동할 수 있었다. 모든 지역의 대학에서 라틴어를 사용했고 커리큘럼에도 공통점이 많았기 때문에, 학생이든 교사든 다른 대학으로 옮기더라도 그때까지 배운 지식이나 획득한 교수법을 살릴 수 있었다. 따라서 대학과 자유로운 지식인 중 어느 쪽이 선행했는가를 특정하기는 힘들다. 양자는 마치 닭과 달걀의 관계여서 도시에서 도시로 이동하는 지식인들이야말로 대학을 가능케 했다고 할 수도 있다.

자크 르 고프Jacques Le Goff는 12세기 이후 중세 유럽의 지식인이 어떻게 탄생했고, 대학과 결합하여 새로운 지식을 어떻게 만들어나 갔는지 고찰한 바 있다. 르 고프에 따르면 저술에 힘쓰며 가르치는 것을 생업으로 하는 자, 즉 교사 및 학자로서 생계를 유지하는 지식 인은 12세기 서양에서 도시가 발흥하면서 처음으로 나타난 존재였 다. "인구의 비약적인 증가, 상업의 발전, 도시의 건설 같은 것이 예 견되던 시대의 부산물인 그들은 바른말로 사회비판의 선두에 서서 영락한 사람들, 주위에 아무도 없는 사람들, 불우한 사람들을 도시 의 길거리 곳곳으로 모이게 했다(『중세의 지식인들』)."

> 정주할 땅도, 성직자 신분도 갖지 못하고 성직록도 배당받지 못
> 한 가난한 학생들은 이리하여 지적 모험의 여정을 떠나게 되었
> 다. 이들은 돌봐주는 교사들의 뒤를 좇아, 저잣거리에서 평판이
> 좋은 교사가 있는 곳을 찾아 도시에서 도시로 떠돌아다니며 그
> 곳에서 교육을 받았다. 이렇게 그들은 12세기 특유의 방랑하는
> 학생 무리를 형성함으로써, 12세기라는 시대에 모험심 충만하고
> 충동적이고 자유분방한 성격을 부여하게 되었다(위의 책).

12세기 유럽 각지에서 돌연 무리를 짓기 시작한 교사와 학생들이 가장 혐오했던 것은 사사로운 결투를 거듭하는 기사와 십자군에 합 류한 병사들이었다. 이들 또한 당시 인구나 경제 양면에서 급성장하 고 있던 유럽에서 늘어나고 있던 사회계층이었다. 이들이 무력에 의

지하여 문명이 앞선 이슬람 국가들을 습격하고 약탈하는 방향으로 나아가고 있었던 것과 달리, 새로운 지식인들은 이런 야만적 행태를 혐오했다. 대신에 이들 지식인들은 정치한 논리적 변증을 구사해야만 맞설 수 있는 신학·철학적 테마를 두고 벌이는 논전論戰을 자신의 '무훈'을 건 지적 전투로 받아들였다.

이렇게 발흥한 자유로운 지식인의 대표가 엘로이즈Héloise와의 열애로 잘 알려진 피에르 아벨라르Pierre Abélard[6]였다는 것은 더 말할 나위도 없다. 아벨라르의 재기와 오만, 논리적 정치함과 가식 없는 직접성, 엘로이즈와 벌인 금단의 정사와 비극 그리고 영원히 이어지는 두 사람의 사랑, 무엇보다도 낡은 껍질을 깨어버리고 경계를 거듭 넘나드는 유례없는 지성의 움직임. 그만큼 드라마로 충만한 중세 지식인은 없을 것이다. C. H. 하스킨즈가 "직함 있는 권위에 지나친 경의를 표하지 않는 이 재기발랄한 젊은 과격론자는 파리에서든 황야에서든 그가 가르치는 곳 어디에서나 많은 학생의 마음을 끌었다(『대학의 기원』)"라고 썼듯이 아벨라르의 행동은 최후까지 급진적인 것으로 기대되었고, 방랑하는 젊은이들의 압도적인 관심을 받았다.

아벨라르 생애의 드라마를 말하는 것이 이 책의 목적은 아니므로 애초의 이야기로 돌아오자. 아벨라르의 본령은 논리학자로서의 역량에 있었는데, 여기에서 드러나는 것은 언어적 논리에 대한 명확한

---

6   1079~1142. 12세기 프랑스의 스콜라 학자로서 신학과 논리학에 정통했으나 제자 엘로이즈와의 연애
    사건으로 말년에 큰 시련을 겪었다.

방법론적 자각이었다. 저서 『긍정과 부정』(1122)에서 그는 158개의 명제를 제시하고 이에 관한 권위 있는 교부들의 교설을 모아서 이 명제들에 대한 찬반 중 어느 하나의 입장을 취하고 있는가에 따라 분류하고, 의견의 차이가 어떤 논리적인 계제에서 생겨난 것인지 고찰하는 방법론을 제시했다. 예를 들어 "신앙은 인간의 이성에 기반해야 하는가 아닌가" "신은 단일한가 아닌가" "사람을 죽이는 일은 법적으로 타당한가 그렇지 않은가"와 같은 다양한 테마에 대한 양자택일의 문제를 학생들에게 제시하고, 여러 권위 사이에 가로놓인 의견의 차이가 진정한 차이인지 아니면 단지 그렇게 보일 뿐인지를 학생들이 면밀한 고찰을 통해 판정할 수 있도록 도움을 주었다(리처드 E. 루벤스타인, 『중세의 각성』). 요즘 식으로 말하면 아벨라르의 강의는 기독교의 근본 문제에 대해서, 말하자면 마이클 샌델의 '하버드 백열 교실'[7]과 흡사한 소크라테스적 대화를 유도한 셈이었다.

이슬람을 거쳐 들어온 아리스토텔레스

중요한 것은 아벨라르의 개성 그 자체보다도 그와 같이 자유롭게 근원적인 논리를 구사하는 지식인이 12세기 유럽의 수도원이나 교회 주변에 등장하기 시작했다는 점이다. 당시 유럽에서는 고대 그리

---

[7] NHK의 교육방송에서 기획한 교양 강연 프로그램으로 마이클 샌델의 정의론을 비롯하여 하버드를 포함한 미국과 일본의 명문대학 교수가 참여한 다양한 강좌로 구성되어 있다.

스나 로마의 고전사상을 기존 기독교의 정통적인 해석에 얽매이지 않고 독해하고 해설하는 교사가 다수 나타나고 있었다. 이 범유럽적 '해석 공동체'가 지닌 학문적 자유로움은 그 시대 지적 에너지의 기반이 되었고, 이렇게 해서 기독교 세계가 내포하기 시작한 '자유'는 바야흐로 각지에서 대학을 탄생시켰다. 이때 문제의 핵심은 이 같은 자유로운 지식인들―예를 들어 아벨라르―의 첨예한 논리학의 근저를 형성한 것이 어떠한 지성이었는가, 다시 말해 중세적 대학의 자유를 뒷받침해준 하나의 축인 이동의 자유와 더불어 다른 하나의 축이었던 사고의 자유, 그 근원에 어떠한 지성이 있었던가 하는 점에 있다.

이에 대한 대답은 아리스토텔레스에서 찾을 수 있다. 아리스토텔레스의 사상은 레콩키스타Reconquista[8]나 십자군전쟁을 통하여 아라비아를 경유해 중세 유럽에 유입되었는데, 이는 당시까지 기독교가 견지하고 있던 협소한 신앙 세계에 만족하지 못하는 이들에게 장대한 지식에 대한 갈망과 정열을 불어넣고 있었다. 리처드 E. 루벤스타인이 '아리스토텔레스 혁명'이라고 부른 형이상학적 혁명이 12세기 이후 유럽에서 발생하고 있었던 것이다. "서유럽에서 과학적 사고 방식은 아리스토텔레스 저작의 재발견으로부터 이어진 지적 폭발에 의해 시작되었다"라고 루벤스타인은 주장한다. 게다가 아리스토텔

---

8 이슬람교도들이 이베리아 반도를 점령했을 때 그 국토를 탈환하고자 펼친 기독교도의 '국토회복운동'.

레스의 여러 저작을 발견, 번역, 해석함으로써 그때까지의 기독교적 사고방식을 변혁해나갔던 것은 바로 가톨릭교회 신부들이었다. 이로써 확대되기 시작한 아리스토텔레스 사상의 영향력은 중세 대학에서 과학적 지식을 융성하게 하고, 근대과학이나 근대의 인문 지성으로까지 이어지는 기저의 흐름을 만들어냈다.

중세 유럽과 고대 그리스 철학 세계의 재회는 1031년에 이베리아 반도에서 후기 우마이야 왕조[9]가 멸망하고, 기독교 세력에 의한 국토회복운동, 이른바 레콩키스타가 한꺼번에 진행된 결과로서 12세기 초반에 톨레도Toledo[10]에서 시작되었다. 원래 로마제국이 붕괴되고 이민족의 서유럽 침략이 반복되던 긴 혼란기에 들어서면서 아리스토텔레스를 필두로 한 고대 그리스의 지성은 서양의 기억에서는 상실되고 오히려 서아시아에서 이베리아 반도에 이르는 광대한 이슬람 제국에 의해 계승되고 있었다. 이슬람의 지식인은 고대 세계로부터 로마법과 철학, 수학과 천문학을 계승하고 발전시켰다. 이슬람의 여러 도시에서는 풍부한 장서를 자랑하는 도서관이 건설되었고 학교에서는 고대 그리스나 아랍 철학자들의 사상을 가르쳤다. 레콩키스타의 결과, 유럽인들은 당시 기독교 세계에 비해 까마득히 앞서가고 있던 이슬람 문명을 목도하게 된다. 19세기에 '서양'과 만나게 된 막

9   다마스쿠스를 수도로 한 우마이야 왕조(661~750)가 아바스 왕조에 멸망한 뒤인 756년에 후손들이 우마이야 왕조의 부활을 위해 스페인 코르드바를 수도로 세운 이슬람 왕조(756~1031).
10 스페인 중부에 있는 도시.

부 말기의 일본인들과 마찬가지로, 압도적으로 앞선 문명을 마주한 서양인들은 이 시기에 '이슬람'으로부터 배우기 시작한다.

흥미로운 일은 이슬람에 의한 고대 그리스 철학이나 과학의 계승이 아바스 왕조[11]에 의해 추진되었다는 점이다. 선행한 우마이야 왕조가 아랍 민족에 의한 정복 왕조였던 데 비해 아바스 왕조는 이슬람교에 의한 보편주의적 통치를 지향했다. 보편적인 종교와 보편적인 법(이슬람 법) 그리고 보편적인 언어로서의 아라비아어가 아바스 왕조의 기초를 이루고 있었다는 점에서, 이는 기독교, 로마법, 라틴어의 조합보다 선행했다고 할 수 있다. 특히 제7대 칼리프[12]인 알−마문al-Mamun(재위 813~833)은 그리스 철학에 깊은 관심을 가져 바그다드에 '지혜의 관館'이라는 교육연구기관을 설치하고, 외국어에 뛰어난 것으로 알려진 네스토리우스파 기독교도[13]에게 명해 그리스어 문헌을 아라비아어로 번역하는 대규모 사업을 전개했다. 이 사업으로 플라톤의 『국가Politeia』나 아리스토텔레스의 『형이상학Metaphysica』, 프톨레마이오스의 『알마게스트Almagest』를 필두로 하여 아르키메데스, 에우클레이데스, 히포크라테스 등 남아 있던 고대 그리스의 여러 저작이 차례로 번역되어 이슬람 세계에 전파되기 시작했다. 이렇게 해서 이슬람화된 고대 그리스의 지식은 아바스 왕조를 거쳐 이베

11 우마이야 왕조의 뒤를 이어 동방 이슬람 세계를 지배한 칼리프caliph 왕조(750~1258).
12 예언자 무함마드의 후계자라는 뜻으로, 이슬람 제국 주권자의 칭호.
13 고대 기독교 교파의 하나로 콘스탄티노플의 주교였던 네스토리우스Nestorius에 의해 주창되었으나 나중에 이단으로 취급받게 된다.

리아 반도의 후기 우마이야 왕조로 퍼져나가면서 또 하나의 보편주의 문명권인 기독교 유럽에 전해졌다.

이슬람권에서 서양으로 지식이 유입되는 경로가 된 것은 이베리아 반도로, 그 중심지는 톨레도였다. 막부 말기 일본의 나가사키長崎가 그러했던 것처럼 톨레도는 뒤쳐졌던 서양이 앞서 있는 이슬람의 지식과 그 원천이었던 고대 그리스와 로마의 지식을 새롭게 주입받는 창구 역할을 했다. 서양에서 이 같은 '문명개화'를 추진한 것은 톨레도의 대주교 룰루스Raimundus Lullus[14]였다. 그는 톨레도에 번역원을 설치하고 유대교도 및 아랍 학자의 협력을 얻어 아라비어어 문헌의 라틴어 번역을 추진했다. 번역사업이 시작되자 "마치 북방의 새가 스페인의 태양에 빨려들듯" 학자들이 전 유럽으로부터 톨레도로 모여들었다. 당시의 저명한 학자들이 모두 톨레도에 집결하여 번역사업에 참가했다(루벤스타인, 앞의 책). 뿐만 아니라 당시 톨레도에는 이베리아 반도 각지에서 유대교도 학자들도 모여들었고, 비잔틴 제국에서 온 그리스인 학자들과 아랍인 학자들도 크게 환영받았다. 그야말로 다언어, 다종교, 다민족의 지식 환경이 창출된 이곳에서 유럽은 고대 그리스의 지식을 다시 만나게 되었다.

14 1235~1316. 스페인의 스콜라 철학자로 연금술에 대한 저서로도 유명하다.

아리스토텔레스 혁명과 대학의 학지

12세기 유럽이 재회한 고대 그리스와 로마의 지식 중에서도 아리스토텔레스 철학은 그야말로 핵심이었다. 톨레도에서 시작되어 마침내 프로방스에도 퍼진 아라비아어의 라틴어 번역사업, 그리고 이와 병행하여 시칠리아에서 진행된 그리스어 원전의 직역사업 등을 통해 13세기 중반까지 아리스토텔레스의 저작 대부분을 라틴어로 읽을 수 있게 되었다. 그러나 그 이전부터 이미 아리스토텔레스는 중세 지식인들의 숨겨진 바이블이던 것 같다. 실제로 아벨라르의 변증법은 아리스토텔레스의 『범주론』에 기초하고 있었으며, '오르가논'으로 통칭되던 몇 권의 논리학 서적은 수도원을 경유하여 아벨라르 시대부터 유럽의 지식인들에게 접근 가능한 상태였다. 『범주론』이나 『명제론』 등의 저작은 사색의 대상이 되는 사물의 분류법을 제시하고, 언어와 실재하는 사물 간의 관계를 이해하게 했으며, 합리적 추론의 여러 유형을 제시하고 잘못된 논증의 판별법을 가르쳐주었다는 점에서 아벨라르와 같은 총명한 이에게는 강의의 대본 역할을 수행했던 것으로 보인다.

아벨라르는 너무 일찍 세상에 나타난 천재라고 할 수 있다. 그가 1142년에 사망하고 채 10년밖에 지나지 않은 1150년대에 이르면 톨레도나 프로방스의 번역원에서 라틴어로 번역된 고대 그리스의 여러 문헌이 하나둘씩 서양 지식인들의 손에 들어가기 시작한다. 이들 사본은 수천 권에 이르렀는데 중세의 기준에서 보면 막대한 분량이었다. "이들 사본의 전파에는 몇 차례의 파도가 있었다. 우선 12세기 중반에 『신논리학』으로 통칭되는 일련의 저작이 도래하고, 다음으로 거의 10년마다 아리스토텔레스의 형이상학과 자연과학 분야의 저작, 심리학과 논리학 관련 논문, 마지막으로 정치학과 미학 평론이 도래했다. 모든 책에는 아랍권 학자가 쓴 주석서가 덧붙여졌다. 이들 저작이 소화되어 충분히 이해되기에 이른 것은 거의 세기가 바뀔 즈음이었다(루벤스타인, 앞의 책)." 이 시기 중세 기독교에는 여태까지의 신심과는 이질적인, 근대로 이어지게 될 세속적 이성의 자리가 파고들었다.

루벤스타인은 이 같은 아리스토텔레스적 이성의 자리가 카타리파Cathares[15]를 매개로 도미니크회[16]를 필두로 한 수도회에 침투하여, 마침내는 토마스 아퀴나스의 사상으로 결실을 맺게 되는 과정을 묘사한다. 카타리파는 중세 기독교에서 최대 규모의 이단 일파였는데, 지도자 중 다수는 지식인으로서 갓 번역된 아리스토텔레스를 탐독했다. 그들은 아리스토텔레스의 『논리학』『형이상학』『자연학』 등의 저서를 빌려 가톨릭교회의 교의가 지닌 모순을 공격하고, 교회가 이단의 오류를 바로잡겠다며 파견한 설교사들을 논리정연하게 논파해버렸다. 이렇게 이단운동의 논리적 변증 능력이 풍부해지는 데 위

---

15 중세 유럽에서 유행했던 기독교 유파로, 이단으로 간주되었다. 카타리Cathari라는 말은 청정무구淸淨無垢를 의미하는데, 이들이 극도로 금욕적인 계율을 받들었기 때문이다.

16 설교를 통해 영혼을 구제하기 위한 목적으로 1216년 도밍고가 설립한 탁발수도회.

기감을 느낀 가톨릭교회는 그 내부에도 '방법으로서의 아리스토텔레스'를 충분히 소화한 조직을 길러내기 시작했다. 그 전형이 도미니크 수도회인데, 이 수도원의 창시자였던 구스만의 도밍고Domingo de Guzmán Garcés[17]는 원래 발렌시아 대학에서 배운 학생으로서 아리스토텔레스 류의 논증술에 밝았다. 마침내 이 전선에는 프란시스코회도 참여하는데, 아리스토텔레스적 방법을 익힌 수도사는 자연스레 동시대의 대학교수로서도 충분한 학식과 능력을 갖추게 된다.

이렇게 속세의 대학교사와 탁발수도사라는 두 종류의 아리스토텔레스적 방법의 숙련자들이 출현한 결과에 대해서는 다음에 서술하겠다. 여기에서는 중세 기독교 세계에서 아리스토텔레스의 저작들이 20세기 마르크스의 저작들이 그러했던 것처럼, '혁명의 책'으로서의 위치를 획득했다는 것만을 확인해두려 한다. 그리고 베버에서 포스트구조주의에 이르기까지 20세기의 지성이 항상 어떠한 형태로든 마르크스와 대화해온 것과 마찬가지로, 중세 서양의 지식인은 이단 운동가든 가톨릭 옹호파든, 어느 입장에 있든 늘 아리스토텔레스와의 대화를 통해 자기의 학지를 형성해나갔다.

---

17 1170~1221. 도미니크 수도회의 창시자. '도미니크'(영어), '성 도미니쿠스'(라틴어)라고도 불림.

파리 대학의 신학과 학예제학

12세기 이후 유럽에 본격 유입된 아리스토텔레스 철학은 실용적인 법학이 중심이었던 볼로냐 대학보다는 신학이나 학예제학을 중심으로 한 파리 대학이나 이와 유관한 대학에서 결정적인 의미를 지녔다. 실제로 볼로냐 대학이 법학 중심으로 시작해서 결국 의학까지 포괄해가고 있었던 것과 달리 또 다른 유력자였던 파리 대학의 중핵을 차지한 것은 신학이었고 결국 학예제학도 큰 역할을 수행해나가게 된다. 볼로냐 대학의 법학과 파리 대학의 신학이라는 대립은 한 쪽의 세속적 권력(신성로마제국)의 우위와 다른 쪽의 종교적 권위(기독교회)의 우위에 대응하는 것이었다.

기독교회는 중세 이른 시기부터 수도원에 부속된 교육 시스템을 갖추고 있었다. 중세 전기 서양 사회에서 성직자는 읽고 쓰는 것이 가능한 거의 유일한 계층이었으므로, 가톨릭교회는 지식의 생산과 유통, 계승을 독점하고 있었다. 그러나 12세기 이후 이슬람권을 거쳐 첨단 지식이 대량으로 유입됨으로써 가톨릭교회의 지위는 흔들리기 시작하고 결국 기독교의 신앙 세계 자체가 유동화하기 시작한다. 파리 대학을 필두로 한 대학에는 탁발수도회와 마찬가지로 이 같은 지적 혁명의 시대에 대응하는 새로운 지식의 중추 역할이 요구되었다.

이 시기, 새로운 대학문화의 중심으로서 파리의 영향력이 확대된다. 12세기 초반의 프랑스에서 학문은 이제 성직자만의 전유물이 아니었다. 세속의 사람들을 대상으로 한 대성당 부속학교의 활동도 활발했는데, 그중에서도 리즈, 랭스, 파리, 오를레앙, 샤르트르 등의 학교가 유명했다. 가장 많은 학생을 받아들인 샤르트르의 학교에서는 베르나르두스Bernardus, 티에리Thierry와 같은 교사가 명성을 떨쳤다. 이 같은 흐름은 결국 '스타'로서 아벨라르를 낳았고, 그의 거점이던 파리의 세느 좌안左岸[18]에 오늘까지 이어지는 특유의 '자유' 문화를 양성해나갔다.

파리 대학은 이러한 흐름의 연장으로서 탄생했다. 이번에도 대학은 학생이나 교사의 협동조합이 교황권과 황제권의 길항 상태와 자신들의 이동 가능성을 적절하게 이용하여 도시 지배층에 대항하면서 생겨났다. 각지에서 '자유로운 학지'를 찾아 파리까지 찾아온 학생과 교사 집단은 당연히 지역 시민들과 격렬하게 대립했다. 그들은 볼로냐의 학생들과 마찬가지로 지역 시민에 의한 차별이나 착취로부터 자신의 권리를 지키기 위해 협동조합을 결성하고, 그 정통성을 상위 심급에서 인정받으려 노력했다. 볼로냐 대학의 경우 대학의 보증인이 신성로마제국 황제였지만, 파리 대학은 주교와 교황의 권위에 의지했다. 파리 대학의 학생과 교사는 때로는 도시에서 대학을 빼내는 실력행사까지 펼치며 지역사회와의 싸움을 이어나갔고, 그 결과 1231년 대학의 자치를 인정하는 교황 칙서를 쟁취하게 된다.

18 세느 강 남쪽에 수도원, 대학, 출판사, 극장 등의 문화 공간이 발달한 것을 이름.

그 매개가 된 것이 대성당 참사회원의 상서尚書, Chancellor였다. 상서에 의해 대학 자치가 보증됨으로써 대학의 근간이 형성되었기 때문에 '첸슬러'라는 말은 결국 대학 학장직을 의미하게 되었다.

파리 대학이 볼로냐 대학과 달랐던 것은 교사와 학생의 세력관계였다. 초창기의 볼로냐 대학에서는 학생단이 교사를 고용했지만, 파리 대학에서 이와 같은 세력관계의 역전은 없었다. 대학은 형식상으로는 교사와 학생의 협동조합으로 되어 있었지만, 평의회의 의결권은 교사들에게만 부여되었고 학부를 구성하고 학부장 및 학장을 뽑는 일도 교사들만의 일이었다. 학생들은 형식상으로는 다수의 국민단에 소속되어 있었지만, 대학단이 학부를 대신해 대학 운영의 실권을 지니는 경우는 없었다. 파리의 학생단은 볼로냐만큼 실권을 갖지 못했다. 한편으로 이것은, 예로부터 이어진 교사와 학생 사이의 가족적 유대가 볼로냐 대학만큼 붕괴되지 않았음을 의미했다. 파리 대학에서 교사는 개인적으로 자신의 학생 명부를 작성하고 이들 학생을 법정이나 시민들로부터 보호하지 않으면 안 되었다. 볼로냐 대학이 종적인 사제관계를 해체하고 횡적인 연대를 기초로 하여 세워졌던 것과 달리, 파리 대학은 종적인 유대가 횡적인 것과 결합하면서 성립했던 것이다.

파리 대학의 특징 또 한 가지는 신학의 중심성과 더불어 학예제학이 갖는 독특한 지위였다. 볼로냐나 파도바와 같은 이탈리아의 대학이 법과대학과 의과대학을 주축으로 발전해나갔던 것과 달리 파리 대학을 이끈 것은 신학부였다. 학부 편성에서 신학부와 학예학부가 보조를 맞추고, 법학부와 의학부가 그 뒤를 따랐다. 기독교적 질서 가운데 놓인 학문의 지위에는 분명 신학이 정점에 있고, 그 양편에 법학과 의학이 놓였으며, 자유칠과를 폭넓게 배우는 학예학부는 신학부나 법학부 혹은 의학부에 들어가려는 학생이 우선 배워야 하는 기초과정으로 간주되었다. 즉 위계상으로는 학예학부가 다른 세 학부보다 낮은 것으로 보인다. 그러나 다른 한편으로 학예학부의 장은 다른 학부처럼 학부장이 아니라 전체 대학의 학장이었다. 이에 대해 프랄은 "파리에서는 기존의 교사들이 나중에 학예학부에 흡수된 학과를 대표하고 있었기 때문에, 다른 학부의 교사들이 보다 높은 위계에 있었음에도 불구하고 새로운 교육제도의 정점에는 일찍이 명성이 높았던 대표자들을 내세우려고 했기 때문(프랄, 앞의 책)"이라고 설명한다.

증식과 쇠퇴: 대학의 첫 번째 죽음

최초의 폭발과 보편주의 대학

13세기 초반까지 볼로냐 대학과 파리 대학이라고 하는 두 원형이 설립된 이래 유럽 각지에서 '대학의 최초 폭발'이라고 불릴 만한 급속한 증식이 나타나기 시작한다. 대학 설립이 빨랐던 것은 이탈리아와 프랑스였고, 영국과 북유럽이 그 뒤를 이었다. 영국과 북유럽의 대학이 모델로 한 것은 기본적으로는 파리 대학으로, 옥스퍼드 대학이나 여기에서 분리되어 나온 케임브리지 대학이 그 전형이었다. 북유럽에서도 웁살라나 코펜하겐에 일찍이 대학이 설립되었다.

이보다 출발이 좀 늦었지만 나중에 유럽 대학문화의 중심지대가 된 것은 독일과 중부 유럽이었다. 이 지역에서 최초의 대학은 1366년에 설립된 프라하 대학으로서, 거의 동시에 빈과 크라코프에도 대학이 들어섰다. 이어 독일의 대학은 하이델베르크, 쿨름, 쾰른, 에르푸르트, 뷔르츠부르크, 라이프치히, 로스토크, 그라이프스발트, 프라이부르크, 바젤, 잉골슈타트, 트리어, 튀빙겐, 마인츠 등에서 보듯 이탈리아나 프랑스에 뒤지지 않을 정도로 널리 퍼져갔다. 이때는 이미 볼로냐 대학과 파리 대학의 명성이 확립되어 있었기 때문에 신설 대학의 창립자들은 이 두 대학의 졸업생들을 기꺼이 초빙했다. 이 두 학교의 졸업생들은 딱히 취직에 곤란을 겪지는 않았던 것으로 보인다.

이리하여 15세기까지 유럽 전역에 널리 퍼져나간 대학에서 무엇보다 중요한 특징은 그 교육 내용이나 교수 방법이 아주 획일적이었다는 점이다. 전 유럽에 대략 75개로 불어난 대학에서 이루어진 각 분야의 교육 내용에는 지역에 따른 차이가 거의 없었다. 중세의 대학은 모두 기독교의 정통적 신앙 관념에 기반하여 이슬람을 거쳐 부흥된 아리스토텔레스를 중핵으로 하는 고대 그리스를 지식의 규범으로 삼고 있었으므로, 획일화 경향은 이러한 학문 내용에서도 뒷받침되었다. 라틴어를 공통 언어로 하고 자유칠과의 기초지식과 기독교의 신학 체계를 공유함으로써 중세 서양의 모든 대학이 거의 동일한 내용을 동일한 방법으로 가르쳤다. 사실 대부분의 "대학 규약은 수업을 행하는 정확한 시간, 휴식을 취해도 좋은 시간, 휴식을 어느 정도 취해야 하는가 하는 문제까지 규정하고 있었다. 또한 교사가 어떤 텍스트를 어떤 순서로 강의해야 하는지를 규정하기까지 했다"(프랄, 앞의 책). 관리의 편의에 중점을 두어 재량의 여지가 전혀 없는 규약이었지만, 이 획일성 덕분에 교육 커리큘럼이 통용 가능했다. 때문에 대학의 전문과정 졸업생들에게는 모종의 '국제교수 자격'

이 부여되었고 교황권과 황제권이 미치는 모든 대학에서 가르칠 수 있는 권리가 보장되었다. 대학은 처음부터 트랜스로컬한 지식 공간이었던 것이다.

이처럼 대학이 지식의 근원적 보편주의에 입각한 것이라면, 고대 헬레니즘 문명의 창출자였던 알렉산더 대왕의 스승으로서 대왕에게도 적지 않은 사상적 영향을 끼쳤을 아리스토텔레스의 철학이, 아바스 왕조의 세력권이었던 이슬람 세계와 12세기 이후의 기독교 세계에서 공히 큰 영향력을 끼치게 된 것은 아마 우연이 아닐 것이다. 여기에 공통된 것은 보편성을 향한 의지로서, 이 보편주의는 민족이나 문화의 차이를 초월했다. 실제로 13세기 중반까지 아리스토텔레스의 철학 체계는 유럽의 여러 대학 커리큘럼의 근저를 이루었다. 13세기 초반 가톨릭 교의 체계와의 모순 때문에 아리스토텔레스의 자연철학이 금서가 된 것은 틀림없는 사실이다. 그러나 이 금서 조치는 길게 이어지지 못했고, 결국 파리에서도 옥스퍼드에서도, 또 여타의 대학에서도 아리스토텔레스 없이는 체계적인 교육과정을 꾸리는 것이 불가능할 정도로 그는 대학 지성의 심층에 파고들어 있었다.

두 보편주의 사이에서

여기에서 아리스토텔레스 철학과 같은 수평적 보편주의와 아우구스티누스 이래 기독교의 초월적 보편주의 사이의 모순을 어떻게 조정해나갈 것인가 하는 문제가 발생한다. 한편에서 중세 유럽의 대학 교육은 13세기 중반까지는 그리스 철학, 특히 아리스토텔레스의 철학과 분리되기 힘들 정도로 밀접하게 연관되어 있었다. 이 철학 체계는 자연을 그 자체로 의미를 지닌 것으로 여기면서 경험주의적 인식론의 기반을 다지고 있었다. 이 철학 체계에 초월적인 신의 자리가 준비되어 있지 않은 것이 아닐까 하는, 아리스토텔레스에 대한 수많은 경계의 목소리에 대응하여, 그의 자연철학을 기독교의 신학 사상과 종합하려는 노력이 13세기 유럽의 가장 민감한 지성, 즉 알베르투스 마그누스Albertus Magnus[19]나 로저 베이컨 그리고 토마스 아퀴나스에 의해 행해지게 된다. 흔히 토마스 아퀴나스의 신학 체계는 아리스토텔레스 철학과 기독교 신학의 종합을 가장 철저하게 실현한 것으로 간주된다. 이 두 가지 보편주의의 통합은 과연 이루어진 것일까? 혹은 그리스 철학과 중세 기독교 신학의 융화는 과연 가능한 것이었을까?

사실상 13세기에 한 번 실현된 듯했던 두 보편주의의 종합은 14세기에 들어서자 곧바로 무너지기 시작했다. 요한 하위징아가 '중세의 가을'이라고 부른 이 시대에, 유럽 사회 전체가 교류, 발전의 시대에서 쇠퇴, 공포의 시대로 급선회하고 있었다. 성장의 시대는 끝나고 긴 전쟁과 인구 정체, 기후변동에 의한 흉작과 기근, 무엇보다

---

19 1193?~1280. 독일의 스콜라 철학자로 아리스토텔레스 사상을 라틴 세계로 전파했다.

도 페스트(흑사병)의 대유행이 사회를 덮쳤다. 실제로 페스트가 유럽에 창궐한 것은 1348년부터인데, 이때 페스트로 인구의 3분의 1 이상이 목숨을 잃었다고 하니 그 영향은 심대한 것이었다. 그 당시까지 사회의 전제였던 대부분의 것이 일거에 잊힐 정도의 변화였을 것이다. 같은 시기 프랑스와 영국에서는 백년전쟁의 전화가 확대되고 있었다. 오랜 기간에 걸친 전쟁은 대륙과 도시 간의 상업 교역에 적잖은 타격을 주었다. 또한 1378년에는 가톨릭교회 내에서 로마와 아비뇽 양쪽에 교황이 추대되면서 분쟁이 시작되어 '교회 대분열'의 시대로 접어들게 된다. 위기의 시대에 기독교회 스스로가 범유럽적 평화의 주역이 되기를 포기해버린 셈이었다. 바야흐로 사람들은 중용을 추구하며 온화한 아리스토텔레스의 철학보다 훨씬 급진적이고 종말론적인 사상을 찾기 시작했다.

불안정이 심화되는 사회 환경에서 대학의 지식 형태 역시 변모했다. 평화와 번영의 시대에는 이성과 신앙을 결합한 토마스 아퀴나스의 신학이 널리 지지를 얻었지만, 시대가 일거에 극심한 쇠퇴와 분열의 양상을 드러내자 그 이성주의는 빤한 것으로 여겨지게 되었다. 위기의 시대는 중용이 아닌 과격함을 필요로 했다. 14세기 중반 이에 관한 탐구를 철저하게 수행한 것은 옥스퍼드 대학과 파리 대학에서 교편을 잡았던 프란시스코회의 수도사 윌리엄 오컴이었다. 그가 주장한 것은 이성과 신앙, 자연과학과 신학의 명확한 분리였다. 토마스 아퀴나스는 아리스토텔레스를 신학화함으로써 자연을 신비화하는 한편으로 신으로부터 신비성을 분리시켰다. 그러나 이제 필요한 것은 자연으로부터 신비성을 제거하는 동시에 신에게 다시 신비성을 부여하는 일이었다. 인간이 피조물에 관한 합리적 추론과 추상화를 통해 발견한 법칙들은 인간의 지적 사고의 산물일 뿐, 우주를 창조한 신의 의도를 밝힐 수는 없다. 이리하여 '오컴의 면도날'[20]은 중세의 신학자들을 얽어매던 이성과 신앙의 유대를 끊어내고 자연과학을 신의 언어로부터 해방시켰다.

교회와 대학 — 탁발수도회 문제

또 하나 13세기부터 14세기에 걸쳐 유럽의 대학을 내내 괴롭혔던 것은 교회와의 관계, 좀더 직접적으로는 탁발수도회와의 관계였다. 문제의 발단은 원래 학문에 대단히 기울어 있던 도미니크회 수도사들이 대거 대학에서 수학하고 나아가서는 교수직에 취임하기 시작한 것이었다. 도미니크 수도회의 창시자였던 도밍고는 자신의 수도회에 소속된 수도사의 신학교육에 대학을 이용하고자 했다. 또한 수도회가 대학에 뿌리를 내리면 여기서 신학교육을 받은 학생들 중에서 새로운 수도사를 채용하게 될 가능성도 있었다. 탁발수도회의 입장에서는 일석이조인 셈이었지만, 대학의 입장에서 볼 때 이는 양

20 "어떤 일을 설명하기 위해 필요 이상의 가정을 할 필요가 없다"는 말로 요약되는 지침. 사고 절약의 원리, 경제성의 원리로 사용된다.

체 같은 요청이었다. 특히 대학 측에서 볼 때 심각한 문제가 된 것은 우수하지만 대학에 대한 충성심은 없는 탁발수도사가 교사로 채용되면 지금껏 대학을 지켜온 '조합＝유니버시티'로서의 성격에 균열이 일어나게 된다는 점이었다.

탁발수도회의 교사들은 "대학의 고유한 문제를 고려하지 않고 자신이 소속된 수도회의 이익을 위해서만 행동하여 주교에 대한 자립성이나 사례금 등 속세의 동료들이 지닌 관심사를 등한시했다(베르제, 앞의 책)". 그들은 사례금을 요구하지 않았기 때문에 가난한 학생들에게는 환영받았지만, 속세의 교사 입장에서 보자면 이들은 자신들의 생활을 위협하는 불편한 존재였다. 실제로 탁발수도회는 넉넉한 기부금의 혜택을 받고 있었으므로 학생들로부터 사례금 같은 것을 받을 필요가 없었다. 게다가 수도회 소속 교사는 대학의 명령에 따르지 않았고 교원단이 일치단결하는 파업에도 참가하지 않았다.

대학 측에서 특히 성가신 것은 탁발수도회와 관련된 일에 한해서는 교황권력이 도무지 대학의 입장을 고려해주지 않는다는 사실이었다. 예를 들어 1229년부터 1231년에 걸쳐 파리 대학에서 일어난 대규모 파업에서 탁발수도회는 대학과 행동을 같이하지 않았을 뿐만 아니라, 세속 교사가 부재한 틈을 타 대법관을 통해 동료에게 신학 교수의 면허를 부여하기도 했다. 대학에 돌아와보니 자신들의 자리가 위험해진 것을 알고 경악한 세속 교사들의 반대에도 개의치 않고, 도미니크회를 일관되게 옹호하는 입장이었던 교황은 탁발수도사 중 자격이 있는 사람에게 '교수면허'를 부여하는 권한을 대법관에게 넘김으로써 사실상 교수단에 의한 심사위원회의 추천권을 무시해버렸다. 이후 파리나 옥스퍼드 같은 명문대학에서는 탁발수도회 계열의 신학교수를 제한하려는 대학과 도미니크회를 필두로 한 탁발수도회를 유력한 대학교수단으로 인정하는 교황 사이의 알력이 이어졌다.

교황 입장에서 보면 대학의 가치, 특히 신학부의 가치는 이단이 대두하면서 지적 무능이 더 이상 허용될 수 없는 교회의 성직자들에게 적절한 신학교육을 실시함으로써 최저한의 지적 수준을 보증하여 이단 설교사들을 논파할 수 있는 우수한 신학 엘리트를 양성하는 데 있었다. 바로 이 때문에 교회는 설교사나 주교처럼 교회의 요직에 오르기 위한 조건으로 학사학위 취득을 요구했고, 이는 대학의 이익에도 부합했다. 그러나 교회가 필요로 한 것은 정신의 전사였지 서재 속의 자유인은 아니었다. 아리스토텔레스가 대학의 기본 과정에 포함된 것도 변증법이 논전을 위해 필수적이었기 때문이지, 그의 자연관이나 사회관을 용인했기 때문은 아니었다. 이 같은 관점에서 대학은 궁극적으로는 교황청에 봉사하는 제도여야만 했고, 교회로부터 자립한 존재로 남아서는 안 되었다. 이 같은 목적을 위해서도 각지의 대학에서 탁발수도회의 교수가 늘어나는 것은 환영할 만한 일이었다.

이런 맥락에서 탁발수도회의 지식층이 대학에 뿌리내리는 것은 대학이 가진 '자유'의 근간을 위협할 위험성을 품고 있었다. 물론 대학 역시 팔짱만 끼고 있었던 것은 아니다. 대학은 수도회와는 단절할 필요가 있었으므로 자금을 조달하기 위해 학생과 교사에게 '세금'을 부과하기 시작했다. 그 결과 학생과 교사 수가 많아 재정 규모가 확대된 학예학부가 대학 전체 재정을 뒷받침하게 됨으로써 발언권이 세진 학예학부장이 학장이 되는 경향이 강해졌다.

이 같은 대학 측의 체제 강화에도 불구하고 전체적인 상황은 교황 측에 유리하게 돌아가고 있었다. 실제로 14세기 중반에는 유럽 각지 대부분의 대학에 신학부가 설치되었는데, 그 대다수는 사실상 탁발수도회의 학교였다. 예를 들어 아비뇽 대학에서는 1430년부터 1478년까지 신학부 교수가 모두 탁발수도사였을 뿐만 아니라 신학부에 등록한 270명의 학생 중 250명이 탁발수도사였다. 자크 베르제는 대학의 세속 교원과 탁발수도회 사이 일련의 대립을 총괄하면서 13세기 말 이후가 되면 각 대학의 "신학부는 교회권력에 대해 절대적인 의존 상태에 빠져 교회가 기대하던 역할을 수행하게 된다"고 말한다(앞의 책). 이렇게 해서 이후 신학부는 사실상 수도회의 것이 되고 말았으나, 이와 달리 법학부와 의학부는 그 전문성에 힘입어 신학부와는 선을 그었고, 학예학부는 신학부에 대항하여 대학이 로마교회의 부속시설이 되고 만 상황에 저항하는 유일한 아성으로 존속했다.

통일성의 붕괴와 쇠락

대학의 발전은 대략 14세기 초반에 멈춰버렸다. 14~15세기를 통해 전 유럽에서 대학 수는 증가했지만 질적인 혁신이나 발전은 거의 없었다. 대학의 신학부는 탁발수도회나 교황청과의 긴장관계를 잃어버리자 곧 학위에 권위를 부여하는 교회에서 출셋길을 개척하거나 교회와 결탁하여 야심을 실현하는 일에 열중하기 시작했다. 교회 또한 종교재판이나 이단 심문에서는 대학 신학부에 의견을 구했으므로 교회와 신학부 사이에는 서로 도움을 주고받는 관계가 성립되었다. 교육 내용 면에서도 초기에는 논쟁에 논쟁을 잇는 역동성을 품고 있던 스콜라 철학이 긴장감을 잃어버리고, 이전의 낡은 양식을 고수하는 공식 논리로 변해갔다.

한편 이 시대에 신학부 못지않게 교황청과 매우 깊이 관계하면서 교황청의 중추에 들어갔던 것은 법학부였다. 1309년부터 1376년까지 재위한 134명의 추기경 중 적어도 66명이 대학 졸업자였는데, 그 중 71퍼센트가 법학부 출신이었고, 신학부 출신은 그 나머지로서 채 30퍼센트가 못 되었다(베르제, 앞의 책). 이 시기 기독교회의 지배 아래에서 서구 사회 전체의 관료제화가 진행됨에 따라 교회와 국가 양쪽에게 법학 지식은 점점 필수적인 것이 되었다.

15세기 말 이후 대학의 변화에 심각한 영향을 끼친 것은 범유럽적 통일성—획일성의 붕괴였다. 그 이전에는 유럽 어디에서든 지역에 따른 대학의 차이는 미미한 것이었다. 그러나 이 같은 대학의 범유럽적 통일성은 결국 붕괴되고 만다. 대학은 어느 영방국가에 속해 있느냐에 따라 크게 달라지는 운명을 겪게 되었는데, 이렇게 해서 차츰 대학의 설립 자체가 영방국가 군주에 의해 이루어지게 되었다.

이 같은 움직임에 앞장선 것은 이탈리아와 프랑스가 아닌 독일의 영방군주였다. 1495년 황제 막시밀리안Maximilian 1세는 제국 내 영방군주가 각각 대학을 설치하도록 권유했다. 그러자 이를 받아들인 독일 영방군주들 사이에는 대학이 무엇인지, 혹은 대학을 유지할 정도의 경제력이 있는지 여부에 상관없이 공명심에서 형식뿐인 '대학'을 설립하려는 움직임이 널리 번져갔다. 대학이 '지식의 자유를 누리는 공간'에서 '단순한 지적 브랜드'로 전락하는 첫걸음이 이미 시작되었던 것이다. 이러한 움직임은 종교개혁이라는 풍파를 겪은 영방이 가톨릭과 프로테스탄트 두 쪽으로 양분되면서 가속화되었다. 대학을 갖지 못한 영방이 다른 종파의 이웃 국가와 경쟁하기 위해 기존의 김나지움Gymnasium(중등학교)[21]을 '대학'으로 승격시켰기 때문이다.

이리하여 16~17세기 독일에서는 한편으로 프로테스탄트 쪽에서 비텐베르크, 프랑크푸르트, 마르부르크, 쾨니히스베르크, 예나, 헬름슈테트, 기센 등에, 다른 한편으로 가톨릭 쪽에서는 딜링겐, 뷔르츠부르크, 파데르보른, 잘츠부르크, 오슈나브뤼크, 밤베르크 등에

---

21 독일의 인문계 중등교육기관으로, 영국의 그래머 스쿨(다음 각주 참조)에 해당.

대학을 설립했다. 이들 신설 대학의 대부분은 재정적 전망이 불투명한 상태에서 서둘러 설립되었기 때문에, 예산을 절약하고자 기존의 김나지움에 몇 사람의 교수를 보충하여 '대학'이라는 이름을 갖다붙이거나 신학부만 설립하고 나중에 기존의 김나지움에서 교사를 전용하여 학예학부를 개설한 곳도 있었다. 때문에 설립 이후 학생이 모이지 않아 오래가지 못하는 곳이 속출했다.

전체적으로 보면 그나마 독일 대학은 상황이 나은 편이었다. 16~17세기 영국이나 프랑스에서는 독일만큼 대학이 발달하지 않았다. 영국에서 전 유럽에 명성을 떨치고 있던 파리 대학을 본뜬 옥스퍼드 대학과 케임브리지 대학이 창립된 것이 13세기였다. 종교개혁에서 청교도혁명으로 나아가던 시기 이들 대학은 부상하는 청교도와 왕당파 사이의 격렬한 싸움에 부대껴 바야흐로 깊고도 긴 침체기를 맞이하게 된다. 애덤 스미스는 1776년에 출판한 『국부론』에서 두 대학을 "세계의 다른 이곳저곳에서 타파된 체계나 시대에 뒤떨어진 편견이 추방당한 뒤, 그곳에 피난처를 발견하고 보호를 요청하는 성역"이라고 평가하면서 대학이 낡은 것을 고수하는 습관이 굳어져 버린 장소가 되었다고 비판한다.

실제로 18세기에는 두 대학에서 "수강학생의 수도 (교사의) 연봉도 믿기지 않을 정도로 적었기 때문에 교수들 대부분은 강의를 거의 그만두었다. 옥스퍼드의 강의 요강syllabus은 여전히 시대에 뒤떨어진 스콜라주의에 지배당하고 있었다. 뉴턴과 베이컨의 사상이 마침내 승리를 거두었던 케임브리지에서조차 학위과정은 무미건조하고 따분한 것이었다"고 한다. 이 시기에 이르러서는 학생 중에서도 상류계급 출신의 비율이 늘어나게 된다. 이들은 대학에서 "의상의 우아함을 과시하며 시시한 오락에 시간을 낭비했다. 그래머 스쿨 grammar school[22]이 침체되고 대학 진학 장학금을 (우수한 학생에게) 제공할 수 없게 됨에 따라 1660년 이후 학생의 지적 능력은 특히 저하되었다(H. H. 그린, 『영국의 대학』)". 이리하여 18세기 말에는 옥스퍼드와 케임브리지 역시 학문적으로는 빈사 상태가 되고 말았다.

종언을 고하는 도시=이동의 시대

16세기 이래 대학이 겪은 변화 중 가장 심각했던 것은 대학이 당초에 그 존립 근거였던 교사와 학생의 조합단체적 성격, 교황이나 황제로부터 보장받았던 자치권을 상실한 것이었다. 대학은 교사나 학습 내용 선정에 있어 점점 영방군주와 그 관료기구의 관리 아래 놓이게 되었다. 대학 교사는 종종 영방정부의 관리가 되거나 정부의 감독 아래 교편을 잡았고 학생들도 정부 감독 아래 놓이게 되어 졸업 이후에는 성직자보다는 국가 관료가 되는 쪽이 주류를 이루었다. 특히 학위나 교수직은 더 이상 범유럽적 공통화폐가 아니라 각 영방

---

22 대학 진학을 목표로 한 영국의 중등 교육기관.

국가의 국경 안에 갇혀버렸다. 여태껏 그래왔듯이 학생이나 교수들이 국경을 초월하여 자유롭게 왕래하는 일은 제한되었고 종교 교의가 다른 외국의 대학에서 배우는 일도 용인되지 않았다.

이러한 경향은 17세기 말 이후 절대주의 왕정 시대에 들어서면서 더욱 강화되었다. 대학은 국가기관이 되고 교수는 국가의 관리, 학생은 미래의 국가 관료가 되는 구조가 만들어졌다. 대학의 입장에서 이는 자율성의 상실이라는 대가를 치르는 대신 재정상의 안정을 얻게 됨을 의미했다. 교사 입장에서도 교육의 자유는 잃었지만 정부에 고용된 관리로서 생활이 안정되었으므로 지금까지처럼 기부나 불규칙한 수강료에 의존하지 않아도 된다는 점에서 나쁠 게 없었다. 이러한 조건과 마주했을 때 대학이나 교사가 어떠한 미래를 선택할지는 명백한 것이었다. 영방국가가 대학을 흡수하게 된 것은 위로부터의 강제에 의한 것이라기보다는 오히려 아래로부터 선택한 결과라 할 수 있다.

이 같은 16~17세기의 대학의 상황을 프랄은 다음과 같이 요약한다.

> 중세 말기에 이미 대학 스스로 인식하고 있던 몰락의 경향은 대학이 계속 신설되어 영방국가로 편입됨에 따라 표면상으로는 사라진 듯했다. 그러나 이러한 경향이 완전히 극복된 것은 아니었다. 모든 대학이 신구 교회로 양분됨에 따라 정신적 편협함은

더욱 강화되고 있었다. 종교개혁과 이를 뒤따른 반종교개혁 그리고 끝없이 이어지는 종교전쟁 과정에서, 종교적 대립과 갈등은 대학 안으로 침투했다. 프로테스탄트 대학과 가톨릭 대학은 상대방의 의견을 전혀 수용하지 않았으며, 프로테스탄트 안에서도 다시 루터파, 개혁파, 칼뱅파로 분열이 일어났다. 교수를 임용할 때에는 규정상 영방군주가 믿는 종파에 대해 선서가 행해졌는데, 이보다 앞서 흔히 있었던 '교수임용시험examine doctrine'에서 후보자는 자신의 신조를 검증받는 '참을 수 없을 정도로 가혹한 시험'을 이겨내지 않으면 안 되었다. 이 때문에 그 당시 사람들의 탄식 소리에서도 볼 수 있듯 추종이나 밀고, 음모가 횡행했다(프랄, 앞의 책).

파리 대학과 이를 모델로 한 다수의 대학에서 확인할 수 있듯, 기독교회는 대학의 족쇄인 동시에 기반이었다. 대학의 교사와 학생은 교회의 가르침을 순순히 따르기는커녕 지역의 지배권력에 대항해서 자신의 입장을 방어하기 위해 주교나 교황, 기독교회의 힘을 최대한 이용하고 있었다. 따라서 기독교회가 분열하여 싸우게 됨으로써 교회의 권위가 현저하게 저하된 것은 대학으로서는 큰 손실이기도 했다. 더욱이 기독교 세계의 분열과 분단의 결과, 유럽 전체가 횡단적으로 연결되지 못하고 명확한 국경선에 의해 영역이 분할된 채 각각의 국민어로 조직된 '네이션'이 부상하게 된 것은, 중세적인 의미에

서 지식의 횡단적 네트워크였던 대학이 그 기반을 잃게 됨을 의미했
다. 바야흐로 도시의 시대가 끝나고 국민국가의 시대가 도래하고 있
었던 것이다.

제2장

국민국가와
대학의 재탄생

인쇄혁명과 '자유로운 학지'
'대학'의 재발명: 훔볼트 혁명
'대학원'의 발명: 영미권의 근대적 대학 개념

인쇄혁명과
'자유로운 학지'

대학의 첫 번째 죽음

중세 도시를 무대로 탄생하여 중세 유럽 전역에서 급속히 증가하던 대학은 오늘날의 대학으로 가는 길을 밟고는 있었지만 그 직접적인 전신은 아니었다. 중세에 탄생한 대학은 오히려 중세가 끝날 무렵에는 서서히 그 중요성을 잃어버리고, 이후 18세기가 되면 학지가 발달함에 따라 주변적 존재가 되어버렸다. 대학의 첫 번째 폭발 이후 첫 번째 죽음이 찾아온 것이다.

여기에서 간과해서는 안 될 것은 대학이 쇠퇴하고 있던 시대와 근대적 지식 패러다임이 부상하여 인식의 지평을 크게 넓혀나가던 시대가 거의 일치한다는 사실이다. 즉 대학은 근대적 지식의 주체가 아니었다. 오히려 근대의 자연과학이나 인문주의가 모습을 드러내면서 사람들의 인식 세계를 극적으로 변모시켜가던 바로 그 시기에 대학은 학문적 상상력을 상실하여 낡아빠진 기관으로 전락하고 있었다. 데카르트, 파스칼, 로크, 스피노자, 라이프니츠와 같은 근대 지성의 거장들 중 대학교수를 생업으로 삼았던 이들이 과연 있었던 가. 근대의 인식 지평이 결정적으로 대두되기 시작한 시대에 대학은 어떠한 중심적 역할도 수행하지 못했던 것이다.

이 시기 대학은 일찍이 중세 도시 사이를 이동하며 구축된 네트워크를 배경으로 한 자유로운 지적 창조성을 완전히 잃어버린 뒤였다. 16세기 종교개혁의 폭풍 속에서 대학은 대립을 초월한 공공의 장을 형성하기는커녕 프로테스탄트와 가톨릭으로 분열되어 서로 상대방을 거부하는 체제를 만들어냈다. 다른 한편, 이 시기 영방군주들은 공명심 때문에 자국에 대학을 새로 만들거나 기존의 김나지움을 대학으로 승격시켰으나, 이들 대부분은 대학이라는 이름만 붙였을 뿐 실질적 내용이 따르지 못했기에 군주권력의 쇠퇴와 더불어 사라져갔다.

편력하는 학생과 교사의 협동조합으로서 출발한 대학이 '지식의 자유'를 근본원리로 하고 있었던 것과 달리, 사회 안에서 자유로운 이동성을 잃어버린 시대의 대학은 군주권력의 감독 아래 살아남은 인재양성기관 이상이 되지 못했다. 이리하여 영국의 두 명문대학은 선발된 젊은이들에게 귀족적인 규범을 전수하는 훈련기관으로서의 성격을 강하게 지니게 되었고, 이 같은 기능을 갖지 못한 프랑스의 대학은 몰락의 길을 걸었다.

18세기가 되어 근대적 지성이 큰 발전을 이룩하자, 사회는 새로운 지식 생산과 계승의 시스템을 필요로 하게 되었다. 그러나 그 주역은 대학이 아니었다. 이때 절대군주 아래에서 군사나 의학, 공학, 법학 등 전문지식을 집적하고 전달하는 기관으로서 발전하고 있었던 것은 오히려 전문학교와 아카데미였다. 오늘날과 같이 전문학교를 대학의 하위에 두는 발상은 18세기에는 존재하지 않았다. 오히려 18세기에는 의학이든 법학이든 최고 수준의 전문학교가 대학보다 훨씬 양질의 교육을 제공하는 기관으로 여겨졌다. 예를 들어 베를린의 의사양성소는 여느 대학의 의학부보다 뛰어난 것으로 여겨졌고, 또한 이 시기 대학에는 공학부가 없었으므로 공학 지식의 발달을 담당한 것은 광산 아카데미나 건설 아카데미였다. 많은 귀족 자제를 받아들여 궁정의 여러 칭호나 예의범절, 의식, 생활태도를 다루면서, 대학에서는 오히려 그 권위주의가 학문적 창조성을 질식시키고 있었다.

따라서 12~13세기에 '도시의 자유'를 기반으로 '지성의 자유'를 역동적으로 끌어안은 협동조합적 장으로서 탄생한 대학은 근대 세계가 형성되어가는 역사 속에서 한 차례 죽음을 맞이하게 되었다. 16세기부터 18세기에 걸친 이 같은 '대학의 죽음'은 종교전쟁과 영방국가, 인쇄혁명과 같은 몇 가지 요인이 겹쳐지는 과정에서 확고하게 드러났다. 종교전쟁과 영방국가는 당시 유럽 전역에 파급되었던 도시 네트워크 시대, 즉 자유로운 이동의 시대에 종언을 고하게 했다. 또한 인쇄혁명은 더 이상 대학을 필요로 하지 않는 방식으로 근대적 과학이나 인문 지성의 발전을 가능하게 했다. 요컨대 종교에 의해 분열되고 국가 속으로 포섭됨으로써 대학은 '자유'를 잃어버리게 되었으며, 이때 구텐베르크의 '은하계'가 대학을 대신하여 '자유로운 학지'의 과감한 실천 기반으로 새롭게 부상했던 것이다.

대학도시에서 인쇄공장으로

종교전쟁과 영방국가의 대두가 양적인 폭발을 거듭하고 있던 대학을 형해形骸화시킴으로써 결국에는 그 '첫 번째 죽음'을 만든 주된 요인이었던 것과 달리, 16세기 이후 대학을 대신해 사회의 지적 창조력의 기반이 된 것은 인쇄술이었다. 도시 네트워크의 시대에서 인쇄 미디어의 시대로, '자유로운 학지'의 기반은 큰 변화를 겪고 있었다.

사실 16세기에는 구텐베르크 인쇄술의 발명으로 필사筆寫 문화가 활판인쇄 문화로 전환됨으로써 인류의 지식사에 있어 결정적인 혁명이 일어났다. 엘리자베스 L. 아이젠스타인이 지적한 것처럼, 이 인쇄혁명은 종교개혁이나 근대과학 탄생의 필수 전제였다. 이 미디어 역사상의 혁명에 의해 라틴어의 지식 세계는 서서히 독일어, 프랑스어, 영어와 같은 국민어의 세계로 변용되며, 마침내 인쇄된 서책의 세계를 기반으로 근대 지식의 '위대한 저자'들이 등장한다.

그러나 '대학'과 '출판'의 관계는 단순한 대립 혹은 보완관계는 아니다. 중세 대학에서는 일찍이 교과서 제작 방식을 혁신함에 따라 훗날 활판인쇄의 발명으로 이어지는 몇 가지 전제를 만들어냈다. 중세 대학이 공인한 몇몇 서점은 각 학부에서 사용하는 주요 교과서를 한 부씩 소유하고 있었다. 서점은 교수로부터 검토를 받아 책을 복제할 수 있었다. 만약 대학에 이 교과서를 입수하려는 사람이 있을 경우, 적정한 요금을 지불하면 서점은 우선 모범본을 만들고 이를 사자생寫字生들에게 필사하게 했다. 이때 책은 제본하지 않은 낱장 상태였기 때문에 복수의 책자를 몇 사람의 사자생이 분담하여 돌려가면서 작업을 진행하는 것이 가능했다. 활판인쇄와는 비교도 안 될 정도로 느린 속도였지만 이 같은 방법은 책을 한 권씩 필사하는 것보다 적어도 몇 배, 아니 몇십 배 빨랐다. 사실 두꺼운 교과서는 수십 개의 책자를 합본한 것이었기에, 수십 명의 필사생이 그 하나하나를 일제히 필사할 경우 복제 속도는 놀랄 만큼 빨랐다. 마셜 매클루언이 나중에 말한 것처럼, 출판이 가장 오래된 자본주의라고 한다면 여기에서도 수공업이 기계공업에 선행하고 있었던 셈이다.

게다가 후기로 갈수록 중세의 대학교육에서 교과서의 역할은 더 커지고 있었다. 대학 교사가 서책을 사용하는 빈도가 높아질수록 미디어로서 서책의 형태에 변용이 나타났다. 르 고프에 따르면 우선 양피지 제조기술이 진보하여, 이전의 사본보다 얇고 부드러우며 이전처럼 누렇지 않은 종이가 유통되기 시작했다. 또한 여러 곳으로 가져가기 편리하도록 서책의 크기가 이절판에서 사절판으로 작아졌다. 서체 역시 고딕체가 급속히 이전의 서체를 대신했다. 참고로 고딕체의 경우 지역차가 있어서, 볼로냐, 파리, 옥스퍼드는 각각의 서체를 사용하고 있었다고 한다. 게다가 서책의 장정이 검소해지고 장식체가 줄었으며, 가난한 학생들이 많았던 신학부나 학예학부 교과서에서는 장식문자가 사라졌다. 또한 약자略字가 늘어났고, 페이지가 매겨지게 되면서 목차가 갖추어졌으며, 약자 리스트 등의 일람표가 주로 알파벳순으로 만들어지기 시작했다. 즉 대학 교과서에서 서책의 표준화가 진행되면서 활판인쇄 이후에 볼 수 있는 책의 모습이 이미 갖춰지고 있었던 것이다.

이 같은 전사前史에 눈을 돌리면, 인쇄혁명이 서책의 표준화에 가져온 효과를 아이젠스타인이 다소 과대평가하고 있다고 비판해도 그리 틀린 말은 아닐 것이다. 그는 분명 사자생들의 다양한 서체가 고딕체와 로마체로 표준화된 것을 기계 인쇄술이 가져온 효과로 파악한다. 또한 그는 참고문헌의 알파벳순 배열이 널리 보급된 것 또한 문자 배열의 기계화에 그 기술의 본질이 있는 활판인쇄의 효과로 본다. "인쇄술이 출현하기 이전부터 설교사나 교사들에 의해 출판물을 체계화·조직화하려는 노력이 나타났다. 이들은 다른 성직자의 편의를 위해 성서 등의 용어 색인을 편찬하거나, 자기가 사용할 성서 문장이나 설교 제목, 성서의 평역 등을 분류했"지만 "중세에는 이것이 각각 제멋대로의 형식으로 이루어졌"을 뿐이라는 것이다(『인쇄혁명』). 그러나 실제로 중세의 대학도시에서는 "각각 제멋대로"가 아닌, 상당히 표준화된 편집 방식이 이미 나타나고 있었다.

출판이라는 지식인 네트워크

중세의 대학도시에서 수공업으로 교과서가 제작되는 과정에 인쇄문화의 여러 특징이 이미 싹트기는 했으나, 지식 생산 체제에 있어 결정적인 변화가 활판인쇄에 의해 나타난 것은 사실이다. 중요한 것은 활판인쇄의 산업화가 중세의 대학과는 다른 방식으로, '정신의 장인'이라는 영역 횡단적 네트워크를 새롭게 창조했다는 사실이다. 실제로 초기의 인쇄업자 중에는 성직자나 대학교사가 드물지 않았다. 전직 수도원장이 인쇄소에서 편집자나 교정자로 일하면서 금속 장인이나 기계공과 밀접하게 제휴를 맺은 관계도 나타났다. 천문학자와 금속조각사, 의사와 화가가 손을 잡는 이러한 상황은 지적 노동의 낡은 경계선을 무너뜨렸고, "두뇌와 눈과 손의 노동이 합쳐진 새로운 방식"이 다음과 같은 식으로 발전해나갔다.

> 인쇄업의 장인들 스스로도 다양한 세계를 중개하는 일을 했다. 자금과 재료와 노동력을 모으는 한편으로 복잡한 제작 공정을 수립하고 파업을 해결하였으며, 책의 시장 동향을 예측하는가 하면 학식 있는 조수를 갖춰두기도 했다. 후원자가 되어 돈 되는 일을 맡기는 관리들과 좋은 관계를 유지하는 한편으로, 자기 인쇄소에 이익이나 명성을 가져다줄지 모를 재능 있는 작가나 예술가를 육성하고 격려하는 일도 게을리해서는 안 되었다. 사업이 잘 되어 이웃 시민들에게 영향력 있는 지위를 얻게 된 인

쇄소는 진정한 의미에서 문화적 중심이 되었고, 그 지방의 지식
인이나 고명한 외국인을 모여들게 함으로써 확대되고 있는 국제
적 학문 세계의 집합장 또는 전언장소가 되기도 했다(아이젠스
타인, 앞의 책).

이렇게 출판업자는 경직되어버린 동시대의 대학보다 훨씬 뛰어난
지적 창조성을 갖춘 네트워크 환경을 형성해나갔다. 게다가 이 네트
워크는 저자 발굴이나 책의 편집 과정만이 아니라, 재판을 찍을 때
내용을 개선하고 간행 목록을 갱신하는 등 반성적인 통로로서도 유
효하게 기능하고 있었다. 이를테면 신간에 관해 종종 독자들이 지적
해오는 오류를 수정하거나 새로운 정보를 얻어 이를 다음 판에 반
영하는 식이었다. 16세기의 출판사 중에는 "통신원이라는 큰 네트워
크를 구축하여 각 출판물에 대해 비판을 요청하고, 때로는 새로운
정보를 제공하거나 오류를 없애도록 지적해준 사람의 이름을 발표
하겠다고 공약하는 업자"도 있었다고 한다.

16세기 이후 이와 같이 출판사가 매개하는 지식 네트워크가 대학
을 능가하는 지적 창조성의 거점이 되기 시작한 상황은, 지적 창조
를 담당하는 주체가 도시에서 도시로 편력하는 '학생'으로부터 서재
나 서고에서 대량의 책을 읽고 비교하는 '독자'로 변화한 사실과도
대응한다. 활판인쇄에 의해 책이 대량으로 양산되고 값은 저렴해졌
는데, 이는 결과적으로 지식인이 이전보다 훨씬 싸게 많은 책을 구

입하여 수중에 둘 수 있게 되었음을 의미했다. 이전이라면 일생을 여행에 소비해야만 가까스로 볼 수 있었던 양보다 훨씬 많은 수의 문헌을 가만히 앉아서 손에 넣을 수 있게 된 것이다. 그리고 책장에 나열된 책이 늘자 당연히 다양한 텍스트를 조회, 비교할 기회도 늘어났다. 바야흐로 지식인이 이 도시에서 저 도시로, 이 수도원에서 저 수도원으로 편력하는 시대가 가고 서재나 도서실에서 "서책을 면밀하게 비교하고 대조하는 시대"가 찾아온 것이다.

12세기 중세 유럽의 기독교 세계에 지적 혁신을 가져온 것은 이슬람을 거쳐 들어온 아리스토텔레스라는, 외부 인식 지평의 도입이었다. 이 같은 혁신은 특히 당시의 도시 네트워크를 기초로 하던 대학과 결합되어 있었다. 그러나 근대로 향해 가는 16세기 유럽에서 또다시 지식의 혁신을 가져온 것은 외래의 지식이 아니라 유럽 내에서 유통·축적되는 지식의 폭발적 증대였다. 이를 통해 "풍부한 서책이 낡은 학설에 대한 신뢰를 약화시켰을 뿐만 아니라 새로운 지식의 통합과 치환을 재촉했다"고 아이젠스타인은 강조한다. 유럽 각지에서 팽창해나간 지식 유통은 먼저 낡은 지식과 새로운 지식을 결합시켰고, 이어서 완전히 새로운 사상 체계의 창출을 가져왔다. 이제 대량으로 인쇄되어 전 유럽적 규모로 유통되기 시작한 서책을 매개로 예술가와 학자, 실천가와 이론가, 기술자와 서점주 등 다양한 영역의 사람들이 교류하는, 새로운 결합의 형태가 나타났다. 이처럼 서책을 매개로 한 교류권이 자연과학에서 인문지식으로까지 횡단하는 근대 지성의 혁신을 가능하게 했던 것이다.

지식의 소통 방식이라는 관점에서 대학과 출판을 비교할 경우, 단체로서의 폐쇄성과 네트워크로서의 개방성이라는 차이가 존재한다는 점을 깨닫게 된다. 필사 시대에 손으로 쓴 문서는 다음 세대로 전해지는 과정에서 필사하는 사람에 의해 잘못 옮겨지거나 변형되는 사태를 피할 수 없었다. 또한 희소한 문서의 경우 다수의 손을 거치면서 언젠가는 마멸되어버린다. 보관 상태에 따라서는 텍스트가 흩어져버릴 위험도 있었다. 따라서 문서를 가능한 한 영속적으로 전승하고자 한다면 지식을 신비화하는 편이 확실했다. 즉 희소 문헌을 전문적인 지식이나 능력을 갖춘 소수의 선택된 사람들에게만 제한해버리는 것이다. 지식을 공중 일반에게 괜히 개방했다가는 그 지식의 정확성을 위태롭게 할지도 모르기 때문이었다. 대학이 학위를 부여하는 복잡한 시스템 속에는 이와 같이 참가 자격을 한정함으로써 지식을 정확하게 계승하려는 의도가 배어 있었다.

반면 인쇄술을 기반으로 확대되기 시작한 것은 보다 개방적으로 지식을 계승하는 시스템이었다. 대량의 복제기술인 활판인쇄는 동일한 텍스트를 대량으로 만들어낼 수 있었기 때문에 일부가 사고로 분실된다고 해도 몇 권은 틀림없이 후대까지 전승될 수 있었다. 실제로 동일한 문서가 수천에 달하는 규모로 분산되어 소유됨에 따라 더 이상 이를 귀중본으로 만들 수는 없게 되었다. 사회적 기억은 외부화되고 대량 복제됨으로써 영속성을 담보했다. 따라서 출판이 미디어로서 만들어내는 지식 네트워크를 뒷받침하게 된 것은 '단체'의 논리가 아닌 '시장'의 논리였다. 그 자본주의적 발전의 초기에 시장 시스템은 사회적 경계를 초월하는 새로운 지적 교류의 장을 출현시켰다. 문예의 경우 초기 자본가들은 저작권이라는 관념이 성립하기도 전에 장래성 있어 보이는 작가들과 결합함으로써 학자, 번역가, 편집자, 기술자, 행정가 등 '인맥'의 허브가 되었다. 이 인맥은 종종 다언어, 다문화의 국제성을 갖추고 있었고, 이는 새로운 보편적 인문 지성의 기초가 되었다. 이처럼 출판 자본에 의해 부상한 '시장'이라는 공간이야말로 머지않아 위르겐 하버마스가 '문예적 공론장'이라 부르게 될 것의 원형이었다.

'대학'에서 '아카데미'로

출판산업에 의해 부상한 경계를 허무는 지식 네트워크는 16세기 이후의 인문주의자부터 18세기의 백과전서파까지를 관통하는 토대가 된다. 인문주의의 고전으로 평가받는 에라스무스의 『우신예찬』이 세상에 나온 것은 1511년의 일이었다. 그 3년 뒤 에라스무스는 바젤의 서점 주인 요한 프로벤을 알게 되어 그의 서점에서 자신의 저작을 계속 출판하기로 했다. 그의 절친한 친구였던 토머스 모어는 1516년에 『유토피아』를 출판했고, 1532년에는 프랑수와 라블레의 『가르강튀아와 팡타그뤼엘』[1]의 출판이 시작되었다. 이처럼 15세기 초반에 나온 고전의 출판 연도를 명기할 수 있게 된 것은 이 시기부터 책이 서점에서 인쇄본으로 만들어졌기 때문이다. 필사본의 시대에는 책의 명확한 간행 연도를 표시할 수 없었다. 예를 들어 단테의 『신곡』은 활판인쇄 이전에 쓰인 것인데, '신곡'이라는 제목은 필사본의 시기에는 존재하지 않았다. '신곡'이라는 현재의 제목으로 책의 형태가 확정된 것은 단테 사후 200년 이상 지난 16세기 중반 출판문화 속에서 일어난 일이라 알려져 있다.

바야흐로 신학이나 학예의 학식을 익힌 인재가 취직하는 직종이 출판 관계의 각종 분야로 확대되고 있었다. 예를 들어 16세기 중반 이후 인문주의 교육을 받은 사람들이 서점과 관계를 맺으면서 '문필가'로서 생계를 유지하기 시작했다. 이 같은 움직임을 선도한 것은 베네치아 등 이탈리아의 여러 도시였는데, 글을 많이 쓰는 사람들은 연대기나 사전부터 입문서에 이르기까지 모든 테마의 기사를 갈겨쓰고 있었다. 16세기 후반이 되면 파리나 런던에서도 유사한 직종이 나타났다. 다른 한편, 대학에서 훈련을 받은 독서가는 귀족이나 통치자의 서기관이 되기도 했다. 16세기 프랜시스 베이컨의 비서관 중 한 사람이 토머스 홉스였다고 하니, 얼마나 인재가 많았는지를 알 수 있다. 또한 출판물의 양적 확대로 인해 도서관의 중요성이 커지면서 사서나 역사편찬관 같은 직업도 부상하기 시작했다.

---

1 르네상스 시기 프랑스 인문주의자 라블레(1494?~1553)가 쓴 전5권의 연작소설. 세르반테스의 『돈키호테』와 더불어 근대소설의 선구로 평가받고 있다.

이들 새로운 지식인들이 추구한 것은 인문주의와 자연과학이었지만, 중세 이전의 스콜라철학과는 그 전제를 달리했다. 뒤집어 말하면 스콜라학적인 전통을 버리지 못한 대학은 신세대 지식인들이 볼 때 시대에 뒤쳐진 낡은 체제일 뿐이었다. 인문주의자나 자연과학자는 '대학'과는 다른, 신시대에 적합한 새로운 지식제도가 필요하다고 생각했다.

이리하여 근대 초기 인문주의자나 자연과학자가 주로 신흥 유력자의 보호를 받아 설립한 것이 바로 '아카데미'였다. 르네상스 시기 최초의 아카데미는 피렌체의 코시모 데 메디치Cosimo de' Medici[2]가 1439년 설립한 플라톤 아카데미인데, 코시모를 후원자로 한 신플라톤주의의 사적인 서클 같은 것이었다고 한다. 아카데미의 설립이 본격화된 것은 16세기 이후인데, "서클보다 격식을 갖추고 길게 유지되면서도 대학의 학부보다는 격식에 덜 구애받는 아카데미는 혁신을 추구하기에는 이상적인 집단 형태였다. 비록 느린 속도지만 이러한 집단은 기관으로 성장해나가면서 회원제, 규약, 정기회합을 마련하게 되었다. 1600년까지 이탈리아에만 약 400개의 아카데미가 창립되었고, 포르투갈에서 폴란드에 이르는 유럽 다른 지역에서도 아카데미가 존재했다(피터 바크, 『지식의 사회사』)."

물론 대학이라고 해서 다 똑같지는 않아서, 비교적 새롭게 설립

2 1389~1464. 이탈리아 르네상스 시대 피렌체 공화국의 은행가이자 정치가로 문화예술의 후원자로 유명하다.

된 대학 중에는 부속시설로 천문대나 식물원, 해부학 교실이나 실험실을 설치하여 시대에 적응하려 한 곳도 있었다. 그러나 전체적으로 보면 새로운 세대의 지성을 추진하는 자들에게 있어 대학은 기반이라기보다는 장애가 되었다. 그들은 대학이 새로운 과학을 계속 거부하게 되면 아카데미가 오히려 미래 학술지식의 거점이 될 것이라 생각했다. 대표적으로 이탈리아에서는 1657년 갈릴레이의 조수였던 빈첸초 비비아니 등에 의해 피렌체에 실험 아카데미가 설립되었고, 1660년에는 런던 왕립협회가 설치되었다. 또한 프랑스에서는 1635년에 아카데미 프랑세즈가, 1666년에는 왕립 과학아카데미가 설립되었다. 당시 대학에 대한 학문적 신뢰는 떨어질 대로 떨어져 18세기가 시작될 무렵에는 아카데미야말로 대학을 대신할 가장 유력한 연구 및 교육의 장이라 간주되었다.

예술 분야에서 실제로 그러했듯, 과학에 대해서도 가장 뛰어난 재능을 타고난 사람들은 대학이 아니라 피렌체나 볼로냐, 파리 등지의 아카데미에서 교육을 받아야 한다는 생각이 널리 퍼졌다. 한편 수학, 토목, 군사 등의 분야에서는 귀족 자제를 대상으로 한 아카데미가 각지에 설립되었다. 18세기가 되면 아카데미의 숫자는 몇 배로 불어나 유럽 각지에 새로운 아카데미가 설립된다. 참고로 빈의 공학 아카데미는 1717년에, 프라하의 아카데미는 1718년에, 하르츠 산지의 임학林學 아카데미는 1763년에 설립되었으며, 중부 유럽의 슬로바키아나 작센에서는 광산 아카데미까지 만들어졌다. 이런 식으로 영국에서는 1663년부터 1750년까지 영국 국교회에 속하지 않는 약 60개의 아카데미가 런던과 그 근교, 지방도시에 생겨났다. 이들 아카데미의 커리큘럼은 "대학과 달리 전통색이 엷었고 장래 젠틀맨보다 실업가를 육성하는 데 주안점을 두고" 편성되어 근대철학, 자연철학, 근대사 등의 새로운 학과를 중시했다(바크, 앞의 책). 즉 아카데미에서는 경직된 대학보다 훨씬 유연하게, 실질적인 첨단 교육을 실시했던 셈이다.

오늘날의 통념에서 '아카데미즘'은 대학의 상아탑 학문과 동일시되어, 새로운 시대의 변화에 대응하지 못하는 권위주의적 가치관으로 인식되는 경향이 있다. 그러나 오늘날 아카데미즘의 기원이 17~18세기 유럽에서 융성했던 아카데미에 근거한 것이라고 볼 때, 이 같은 생각은 이중으로 잘못된 것이다. 우선 당시 아카데미와 대학은 동일한 것이 아니라 오히려 대척관계에 있었다. 대학의 보수성을 비판하고 새로운 지식을 개척하는 선구적 역할이 아카데미에 요청되었던 것이다. 두 번째로, 이같이 부상하고 있던 아카데미는 새로운 시대에 대응하지 못하는 전통성 따위와는 정반대로, 오히려 실제적이고 선진적으로 새로운 것에 대응하여 실험적인 지성을 뽑아내는 전문가 집단을 기반으로 하고 있었다. '아카데믹한 지성'이 저항했던 것은 오늘날 오해받듯 '저널리스트의 지성'이 아니라 오히려 중세 대학에서 시작된 '스콜라적인 지성'이었다. 중세는 아리스토텔레스를 새로운 지성의 선도자로 소환했지만, 17세기가 되자 아리스토텔레스는 새로운 시대를 향한 욕망과는 대극에 위치하는 낡은 권위가 되어 있었다. 이때 새롭게 소환된 것은 아리스토텔레스가 아니라 플라톤이었다. 사람들은 플라톤적인 교육의 장이었던 아카데미야말로 새로운 지성의 선도자가 되어야 한다고 생각했다.

'대학'의 재발명:
훔볼트 혁명

대학의 두 번째 탄생

오랜 기간 위독한 상태였던 대학이 19세기에 마침내 임종을 맞이했다고 해도 그리 이상할 것은 없었다. 18세기부터 이미 대학의 역사적인 역할이 끝났으므로 모든 것을 해체해야 한다는 목소리가 공공연히 흘러나왔다. 학문적 상상력의 장이라는 측면에서 볼 때, 대학은 사실상 수 세기 전인 16세기 무렵 이미 죽어버린 상태였다.

그러나 19세기에 와서 학문기관으로서의 대학은 고양되기 시작한 내셔널리즘을 배경으로 극적으로 '제2의 탄생'을 맞이한다. 우시오기 모리카즈潮木守一와 같은 교육사가가 밝혀놓은 것처럼, 대학의 이 같은 기적적인 부활은 19세기 초반 독일에서 연구와 교육의 일치라고 하는 '훔볼트 이념'에 따라 이루어졌다. 그리고 독일에서 시작된 이러한 새로운 대학 개념이 20세기 내내 미국을 중심으로 한 세계에 퍼지게 된다. 18세기에 대학을 시대에 뒤쳐진 것으로 만들었던 전문학교나 아카데미 같은 제도까지 집어삼키면서 대학은 사상 최대의 연구 및 교육 체제로까지 성장해나갔다. 중세의 대학은 오늘날의 대학으로 이어지는 경로이기는 했지만 그 직접적 전신이라고는 할 수 없었다. 그러나 19세기에 다시 '탄생'한 이 훔볼트＝국민국가형 대학은 그야말로 오늘날 대학과 연결되는 직접적인 전신이었다.

이처럼 프로이센에서 새로운 대학이 탄생하는 데 직접적인 계기가 된 것은 프랑스혁명과 나폴레옹에 맞선 프로이센군의 패배였다. 1804년에 황제에 오른 나폴레옹은 이듬해 영국과의 해전에서 패배하지만, 대륙에서는 무적의 진군을 계속하여 1805년에 아우스테를리츠Austerlitz 전투에서 오스트리아와 러시아 연합군에 완승하고, 1806년에는 예나 전투와 아우에르슈테트Auerstedt 전투에서 프로이센군을 격파한다. 유럽 대륙 거의 전역을 지배하는 나폴레옹 제국이 형성되어가자, 패전국이 된 프로이센에서는 정부의 핵심으로부터 위기의식이 생겨났고, 이를 배경으로 개혁의 기운이 강해져 빌헬름 폰 훔볼트 등에 의한 대학개혁안이 수용되는 토양이 마련되었다. 1806년에 피히테가 「독일 국민에게 고함」을 발표했고, 1809년에는 훔볼트가 대학개혁에 착수한다. 그리고 그 이듬해인 1810년, 베를린 대학이 탄생하여 피히테가 초대 총장에 취임하게 된다. 전성기가 지났다고는 해도 여전히 나폴레옹의 지배가 계속되고 있던 시기, 베를린 대학의 창립은 18세기의 계몽사상을 계승하면서 독일을 프랑스 제국의 지배로부터 해방시키고 다음 세대를 새로운 국가 건설에 매진하게 하려는 내셔널리즘의 고양과 밀접하게 관련되어 있었다.

19세기 독일에서 대학이 극적으로 부활하게 된 배경에는 동시대 프랑스와의 격렬한 길항관계라는 사정이 있었다. 프랑스가 내세운 '문명'이라는 개념과 아카데미나 전문학교, 미술을 필두로 한 새로운 지적 제도에 대항하기 위해서, 독일은 오히려 '문화' 개념을 내세우면서 아카데미의 비판을 받고 있었던 문제의 그 대학을 그 낡은 모습과는 전혀 다른 형태로 혁신해야만 했다. 18세기 말 이후 프랑스가 백과전서파의 계몽철학에서 프랑스혁명과 나폴레옹 전쟁으로 이어지는 동란의 시대를 향해 가고 있었던 것과는 달리, 독일은 이 시기 군사·정치적으로는 프랑스에 압박당하면서도 계몽사상과 내셔널리즘의 교착을 통해 문화·학문적으로는 유럽에서 최고 수준의 지적 탐구에 도달해 있었다. 칸트가 그 선구자였다는 점은 말할 것도 없거니와, 피히테나 헤겔로 대표되는 독일철학의 흥성과 더불어 문학에서는 괴테와 실러가, 음악에서는 베토벤이 등장했다. 문화의 측면에서 이 시기의 유럽은 영국의 시대도 프랑스의 시대도 아닌, 두말할 것도 없는 독일의 시대였다. 근대 대학은 이와 같이 독일의 내셔널리즘이 프랑스형 아카데미에 대항하면서 자신의 지적 성취와 차세대 육성을 결부시키고자 했을 때, 새로운 지성의 거점으로서 다시 부상했다.

유용성과 자유로운 이성의 갈등

중세 대학의 사상적 핵심이 아리스토텔레스에 있었다고 한다면, 근대 대학의 발전 과정에서 그 사상적 핵심을 앞서 제시한 것은 칸트였다. 칸트는 만년이던 1798년에 쓴 『학부들의 논쟁』에서 이후 근대적 대학 개념에 오래도록 영향을 주게 될 미래의 대학에 관한 스케치를 제시했다. 칸트에 따르면 대학이란 곳은 신학부, 법학부, 의학부와 같은 '상급학부'와 철학부라는 '하급학부'의 변증법적 통일체다. 세 상급학부는 대학 외부에 그 교육 내용과 방향을 정하는 상위 심급을 지니고 있다. 즉 신학부는 교회를, 법학부는 국가를, 의학부는 공중의료를 목적으로 성립한다. "성서신학자는 그 교설을 이성이 아니라 성서로부터, 법학자는 그 교설을 자연법이 아니라 국법으로부터, 의학자는 공중에 실시되는 의료법을 인체의 자연학이 아닌 의료법규로부터 가져온다"는 것이다. 이와 달리 철학부는 "자신의 교설에 대해 정부의 명령으로부터 독립적이며, 명령을 내리는 자유를 갖지는 못했지만 모든 명령을 판정하는 자유를 가지고 있는 학부"다(『학부들의 논쟁』). 즉 세 상급학부가 담당하는 것이 외부의 요청에 따른 타율적 지성이라면 하급학부가 담당하는 것은 외부로부터 독립된 자율적 지성이라는 것이다.

칸트의 논의는 이 두 교육기관 사이의 상호관련성을 파악하는 데 그 요지가 있다. 그는 상급의 세 학부가 "하급학부와 잘 어울리지 않는 결연을 맺으려 하지 말고 하급학부를 멀리하여 주변에 얼씬 못하게 함으로써, 하급학부에서 이루어지는 자유로운 이성의 천착 때문에 상급학부 규약의 위신이 손상되지 않도록" 하는 편이 좋다며 양자의 엄격한 구별을 주장했다. 다른 한편으로 "자율에 의해 판단하는 능력, 즉 자유롭게(사고 일반의 원리를 좇아) 판단하는 능력은 이성이라 불린다"고 말했다. 하급학부로서의 철학부가 대학에 필수적인 것은 이 이성의 자유 때문이다. 이성의 자유야말로 대학 자율성의 근본인데, 그 때문에 철학부는 자유로움 그 이외의 것을 바라지 않는 겸허함으로 상위 세 학부에 유용한 것이 되어 이들을 통어한다.

즉 칸트는 사회적 유용성을 으뜸으로 하는 상급학부와 이성의 자유를 으뜸으로 하는 하급학부에서는 지성의 성립이 원형적으로 다르다고 보고 양자를 준별峻別한 다음, 대학을 하급학부와 상급학부의 끊임없는 변증법적 갈등으로 파악한다. 중세의 스콜라 학자들이라면 결코 대학을 이처럼 정의하지 않았을 것이다. 그들은 아리스토텔레스와 같은 이성의 철학과 기독교 신학이 어떻게 내적 조화를 이루도록 할 것인가를 필사적으로 고민했기 때문이다. 이후 이성과 신앙을 절단한 '오컴의 면도날'은 칸트에 이르면 이성과 유용성의 준별을 낳았다. 그리고 철학의 사명이라 할 이성을 어떠한 유용성에도 종속되지 않도록 짐짓 대학 안에서는 철학을 '하위'에 놓으면서도 '상위'의 모든 것을 통어하는 위치로 변증법적인 반전을 시도하고 있다. 이렇게 해서 이 상급학부가 구하는 유용성과 하급학부가 구하는 자유로운 이성 사이의 변증법적 대립이야말로 근대 대학이 지닌 활력의 원천이 된다. 왜냐하면 모든 학문은 자신에게 본질적인 것을 탐구하지만, 철학은 본질적인 것 바로 그 자체에 대한 메타 차원에서의 탐구가 중요하기 때문이다. 이러한 탐구에 의해 대학은 자기 반성의 계기를 구조적으로 내면화하게 되고, 이것이 대학을 아카데미나 전문학교와는 결정적으로 다른 존재로 만든다.

칸트의 대학론에 관해서는 최근에 자크 데리다가 칸트의 '철학'을 '인문학'으로 치환하여 논의를 이어나갔다. 데리다 역시 대학은 "학문의 자유라 불리는 것 이외에도 문제를 제기하고 명제를 제시하기 위한 무조건의 자유를, 더 나아가서는 연구, 지식, 진리에 대한 사고를 필요로 하는 '모든 것을 공적으로 이야기할 권리'를 요청"한다고 말한다. 대학 내에서 이러한 사명을 담당하는 것은 다름 아닌 인문학이다. 대학은 인문학에 대해 "무조건적으로 전제를 달지 않은 논의의 장을, 무언가를 검토하고 재고하기 위한 정당한 공간을" 확보해주지 않으면 안 된다. 그것은 "현전화와 현재화를 위한, 보호를 받기 위한 본원적·특권적 장이자 논의를 위한 공간, 논의를 재검토하는 공간"으로서, 여기에서 공공적 발화는 "문학이나 다양한 언어를 통해서, 또한 마찬가지로 논증적인 성격과는 거리가 먼 예술, 법＝권리, 철학을 통해서, 질문하는 것을 통해서" 이루어진다. 이 같은 발화의 가능성을 위해서 데리다는 대학에 '조건 없는'이라는 형용사를 붙였는데, 이는 "이러저러한 경제적인 합목적성 혹은 이해관계에 봉사하는 모든 연구기관으로부터 대학을 엄밀한 의미에서 구별해두기 위한" 것과 다름 없다(데리다, 『조건 없는 대학』).

그러나 문제는 철학이든 인문학이든 리버럴 아트이든 '자유 이성'의 장을 대학의 학부로서 제도적으로 확보할 경우 결국 '자유'의 유지가 자기목적화되어, 즉 새로운 대학에서 '이성'의 자율성을 조직적으로 유지하는 것이 자기목적화되어 이를 담당하는 학부는 그 목적에 봉사하는 타율적인 존재로 변하지 않을까 하는 점이다. 18세기말 칸트는 아직 이 같은 '자유'가 확보되지 않았던 시대에 '철학의 자유'를 확보할 것을 다시 태어나고 있는 대학에 부여된 최대의 과제로 구상했다. 그러나 일단 이 같은 '자유로운 이성'을 위한 학부의 독립성이 확보되면, 이번에는 그 '자유' 자체가 체제의 보존을 위한 타율적 원리로서 작동하지 않으리라는 보장은 어디에 있었던 것일까. 칸트는 왜 그토록 진지하게, 대학교수가 이성적인 존재라고 상상했던 것일까.

'이성'의 대학에서 '문화'의 대학으로

칸트의 이 같은 이념이 단지 논리적인 귀결점에 머무르지 않고 현실적인 배경을 지니고 있었다면, 그것은 18세기 말 독일이 처한 역사적 상황에서 구해야 할 것이다. 칸트가 대학론을 쓴 1798년은 나폴레옹의 침공에 의해 신성로마제국이 최종적으로 해체되기 직전이었다. 이미 프랑스혁명으로 인한 대격동이 시작된 상황에서 나폴레옹이 일으킨 일련의 전쟁에 의해 안정적인 계몽의 시대에서 내셔널리즘의 시대로 시대의 추가 크게 요동치고 있었다. 중세부터 뿌리를 내려온 대학을 옹호하고, 절대주의 왕정으로서는 후발주자였던 독일에 '이성'의 장으로서 대학을 재구축하는 작업은 이 격동의 시대에서 그야말로 필요한 일이었다. 그러나 설령 대학의 '이성'이 아무리 칭송되었다고 해도 격류 속에서 발흥하고 있었던 내셔널리즘과 긴밀하게 연관되지 않았다면 칸트의 이념은 근대 대학의 근원적인 구성 원리로까지 진전되지는 못했을 것이다. 결국 이를 구체화하는 임무를 떠맡았던 사람이 바로 훔볼트였는데, 그의 정책적 실천은 동시대인인 피히테의 철학이나 실러의 미학과도 깊이 연관되어 있었다.

빌 레딩스Bill Readings는 이처럼 독일에서 대학이 근대적 형태로 재탄생되는 과정을 칸트의 '이성의 대학'에서 훔볼트 등의 '문화의 대학'으로의 전개로 묘사한다. 18세기 말부터 19세기 초반에 걸쳐 독일 관념론자들은 유용성과 이성을 대립시킨 칸트의 구상에 앞서 근대 대학뿐만 아니라 독일 국민과 국가 사이의 바람직한 관계까지도 상상하고 있었다. 칸트에게 있어 보편적 이성이라는 개념이 특수한 유용성에 대립되는 것이었다면, 셸링, 실러, 슐라이어마허 등에게 그것은 민족국가의 국민이성이라는 개념으로 역사화=국민화하고 있었다. 그리고 여기에서 등장한 결정적인 관념이 '문화=교양'이다. 예를 들어 실러는 다양하게 규정된 세계를 자율적으로 성찰하는 자유로운 의식으로 '이성'을 인정한다는 점에서 칸트를 따르면서도 그것이 '자연'과는 이율배반적으로 처음부터 순화된 차원에 존재한다고 생각하지는 않았다. 오히려 실러는 이성이 역사적 발달 과정 속에 존재하며, 미적 교육의 실천으로서의 '문화'를 이용함으로써 실현된다고 보았다. 예술은 '자연'으로부터 우연성을 제거하고 무질서와 순수이성의 사이에 매개적인 과정을 집어넣음으로써 이 '문화=교양'이라는 개념의 지주가 된다는 것이다.

이 경우 '문화'라는 것은 이중으로 분절된 영역이다. 우선 문화는 자연에서 이성으로 나아가는 과정의 다른 명칭인데, 이는 주로 연구를 위한 학지의 대상이 된다. 다른 한편으로는 발달의 과정이나 인격의 도야로서 문화를 이해할 수 있다. 근대 대학에서는 이 두 가지, 즉 연구 대상으로서의 '문화·자연'과 교육 대상으로서의 '교양·인격'이 통합되어야 한다. 여기에서 표방되는 '연구(자연이나 사회의 탐구)'와 '교육(인격의 도야)'의 일치야말로 독일 관념론자(문화주의자)가 생각한 대학 개념의 근본을 이루게 된다(빌 레딩스, 『폐허 속의 대학』).

그런데 여기서 어떤 특정한 역사적인 지향성이 부각되는데, 국민국가의 발달과 인격적 이성의 발달을 함께 추구하려는 지향이 그것이다. 근대 산업사회는 통일된 '문화'를 단편화된 '문명'으로 바꾸었고, 개인의 이해력의 한계를 넘어서는 단편적인 지식들로 세계를 포화 상태로 만들고 있다. 그러나 개인은 여전히 지식의 본질적인 통일성을 이해하려는 의지를 지니고 그 유기적 전체성에 참가하려고 한다. 이처럼 전체성을 향하도록 개인을 도야하는 초월적인 심급은 이제 교회가 아니라 이성적 국가다. 국가의 아래에 놓인 중간 기관으로서의 대학은 칸트의 하급학부가 상급학부에 대해 그러했던 것처럼, 국가에 봉사하면서도 국가에 완전히 동화되지는 않는다. 왜냐하면 대학교육의 본분은 주체로서의 국민이 적절한 사고의 규칙을 배우도록 하는 데 있으므로 무제한으로 지식을 집어넣거나 국가에 대한 이데올로기적 충성을 맹세하도록 하는 것은 불가능하기 때문이다. 학문적인 사고 규칙을 획득함으로써 개인은 이성적 국가에 사용되는 사람이 아니라 오히려 자율적인 주체가 된다. 이것이 바로 독일 관념론자는 물론 일본에서 제국대학의 성립을 이끌었던 모리 아리노리 등의 국민주의자들을 고민하게 했던 대학의 이념이었다.

훔볼트형 대학의 특징

절대주의 국가 형성이 늦었던 독일에서는 18세기가 되어서도 지방권력의 분립 상태가 남아 중세적 대학문화가 새로운 아카데미 문화에 압도되는 일은 벌어지지 않았다. 이 같은 상황 속에서 할레, 괴팅겐, 에를랑겐, 예나, 비텐베르크, 라이프치히, 로스토크, 하이델베르크 등의 여러 대학에서는 중세적 대학을 혁신하려는 개혁의 기운이 일어나고 있었다. 이 같은 독일 고유의 조건과 칸트 이래의 학문 이념이 연결되어, 대학은 '제2의 탄생'을 맞이했다. 그러나 나폴레옹 전쟁에서 프로이센의 패배에 이르는 위기가 없었다면 피히테나 훔볼트의 사상이 베를린 대학 창립이라는 구체적인 결과로 저토록 급속히 이어질 수는 없었을 것이다. 혁명적 상황에 직면한 프로이센 관료들의 입장에서 보면 망설일 여지가 조금도 없었다. 새로운 국가는 새로운 사람 만들기에서 시작되어야만 했다. 이때 프로이센에서는 '위로부터'의 급격한 자기개혁만이 유혈혁명 없이 신국가 건설을 가능케 하는 유일한 방법으로 간주되었다.

베를린 대학의 창립을 둘러싸고 이 대학을 구상한 세 선도자가 보이는 차이에 대해서는 교육사가들의 많은 연구가 있다. 이들은 하향식top down의 철학교수 피히테와 상향식bottom up의 신학교수 슐라이어마허의 대립 그리고 그 사이에서 계획을 실천으로 연결시킨 실무자 훔볼트의 수완을 구별한다. 피히테는 논객으로서는 워낙 유명했지만 성마르고 완고한 성격 때문에 사실상 조직을 관리해나가는 능력에 있어서는 훔볼트에게 미치지 못했으리라는 점도 상상하기 어렵지 않다. 대체로 훔볼트는 피히테에게 경의를 표하면서도 실질적으로는 슐라이어마허의 노선에 따라 베를린 대학을 조직한 것으로 보인다. 결과적으로 베를린 대학에서는 '자유로운 이성'이라는 관념에 그치지 않고 실질적으로 '자유로운 커뮤니케이션 공간'이 다양하게 확보되었다.

훔볼트형 대학의 가장 큰 특징은 교육 중심이었던 대학의 핵심부에 세미나나 실험실처럼 연구를 지향하는 기구를 도입한 것이다. 특히 훔볼트가 구상한 대학개혁은 교사뿐만 아니라 학생도 연구를 하도록 했는데, 이를 위한 대학 커리큘럼 체계의 재편성도 개혁 목표에 속해 있었다. 그는 지식이 이미 규정된 부동의 것이 아닌, 교사와 학생의 대화 속에서 끊임없이 새롭게 생성되는 것이라 생각했다. 새로운 지식을 구축해가는 과정에서 낡은 지식이 문제시되고, 이로써 인식의 틀이 전체적으로 변화한다는 것이다. 따라서 "대학이 전수해야만 하는 것은 새로운 지식을 발견하고 지식을 진보시키는 기법(우시오기 모리카즈, 『훔볼트 이념의 종언?』)"이라야 한다. 이미 알고 있는 지식을 가르치는 것이 아니라 어떻게 알아가야 하는가를 가르치는 방향으로 교육의 초점을 전환하는 것, 다시 말해 '내용'으로서의 지식에서 '방법'으로서의 지식으로 전환하는 것이다. 이를 위해서는 강의 중심에서 세미나 혹은 실험 중심으로 기존 커리큘럼을 재편성할 필요가 있었다.

그러나 19세기 베를린 대학에서도 이와 같은 고도의 학습 과정에 모든 학생이 참가할 수 있었던 것은 아니었다. 우시오기는 1812년 설립된 베를린 대학의 고전학 세미나를 예로 든다. 여기서 학생이 되기 위해서는 특별한 선발시험을 거쳐야 했는데, 합격하지 못할 경우 세미나에 참여할 수 없었다. 따라서 훔볼트형 대학의 실상은 선발된 소수자를 대상으로 한 집중 세미나와, 일반 학생을 대상으로 지정된 커리큘럼이나 학습 성과를 검토하는 시스템도 없이 행해진 방임주의 교육의 두 가지로 구성되었는데, 이 둘은 모두 라틴어로 진행되었다. 학생들은 대략 8주에 1회씩 라틴어로 자신의 연구에 대해 보고해야 했다. 이 논문 보고회가 문헌강독 연습과 짝을 이루었고, 그 외에 일반 학생들까지 수강하는 대형 강의가 있었다고 한다.

이렇게 보면 강의와 실습, 논문지도로 이루어진 오늘날 대학의 기본 구조가 19세기 독일의 대학에서 이미 형성되었다는 사실을 알 수 있다. 게다가 이과에서 일반적인 현장밀착형 실험실 교육도 이미 비슷한 시기에 그 형태가 만들어지고 있었다. 1824년 독일의 지방도시 기센의 대학에 부임한 화학자 리비히Liebig는 실험실을 개설하여 조직적인 화학교육을 개시했다. 리비히의 이 실험실은 1840년대까지 저명한 시설이었고 많은 박사학위 취득자를 탄생시켰다. 여기에는 이유가 있었는데, 리비히는 강의를 통해 학생을 교육하는 것이 아니라 "자기 자신이 개발한 간단하고 정밀도 높은 유기물의 원소분석법을 실험실 안에서 직접 전수하려고 했다. 또한 학생이 이를 마스터하면 교사의 손을 빌리지 않고 스스로 독립하여 다양한 물질을 분석하고 이러저러한 새로운 발견을 할 수 있었다(우시오기 모리카즈, 앞의 책)". 이 방식은 교수가 실험실에서 생각한 아이디어를 세분화하고, 하위 주제를 학생들에게 할당하여 그 실험 성과를 발표하게 하는 것이었다. 결국 리비히는 교수가 "실험연구자라기보다는 학생들이 수행한 연구의 조정자 혹은 홍보 담당자가 되었다"고 표현한다. 이처럼 19세기 독일의 대학에서는 오늘날 이과 연구실의 특징적 양태도 만들어지고 있었다.

'대학원'의 발명: 영미권의 근대적 대학 개념

새로운 대학의 세기로

프로이센이 새롭게 탄생한 베를린 대학을 모델로 브레슬라우Breslau와 본Bonn에도 학교를 신설함으로써 대학개혁의 물결은 퍼져나갔다. 1810년대에 이르면 이를 받아들여 독일 전역에서 시대에 뒤떨어진 대학을 폐지하고 새로운 대학을 구상하려는 움직임이 생겨났다. 이 물결은 근대 대학을 중세적 개념에서 탈각시켜 국민국가에 의한 인재양성기관으로 새롭게 자리매김하는 과정이었다. 이와 병행해서 독일에서는 초등 및 중등교육의 공적 제도가 갖추어져 대학에 진학하는 데 있어 공적인 입학조건이 정해졌고, 많은 영방국가에서 고등학교 졸업시험이 도입되었다. 또한 이렇게 공교육이 발달하자 김나지움 교사의 수요가 늘어나면서 철학부가 이러한 유형의 인재 공급원이 되기도 했다. 이리하여 특히 19세기 중반이 지난 즈음에는 독일 대학의 탁월성이 세계적으로 널리 인정받아 각국의 유학생이 독일로 모여들게 된다. 훔볼트형 대학은 또한 기존의 중세적 대학이나 절대주의적인 아카데미와도 달리 그야말로 국민주의적 교육기관 체제의 모델로서 세계 각국의 근대화 정책에 참고 대상이 되기도 했다. 19세기 후반부터 독일의 대학 모델은 먼저 영국, 북미, 북유럽이나 중부 유럽으로 영향력을 확대했고, 마침내 일본을 필두로 한 비서양 세계에도 영향을 미쳤다.

예를 들어 영국에서는 중세 이래로 옥스퍼드 대학과 케임브리지 대학이 특별한 지위를 차지하고 있었다. 그러나 이러한 명문대학일수록 중세적인 개념으로부터 벗어나기가 쉽지 않았다. 실제로 두 대학의 변화는 매우 늦어서 19세기 중반에 이르러서도 입학자의 약 3분의 1은 성직자로 채워졌다. 따라서 영국의 대학개혁은 이 두 대학의 내부보다는 그 바깥에 국민적 대학을 새로 세우는 방향으로 향하게 된다. 영국에서는 이미 18세기에 대학 외부에 각종 왕립 아카데미가 설립되었는데, 이는 낡아버린 영국의 대학에 대한 반발을 의미하는 것이기도 했다. 그리고 19세기가 되면 대세는 아카데미의 설립보다는 대학의 설립으로 향하게 된다. 이리하여 새롭게 세워진 것이 유니버시티 칼리지(1822)와 킹스 칼리지(1829)를 중핵으로 하는 런던 대학이었으며, 그 뒤를 이어 더럼 대학(1832), 맨체스터 대학(1851), 리즈 대학(1884), 웨일스 대학(1893) 등이 설립되었다.

그러나 같은 영국이라 해도 스코틀랜드의 상황은 잉글랜드보다 독일에 가까웠다. 원래 옥스브리지3는 대학이라고는 해도 도시에서 떨어져 있었던 탓에 파리나 볼로냐와 같은 도시의 자유를 만끽하는 분위기가 옅었다. 다소 수도원 풍이었던 두 대학과 달리 세인트 앤드루스 대학(1413), 글래스고 대학(1451), 애버딘 대학(1495), 에든버러 대학(1582)과 같은 스코틀랜드의 전통적인 대학은 그 성립 시기나 도시와의 관계가 독일의 대학과 닮아 있었다. 이들 대학도 대륙의 여러 대학과 마찬가지로 17~18세기에 위기를 겪은 뒤 19세기에는 변화의 시기를 맞이하게 된다. 옥스브리지의 경우, 근대 이전부터 막대한 재산을 소유했기에 국가정책 같은 데 신경 쓰지 않고도 자립할 수 있었는데, 이는 역으로 변화를 저해하는 요인으로 작용했다. 반면 재정 자립도가 낮은 스코틀랜드의 대학은 19세기 이후 대학의 변화에 따라 비국교도의 아카데미가 담당하던 역할을 흡수하면서 이 지역의 자연과학, 의학, 공학의 발전을 뒷받침했다. 의학이나 공학 응용분야의 지식 발전이 중시되었다는 점에서 스코틀랜드는 독일이나 미국과 공통점이 많았고 오히려 잉글랜드와는 매우 다른 학문적 풍토를 형성했다.

리버럴한 지식과 '대학의 이념'

19세기 영국의 여러 대학에서는 교육연구의 내용 면에서도 재검토가 진행되었다. 이때 독일의 칸트나 피히테, 훔볼트와 비슷한 역

---

3 옥스퍼드와 케임브리지를 함께 일컫는 말.

할을 했던 인물은 서론에서 언급했던 존 헨리 뉴먼, 매슈 아널드 그리고 스크루티니 학파의 F.R.리비스 등이었다. 레이먼드 윌리엄스 이후의 문화연구가 이들의 '문화=교양' 개념을 어떻게 비판했는지에 대해서는 이미 다른 저서에서 논의한 적이 있다(『문화연구』). 여기에서 말하려는 것은 뉴먼의 『대학의 이념』이나 아널드의 『교양과 무질서』 그리고 리비스 류의 대학 개념이 어떤 의미에서는 독일 관념론자들이 정립한 새로운 대학 개념에 대한 영국식 대응물이었다는 점이다.

서론에서 언급했듯 뉴먼의 『대학의 이념』은 오늘날에 이르기까지 대학의 위기를 염려하는 논의 속에서 아주 많이 언급되어온 고전이다. 그 반복적 논의의 핵심은 리버럴한 지식은 그 자체가 목적으로서 어떤 다른 외적인 목적을 위한 것이 아니라는 것, 즉 어떠한 초월성에 종속되지도 유용성의 수단이 되지도 않는다는 주장이었다. 우리는 여기서 앞서 말한 칸트의 철학 옹호 그리고 이를 받아들인 피히테나 슐라이어마허, 훔볼트가 세운 대학 이념에 대한 반향을 읽어낼 수 있다. 독일의 훔볼트형 대학에서 '철학'에 부여된 '이성의 자유'는 영국에서는 '리버럴한 지식'이라는, 다소 아리스토텔레스적인 울림을 지닌 개념으로 부상했다. 실제로 뉴먼은 이 책에서 '대학교육'의 목적은 무엇인가, 대학이 담당하는 '리버럴 곧 철학적 지식'의 목적은 무엇인가를 질문하면서 '리버럴'한 지식과 '철학적'인 지식을 거의 동일시하고 있다. 보다 엄밀하게는 "'지식'은 '이성'에 의해 추동·고무·잉태되므로 '학문'이나 '철학'과 같은 이름으로 불린다"라고 말하고 있다. '리버럴'이라는 것은 지식의 상태를 지시하는 형용사인데 이러한 상태에서 지식이 조직된 것이 '철학'이다. 이러한 지식은 '유용성'에 따라 조직된 '기계'적 지식에 대립하는 것이다. 이러한 개념에는 동시대 영국에서 전성기를 맞이하고 있던 산업사회에 대한 매우 비판적인 의식이 꿈틀대고 있다.

19세기 초반 프로이센의 대학개혁 과정에 나타난 칸트에서 훔볼트에 이르는 대학론과 다소 늦은 19세기 중반 영미권에서 나타난 뉴먼의 대학론을 서로 비교하여 다룬 것은, 이들이 국가적 유용성의 논리에 맞서 '철학' 혹은 '리버럴한 지식'에 부여한 위치가 등가적이기 때문이었다. 그러나 사상 그 자체의 내용에 주목하면 뉴먼은 칸트적이라기보다는 오히려 아리스토텔레스적이었다. 게다가 무엇보다도 뉴먼은 훔볼트형 대학의 기본이념이었던 '연구'와 '교육'의 일치를 채택하지 않았다. 뉴먼에게 호의적인 펠리컨조차도 뉴먼의 '연구 경시' 경향을 들어 그의 통찰에 한계가 있었음을 인정하고 있다. 『대학의 이념』이 나온 19세기 중반에는 '연구'와 '교육'의 일치를 내걸었던 독일의 여러 대학이 이미 화려한 성과를 올리기 시작하고 있었으므로, 뉴먼의 시선은 근대보다는 '낡았지만 좋았던' 중세를 향해 있었던 것이 아닐까 하는 의심을 남긴다.

'철학의 국민'에서 '문학의 국민'으로

칸트의 '철학'으로부터 뉴먼의 '리버럴한 지식'으로 대학 이념이 잉글랜드적으로 전회함에 있어 중요한 것은 '리버럴한 지식'의 중핵이 '철학'이 아니라 '문학'으로 이행했다는 점이다. 영국의 경험주의적 풍토 속에서 뉴먼은 '철학'의 개념을 독일의 관념론자들과는 매우 다른 방식으로 수용한 듯하다. 칸트에게서 구체성을 벗어난 순수 관념적인 논리의 문제였던 철학은 뉴먼에게는 생활상의 실천, 개인의 자질에 관련되는 문제로서 취급되었다. 따라서 뉴먼은 '리버럴한 교육'이 양성하는 것은 자본가, 노동자, 국가 관료, 나아가서는 기독교도도 아닌 '신사'라고 했다. 여기에 나타난 노골적인 젠더적 편견은 일단 접어두자. 뉴먼이 말하는 '신사'는 "교양 있는 지성, 세련된 취미, 솔직하고 공정하며 냉정한 정신, 인생에 대한 고결하고도 예의바른 태도"로 특징지어지는 인물이다. 그렇다면 이 같은 '신사'의 지성을 함양하기 위해서는 '철학'보다는 '문학'이 적당하지 않겠는가.

아쉽게도 이 책에서는 근년의 문화연구나 포스트식민주의비평이 탐구해온 '문학' 개념의 구축에 관한 무수히 많은 비판적 역사 연구를 살펴볼 여유가 없다. 간략히 말하자면, 19세기 영국을 필두로 한 유럽의 여러 대학에서 법학부나 의학부, 신학부와 병존하는 또 하나의 학부에 붙여진 명칭은 학예학부Faculty of Arts에서 철학부Faculty of Philosophy로, 이어서 문학부Faculty of Letters와 이학부Faculty of Science로 변화하고 있었던 것으로 보인다(참고로 '문학'이 아니라 '인문학Humanities'이 대학의 학부 명칭으로 빈번하게 사용된 것은 20세기에 들어와서이다). 19세기 후반의 이러한 변화가 시사하는 것은 통일적인 '철학'이 아니라 오히려 '문학'과 '이학', 즉 오늘날 우리가 '문과'와 '이과'라는 구분을 고집할 때 그 원형이 되는 두 개의 학문을 국민적인 지성으로 정전화하는 움직임이 당시에 나타났다는 것이다. '문학'과 '이학'은 지식에 대한 이성의 정확한 노동(철학)을 실천하기에 최적인 학문 분야이기 때문이다.

영미권의 경우, 문학의 정전화는 뉴먼에서 아널드로 이어지는 사상적 흐름 속에서 제기되었다. 이 시기 영국에서 '문화' 개념이 조직되는 데 결정적인 역할을 한 아널드의 『교양과 무질서』(1867)는 노동자의 문화적 '무질서'를 조련하여 고쳐나가려는 이데올로기적 욕망으로 가득 차 있다. 그는 기술혁신과 대량생산의 논리가 지배하는 미국을 도야된 '교양＝문화'의 반대편에 위치시킴으로써, 이를 인간성의 조화로운 완성을 파괴하는, 전통이 결여된 물질주의의 토양이라고 비판했다. 이 같은 아널드의 교양주의는 "속악성에 대한 상투적인 반발(윌리엄스)"에 기반한 것으로서 영국의 사상적 계보 속에서는 칼라일이나 러스킨, 콜리지에 이어지는 것이었다. 아널드는 "교양＝문화"를 통해 산업혁명의 폐해로 '무질서'해진 상황에서 노동자들을 구해내 교양 있는 주체로 훈육하여 국민적·문화적 통합 과정에 편입시키려 한 것이다.

이 과정에서 '문학' 특히 셰익스피어 문학이 특권적인 가치를 지니게 된다. "셰익스피어는 국민국가가 그 기원을 찾을 수 있는 사례, 즉 민족적 본질과 이성적 국가의 통일로서, 다시 말해 민족의 본질이 국민문화로서 자연발생적으로 스스로를 표현하는 하나의 지점으로서" 근대 영국의 국민적 교양문화의 무대에 재등장하게 된다(레딩스, 앞의 책). 이리하여 19세기의 영국 지식인들은 햄릿의 극중극이 아니라 극장 바깥에서 학문극을 연기하기 시작했다. 이리하여 신성로마제국의 후예인 독일에서 그리스 철학이 그러했던 것처럼, 영국에서 셰익스피어의 "연극=문학"은 국민문화의 자연발생적인 기원을 보증하게 된다. 그리스어나 라틴어를 거의 모르면서도 '천재적 재능'으로 불후의 문학을 창조해낸 셰익스피어는 이러한 역할을 담당하기에 적절했던 것이다. 이제 글로브 극장Globe Theater[4]의 원형무대는 그야말로 고대 그리스의 아고라와 같은 상징성을 지니게 되어, 17세기부터 잉글랜드 시민에 의한 국민국가 형성을 정당화하는 데 기여했다.

　레딩스에 따르면 이처럼 영국에서 '문학'의 정전화와 셰익스피어의 신격화를 완성한 것은 스크루티니 학파의 중심에 있던 F. R. 리비스였다. 리비스가 볼 때 셰익스피어와 그의 '문학'은 잉글랜드의 문화적 전통이 되돌아가야만 하는 원점이었다. 리비스는 셰익스피어 이후 17세기에는 문학과 의사소통 언어 사이에 분열이 나타났다고 보

4　1599년 영국 런던에 세워진 극장으로, 셰익스피어의 명작들을 상연해 유명해졌으나 1642년 폐쇄되었다.

았다. 문화는 유기적 통일성을 잃어버렸고, 문명의 기계적 발전 속에서 언어는 분열되었다. 지배적 위치를 차지한 기계문명과 대중문화에 비할 때 소수파일 수밖에 없는 지식인은 어떻게 저항의 언어를 획득할 수 있을 것인가. 이를 위해서는 언어가 분열되기 이전인 셰익스피어 시대로 되돌아가서 이미 죽어버린 시의 언어를 비평의 힘으로 부활시켜 산업사회의 광고 언어에 대항하도록 해야 한다. 영문학 연구는 모름지기 현대의 지배적인 조류에 저항하는 몇 안 되는 거점인 대학에서 셰익스피어라는 원점으로 부단히 회귀함으로써 산업 문명에 저항하는 영웅적 실천을 담당해야 한다는 것이다.

리비스 그룹은 잡지 『스크루티니』에서 미적 지성을 갖춘 사람만이 국가를 형성할 수 있다고 보고, 이러한 능력의 기반을 조금씩 갉아먹고 있는 산업문화의 영향을 비판했다. 던컨 웹스터는 이들의 논의가 생활 전반의 대중화＝미국화를 표적으로 삼고, 여기에 대항하기 위해 '전원의 유기적인 커뮤니티'라는 이념을 제기했다고 말한다. "잉글랜드라고 하는 큰 나무를 둘러싼 공원에 대한 성찰에서 리비스의 '수레목수의 가게'[5]에 이르기까지, 늘 그러하듯 공동체론자의 이미지는 늘 절멸하는 법이 없다. 품위 없고 불손한 물질주의에 포위된 만록萬綠의 촌락은 항상 존재한다. 그러므로 더 늦기 전에 소중

---

5 리비스는 19세기 영국의 전원공동체의 모습을 그린 조지 번George Bourne의 소설 「수레목수의 가게The Wheelwright's Shop」(1923)에서 산업화 과정에서 살아남은 유기적 공동체의 마지막 모습을 발견할 수 있다고 보았다.

한 토지의 생명을 지키지 않으면 안 된다"는 것이다(『미국을 보라』).

신대륙의 칼리지와 유니버시티 사이

19세기 중반에 이르면 유럽 지식인들은 '미국'을 단순한 신흥 독립국 이상의 존재로 의식하게 된다. 전통적인 서양문화의 한계를 넘어 기계화를 진행함으로써 오히려 새로운 유형의 번영을 구가하는 신문명으로서 의식하기 시작한 것이다. 알렉시스 드 토크빌이 『미국의 민주주의』 1권을 출판한 것은 1830년대의 일이었다. 그러나 유럽과 같은 '혁신'을 겪지 않은 미국 대학은 19세기 말까지 개혁 이전의 독일 대학과 유사한 상황이었다. 이들 대부분은 질 높은 '하이스쿨'의 상태에 머물러 있었던 것이다. 사실상 19세기 미국에서 '칼리지'는 부유한 가정의 자제를 한 사람의 '신사'로 길러내는 기숙형 학교로 간주되었다. 하버드나 예일 같은 명문대학조차도 이 범주에서 크게 벗어나지 않았다. 따라서 많은 칼리지는 인구밀도가 낮은 시골 마을에 만들어졌고, 학생은 모두 기숙사에 들어가 같은 예배당에서 기도하면서 오로지 정해진 커리큘럼에 따라 수업에 출석할 따름이었다.

따라서 대학 교사는 특정 분야의 전문가라기보다는 학생의 생활을 감시하는 감독관에 불과했고, 이들의 생활은 대체로 기숙사라는 울타리 안쪽에 갇힌 채 영위되었다. 칼리지에서 이루어지는 수업은 대체로 학생의 지적 상상력을 자극하기보다는 똑같은 '정식 메뉴'를 지루하게 반복하는 데 그쳤다. "복창 중심으로 이루어진 당시의 수업에서는 텍스트를 얼마나 정확하게 읽고 번역할 수 있는가가 관건이었으므로, 텍스트의 내용을 음미하고 검토하는 것은 아예 수업의 범주에서 벗어나 수업 이외의 장에서 처리되어야 할 성질의 것이었다"(우시오기 모리카즈, 『미국의 대학』). 따라서 풍부한 감수성을 지닌 학생들이 교사에 의한 관리나 강제에 맹렬하게 반발하여 폭력이나 소요에 이르는 경우도 있었다.

이처럼 미국 대학의 전통적인 모습은 수 세기에 걸쳐 보수화와 형해화를 거듭하면서 활력을 잃어버린 유럽의 대학, 그중에서도 옥스퍼드나 케임브리지의 모델을 따른 것이었다. 외형만을 답습하고 전통이라는 권위에 기댄 '학문적 권위'의 감옥이 구세계에서 신세계로 수출되어 번성했던 것이다. 자연스레 19세기 미국에서도 이 같은 낡은 모델에서 벗어나려는 시도가 서서히 나타났다. 그 최초의 움직임은 건국의 아버지인 토머스 제퍼슨에 의해 일어났다. 독일에서 성공한 대학개혁을 강하게 의식하고 이를 미국의 고등교육에 도입해야 한다고 확신한 제퍼슨은 새로운 유형의 대학을 설립하는 데 만년의 에너지를 쏟아부었다. 그가 1828년에 설립한 버지니아 대학의 학생 수는 123명에 불과했지만, 고전어, 근대어, 수학, 자연철학, 자연사, 해부·의학, 도덕철학, 법률의 여덟 개 학과를 갖추고 있어, 학생들은 그중에서 소속 학과를 고를 수 있었다. 각각의 학과는 독립된 커리큘럼에 따라 운영되었고 학생이 그 커리큘럼을 이수하는 구조로 되어 있었다. 제퍼슨은 이후 상업, 공업, 외교와 같은 보다 실천적인 학과를 설립하려 했다. 정형화된 메뉴를 강요하는 것이 일반적이었던 미국의 풍토에서 학과별로 자유롭게 커리큘럼을 선택하도록 한 제퍼슨의 신형 대학은 매우 참신한 것이었다.

같은 시기 이미 동북부의 명문 칼리지였던 하버드에서도 독일 유학을 마치고 귀국한 젊은 교수들이 제도개혁의 불을 지피고 있었다. '훔볼트 임팩트'가 신대륙의 대학제도에도 분명한 영향을 끼치기 시작한 것이다. 그중에서도 1819년 괴팅겐 대학에 유학했던 젊은 동료들과 함께 28세 젊은 나이에 하버드의 교수가 되어 귀국한 조지 시크너 등이 시도한 대학개혁은 독일 모델을 미국 대학에 직수입한 것이었다. 독일의 대학에서 일어난 일들을 알고 있던 유학 그룹들은 귀국하자 바로 미국의 칼리지 교육이 근본적으로 변해야 한다고 확신했다.

시크너는 복창 방식의 전통적인 교육법을 경멸하면서 독일 대학과 같은 강의 형식의 수업을 시작했다. 그는 학생의 출석 확인도 하지 않고 수업 중에 시험을 보지도 않았다. 또한 1823년 학생운동으로 하버드 학내가 혼란해진 것을 계기로 개혁파는 능력별 학급 편성, 칼리지의 학과 단위 분할, 선택과목제 도입, 학위를 목표로 하지 않는 이들을 위한 수업 개방 등을 골자로 하는 대학개혁안을 제안했다. 우여곡절을 겪고 난 2년 뒤 하버드 대학은 이들의 제안을 수용하여 대학 학칙을 새롭게 제정하게 된다. 칼리지에 일괄 소속되었던 교수들은 학과별로 나뉘어 소속되었다. 또한 능력별 학급 편성이 이루어지고 상급 학년에서는 부분적으로나마 선택과목제가 도입되었으며, 개혁 이듬해에는 그리스어, 라틴어 과목의 절반 정도가 근대어로 대체된 커리큘럼이 갖추어졌다.

그러나 이 같은 과격한 개혁은 결국 성공하지는 못했다. 시험도 출결 관리도 없는 수업은 학생들의 입장에서 보면 게으름을 피울 절호의 기회였다. 학생들이 강의 내용을 이해하지 못하더라도 단지 교수의 강의를 듣기만 하면 문제되지 않았고, 선택과목제가 도입되자 학점을 받기 쉬운 과목을 택함으로써 노력을 들이지 않고 졸업하려는 학생들이 생겨났다. 게다가 기존 교수법을 고집하던 교수들은 새로운 학칙이 실시되는 단계에서 사보타주의 방식으로 개혁에 저항했다. 안정된 신분의 교수들이 친숙한 방식을 바꾸려 하지 않는 것은 예나 지금이나 마찬가지여서, 이들은 어떻게든 그럴싸한 이유를 만들어냈다. 개혁안이 초래할 결과를 알게 된 반개혁파가 급속도로 늘어나자, 마침내 난처한 상황에 빠지게 된 총장은 각 학과에 문제 해결을 위임했다. 바뀐 학칙에 따라 개혁이 이루어진 곳은 시크너가 주도권을 잡은 학과뿐이었고, 이렇게 대학 전체를 포괄하는 개혁의 시도는 좌절되었다.

'대학원'이라는 콜럼버스의 달걀

제퍼슨과 시크너의 개혁은 순항에 실패했다. 버지니아 대학에서 제퍼슨이 종래의 학위 취득 시스템을 대신하여 도입한 제도는 결국 무산되어, 새 모델이 다른 대학까지 확산되지는 못했다. 하버드 대학의 경우 일찍부터 시크너의 방식에 불만을 표시한 교수들의 저항 속에 개혁은 좌절되었다. 결국 19세기 중반이 지나서도 미국 대학과 독일 대학 사이에는 까마득한 격차가 존재했다. 1880년경 미국 내에만 364개가 넘는 칼리지와 유니버시티가 설립되어 있어 숫자상으로는 유럽 각국을 능가했다. 그러나 이들 대부분은 학생이 수백 명도 되지 않는 기숙학교였고 학생 수 500명을 넘는 곳은 하버드, 예일, 컬럼비아의 세 곳에 불과했다. 미국 대학은 아직 학생도 교사도 모두 2류로, 독일이나 영국 일류대학의 수준에 미치지 못한다는 것을 잘 알고 있었다. 이 때문에 향학열이 높은 칼리지 졸업생들의 경우 독일 유학을 선택했다.

그런데 학생들은 왜 한때 종주국이었던 영국이 아닌 독일로 유학을 가려했던 것일까. 우시오기에 따르면 우선 영국 전통 대학의 경우 1870년대 초반까지 영국 국교도가 아닌 학생은 학위과정 입학이 불가능했다고 한다. 프로테스탄트가 압도적으로 많은 미국 학생 입장에서 영국 유학은 당연히 선택지에서 제외되었다. 이에 비해 독일의 대학은 유학생이 미국의 어떤 칼리지라도 졸업만 하면 입학을 허가해주었으므로 입학이 수월했다. 게다가 독일 대학에서는 학위가 일반화되어 있었기에 세미나에 참가하고 시험을 치른 뒤 좋은 논문을 제출하면 박사학위를 받게 될 가능성도 있었다(우시오기, 앞의 책). 당시 미국의 대학에서 박사학위를 주는 곳은 거의 없었다. 미국 최초로 예일 대학이 박사학위자를 배출한 것이 1861년이었고, 하버드 대학 최초의 박사학위는 1873년에 수여되었으며, 컬럼비아 대학의 경우 1875년, 존스홉킨스 대학은 1878년에 박사를 배출했다.

19세기 후반까지 미국 주요 대학은 독일 대학에 비견할 만한 것이 못 되었지만, 반세기가 지나자 경제력을 바탕으로 미국 대학은 독일 대학과 어깨를 나란히 할 수준으로 발전하게 된다. 이리하여 한동안 세계적인 지식의 중심이었던 독일은 마침내 그 자리를 미국에게 넘겨주고 만다. 19세기 말에서 20세기 중반에 걸친 몇십 년 동안에 고등교육의 중심이 독일에서 미국으로 이동한 것이다.

대학제도라는 측면에서 이 같은 변화를 고찰할 경우, 미국 대학에 결정적인 혁신이 이루어진 것은 1876년 예일 대학 출신의 대니얼 길먼Daniel C. Gilman이 신설된 존스홉킨스 대학에 총장으로 취임하면서부터였다. 그는 고도의 연구형 교육을 핵심으로 하는 '대학원'을 새로운 대학 모델의 중핵으로 삼고 이를 칼리지의 상위에 두었다. '하이스쿨'적인 칼리지 상태에서 좀체로 벗어나지 못하던 미국 대학이 독일형 대학 모델에 '대학원'이라는 새로운 이름을 붙인 '뻥튀기' 전략이었다. 이는 말 그대로 일석이조의 아이디어였는데, '대학'과 '대학원'을 나눔으로써 낡은 칼리지 방식을 고집하는 교수진을 안심시키는 한편으로 사실상 일류 교수들이 대학원을 담당하도록 하여 전국에서 학구열로 충만한 우수한 대학 졸업생들을 모을 수 있었기 때문이다.

볼티모어·오하이오 철도로부터 기부받은 막대한 자금을 기반으로 설립된 존스홉킨스 대학은 대학원이라는 두드러진 제도를 통해서 단번에 미국 대학 전체를 선도하게 되었다. 의문의 여지 없이 이대학은 "다른 대학과는 달리, 이전부터 미국에서 요구되었으나 아직 사용한 적이 없는 단어로 정신을 흡수했다"라고 『미국대학사』의 저자 프레드릭 루돌프는 쓰고 있다. 기존의 칼리지에서 대학교수는 무엇보다 먼저 '교사'여야 했지만 존스홉킨스 대학은 교수가 우선 제일선의 '연구자'가 되기를 요구했다. 대학원 교육은 '신사'를 길러내는 것이 아니라 최첨단의 '연구자'를 양성하는 방향으로 가야 한다는 것이다. 이러한 혁신에 의해 대학교수의 지위 향상에 필요한 요건, 곧 충분한 연구 환경과 급여가 마련되었다. 오랫동안 하버드 총장을 역임하며 선택과목제를 도입하는 등의 업적으로 오늘날 하버드의 기초를 세운 찰스 엘리엇Charles William Eliot은 1902년 미국 대학교육은 "존스홉킨스의 사례가 압력으로 작용하고 있는데, 우리 대학의 경우 교수들이 '대학원생을 위해 우리 대학을 발전시킨다'고 할 수 있을 만큼 진력하지는 않았다"고 말한 바 있다.

말하자면 19세기 초반 독일 대학에 불었던 '훔볼트 임팩트'가 미국에서는 19세기 말에 이르러 존스홉킨스 대학에 의해 '대학원 임팩트'로 나타난 셈이다. 존스홉킨스의 개혁이 성공하면서 대학원제도와 그 학위수여 시스템은 미국 전역으로 확대되었다. 학위만으로 보자면 분명 예일 대학이 1861년에 벌써 첫 박사를 배출했고, 1876년에는 미국 전역에서 44명에게 박사학위가 수여되었다. 그러나 이들의 학위는 질적으로는 전혀 균일하지 않았고, "칼리지의 카탈로그를 장식하기 위해 대학의 교수회 멤버에게 부여하는 경우"도 있었다. 그러나 1876년 이후 존스홉킨스 대학이 미국 전체 학위의 '제조공장'이 됨으로써, 학위 시스템의 품질을 보증하는 조건이 마련되었다. 1926년 존스홉킨스의 대학원 졸업생 1400명 중 1000명이라는 어마어마한 수가 미국 각지 대학에 교수로 부임해 있었다는 사실에서도 그 성과는 드러난다. 존스홉킨스의 이러한 지위는 곧 하버드 대학이 대체하게 되지만, 이들 존스홉킨스 출신자들은 19세기 독일의 대학이 훔볼트화하고 있었던 것과 같은 의미에서 미국 각지의 대학을 '존스홉킨스화'하는 추진자 역할을 한 것으로 보인다. 덧붙이자면 1886년 존스홉킨스에서 박사학위를 취득한 사람 중 하나가 뒷날의 제28대 대통령 우드로 윌슨Woodrow Wilson이었다. '대학원'은 19세기 말부터 20세기 초반에 걸쳐 미국의 지적 문화의 주요한 일부를 형성해나가고 있었다.

제3장

학지를
이식하는
제국

서양을 번역하는 대학
제국대학이라는 시스템
'대학'과 '출판' 사이

서양을
번역하는 대학

19세기 비서양 세계의 대학

독일에서 훔볼트형 대학이 전성기를 구가하고 이를 좇아 미국에서는 대학원이 설립될 즈음, 동양의 까마득한 반대편 극동 지역에서 근대화에 박차를 가하던 일본에도 '대학'이 탄생하고 있었다. 그러나 이 시기 새로운 대학은 일본만이 아니라 다른 곳에서도 탄생하고 있었다. 당시 비서양 세계에서 일본보다 먼저 대학을 설립한 곳은 터키와 인도다. 먼저 오스만투르크 제국 치하인 1846년 이스탄불에 대학이 설립되었다. 당시 '다뤼퓌눈Darülfünun(백학의 집)'이라 불렸던 대학은 14세기 이전의 이슬람 교육시설이 근대 유럽 대학의 영향으로 형태를 바꾼 것이었다. 여기서는 1860년대에 물리학 등 근대 과학을 교육했고 1870년대에 이르면 자연과학은 물론 법률학이나 문학을 가르치는 학과도 들어섰다. 이런 식으로 1912년이 되면 이스탄불 대학은 의학부, 법학부, 이학부, 문학부, 신학부 등을 구비한 문자 그대로 근대 대학의 모습을 갖추게 된다.

한편 인도에서는 1857년에 캘커타(지금의 콜카타)와 봄베이(지금의 뭄바이)에 종주국 영국의 영향을 크게 받은 대학이 설치되었다. 인도 총독 커닝 경은 런던 대학을 전범으로 한 대학을 캘커타에 설립할 수 있도록 영국 정부에 허가를 구했다. 이에 영국 정부는 캘커타뿐만 아니라 봄베이에도 대학 설치를 인가한다. 1857년은 흔히 '세포이 항쟁'으로 알려진 대반란이 일어난 해다. 당시 영국에서 대량생산된 면제품이 인도에 흘러들어와 토착 면공업에 결정적 타격을 입히면서 인도 경제는 혼란에 빠졌고, 영국에 대한 반감이 극도로 높아져 있었다. 같은 해 5월 인도 북부의 도시에서 '세포이' 즉 인도인 용병이 봉기한 일을 계기로 반란은 순식간에 델리까지 번졌고, 구 왕후王侯와 지주부터 농민에 이르기까지 폭넓은 계층이 반식민지 투쟁에 합세하여 7월에는 국토의 3분의 2를 지배하기에 이르렀다. 그러나 반란군은 차츰 힘을 잃고 9월에는 영국군의 총공세를 받아 델리가 함락된다. 대반란이 진압된 뒤 무굴 제국은 해체되고 영국은 인도에 대한 통치를 직접 통치로 전환하게 되는데, 바로 이와 같은 위기 속에서 인도 최초의 영국식 대학이 출범했다. 이러한 배경에서 설립된 대학이 식민지 정부로부터 어떠한 역할을 요구받았을지는 상상하기 어렵지 않다. 인도 전체에 반反영국 정서가 소용돌이치는 상황에서 식민 통치가 요구한 것은 우수하고도 순종적인 현지인 엘리트를 양성하는 일이었다.

일본에서 제국대학이 창설되기 이전 유라시아 대륙의 비서양 세계에서 대학을 설치한 곳은 바로 이 두 곳이었다. 물론 러시아에서 1724년에 상트페테르부르크 대학을, 1755년에 모스크바 대학을 설립했지만, 이는 서양 세계 내에서 일어난 일이었다. 응당 중국의 경우가 문제될 터인데, 청淸 정부가 베이징 대학을 설립한 것은 1894년으로, 이는 도쿄 대학이 설립된 지 약 20년 뒤의 일이다. 중국에서는 그후에도 의화단사건으로 중국이 미국에 지불한 배상금 일부를 바탕으로 1911년 칭화 대학淸華大學과 푸단 대학復旦大學이 설립되었다. 한편 동남아시아의 타이왕국에서 출랄롱코른 대학이 창립된 것은 1917년의 일이었다. 그런데 터키의 이스탄불 대학은 구 제국 오스만투르크가 세운 것으로 설립 후에도 전통적인 학지로부터 이탈하는데 시간을 필요로 했고, 인도의 대학은 식민지 정부가 통치 목적으로 창설한 것이었다. 이와 달리 일본의 제국대학은 국민주의적 서양화를 겨냥한 것으로, 서양의 학지를 철저히 이식하는 것을 목표로 창설되었다.

막부 말기의 위기와 지사들의 번역 활동

메이지 시기(1868~1912) 일본에서 탄생한 '대학'은 내셔널리즘과 긴밀하게 연관되어 있다는 점에서 다른 어느 나라보다도 독일에서 다시 태어난 근대 대학에 가깝다. 독일에서 대학을 부활시킨 것은 영국과 프랑스의 아카데미에 대항하여 국민국가를 선도하는 문화적 지식을 만들어내고자 한 계몽적 내셔널리즘이었다. 근대 일본에서도 서구 열강에 대항하는 계몽 내셔널리즘이 제국대학을 정점으로 하는 학지의 운영을 뒷받침했다. 그러나 일본에서 이 같은 독일적 '대학'을 지향하게 된 것은 이르게 잡아도 1880년대 말 이후의 일이었다. 그 이전에 '대학'은 제도로서는 탄생해 있었지만, 1880년대 중반까지 일본은 대학에 대한 명료한 개념을 갖고 있지 못했다. 또한 독일에서 대학이 다시 생명력을 얻는 과정이 내부의 지성과 문화, 이를테면 칸트나 피히테의 철학, 실러의 문학이나 베토벤의 음악과 같은 근대 학예의 발흥에 의해 뒷받침된 것과 달리, 일본에서 대학을 탄생시킨 것은 서양의 앞선 지식을 필요한 만큼 모두 번역해 이식하려는 후발형 사회의 의지였다. 일본의 대학은 그 출발부터 서양 근대 지식을 '번역'하는 기관의 대명사였던 것이다.

이러한 움직임이 나타난 것은 19세기 초반이었다. 이 시기 서양의 지식에 대한 도쿠가와德川 사회의 인식은 크게 변하기 시작한다. 당시 러시아나 미국의 배가 일본 열도 주변에 빈번히 출몰하게 됨에 따라, 페이튼 호 사건(1808), 골로브닌 사건(1811), 모리슨 호 사건(1837) 등이 일어나 막부와 서양 국가들 사이에 긴장이 높아지고 있었다. 스기타 겐바쿠杉田玄白의 『해체신서解體新書』[1]가 간행된 것이

---

1 일본에서 최초로 번역된 서양 해부학 책으로, 독일의 요한 아담 쿨무스Johann Adam Kulmus(1689~1745)가 1722년에 펴낸 *Anatomische Tabellen*의 네덜란드 번역서 *Tabulae Anatomicae*(1743)를 일본어로 번역한 것이다.

1774년의 일로서 꽤 이른 편이었고, 다카하시 요시토키高橋至時의『랄랑드 역서曆書』[2]는 1803년에 번역되었다. 서양의 사정을 파악하는 것이 긴급하다고 판단한 막부는 1810년대에 들어서자 천문방天文方[3]을 통해 거대한 백과사전인『후생신론』을 필두로 한 네덜란드어 학술서를 차례로 번역하기 시작했다. 19세기 전반에 서양의 신지식이 무시무시한 기세로 일본으로 들어오기 시작하자 난학蘭學[4]이 각지에서 급속히 발흥하기 시작했다. 이러한 난학 붐과 기존에 존재하던 도시의 지식인 문화가 막부 말기의 위기의식과 결합하면서 근대 대학의 토대가 다양한 방식으로 마련되었다.

이 같은 의미에서 "도쿄 대학은 가쓰 가이슈勝海舟[5]가 만들었다"라는 다치바나 다카시立花隆의 지적은 정당하다. 페리 제독의 내항[6]에 즈음하여 가쓰가 로주老中[7]에게 제출한 의견서는 군사를 교련하는 학교를 만들고, 도서관에 일본, 중국, 네덜란드의 병법 관련 책을 모아서 생도들에게 천문학, 지리학, 물리학, 토목학, 기계학, 병법, 총기학 등을 가르쳐야 한다고 제안한다. 로주들에 의해 중용된

2 프랑스의 천문학자 랄랑드Joseph Jérome Le Francois de Lalande(1732~1807)가 지은 천문서 *Astronomia of Sterrekunde*의 네덜란드어 번역본에 붙인 일본식 제목.
3 에도 막부에서 천문, 산술, 지리, 측량, 양서 번역을 담당한 기관.
4 에도 시대 네덜란드에서 전래된 지식을 연구하는 학문. 조선을 제외하면 네덜란드는 당시 일본이 교류하던 유일한 국가였다.
5 막부 말기 메이지 시대의 정치가로 해군 육성에 진력했다.
6 1853년 페리 제독이 이끄는 미국 해군의 범선 4척이 일본에 내항한 사건으로, '흑선내항黑船来航'이라고도 부른다. 미국 대통령의 국서가 도쿠가와 막부에 전달되어 일본이 '쇄국'에서 '개국'으로 전환하는 계기가 되었다.
7 에도 막부에서 쇼군將軍에 직속하여 정무를 총괄하는 최고의 관직.

가쓰는 오쿠보 이치오大久保一翁의 휘하에서 막부 양학의 거점이 천문방에서 양학소洋學所를 거쳐 반쇼시라베쇼蕃書調所[8]로 변화해갈 때 조직개혁에 관여하게 된다. 그는 유망한 양학자를 선발하고 반쇼시라베쇼에 인재들을 모아 근대 대학의 기반을 마련했다. 조직 개편 직후 반쇼시라베쇼에는 미쓰쿠리 겐보箕作阮甫, 스키타 세케이杉田成卿 등 9명의 교관뿐이었으나, 얼마 뒤 인재들이 모여들어 쓰다 마미치津田眞道, 테라시마 무네노리寺島宗則, 가토 히로유키加藤弘之, 미쓰쿠리 린쇼箕作麟詳, 오무라 마스지로大村益次郎, 니시 아마네西周, 스기타 겐탄杉田玄端 등 장차 메이지 국가의 지성을 담당하게 될 사람들이 모여들었다(다치바나 다카시,『천황과 도쿄대』).

예를 들어 쓰와노 번津和野藩에서 의사의 아들로 태어난 니시 아마네는 유학儒學에서 난학으로 이른바 '난전蘭轉'을 위해 번에서 에도江戶로 나와, 1857년 반쇼시라베쇼 교수를 돕다가 쓰다 마미치 등과 함께 레이던Leiden 대학으로 유학을 가게 된다. 귀국 뒤 반쇼시라베쇼에서 명칭이 바뀐 가이세 학교開成學校의 교수가 된 그는 이후 근대 일본에서 사용되는 많은 학술용어를 번안한다. 젊은 연구자가 유럽 유학을 마치고 귀국한 뒤 대학교수가 되는 기본 패턴은 막부 말기부터 이미 만들어지고 있던 것이다.

페리 제독 내항과 거의 비슷한 시기인 1840년대부터 1850년대에

---

8   에도 말기에 양학 교육, 양서 및 외교 문서 번역 등을 위해 막부가 설치한 기관.

걸쳐 이처럼 일본 각지에서는 양학에 대한 불타는 학구열이 고조되고 있었다. 이러한 의미에서 반쇼시라베쇼와 종두소種痘所처럼 나중에 제국대학에 흡수되는 관제의 계보가 아니라 오사카나 에도를 필두로 각지 도시에서 난학 지식인이 열었던 양학숙洋學塾이 이 시기 지식의 운영을 대표했다. 이 같은 흐름의 선구가 된 것은 오가타 고안緒方洪庵의 양학숙인 데키주쿠適塾다. 데키주쿠가 오사카의 가와라마치瓦町에 문을 연 것은 1838년의 일이었다. 여기서는 하시모토 사나이橋本左內, 후쿠자와 유키치福澤諭吉, 오무라 마스지로, 사노 쓰네타미佐野常民 등이 수학했다.

한편 에도에서는 같은 시기 사쿠마 쇼잔佐久間象山이 간다神田의 오타마가이케お玉ヶ池 근방에 조야마 서원象山書院을 열었다. 처음 쇼잔이 가르쳤던 것은 유학이었지만 이후로 그의 관심은 병학, 양학으로 확대되어 1850년에는 고비키쵸木挽町에 사쓰키주쿠五月塾를 열었다. 이 사숙私塾에는 요시다 쇼인吉田松蔭이나 하시모토 사나이를 비롯하여 나중에 처남이 되는 가쓰 가이슈도 찾아오게 된다. 이 사숙에서 수학한 바 있는 나카쓰 번中津藩의 무사 오카미 기요히로岡見淸熙는 에도의 번저藩邸[9] 안에 난학숙蘭學塾을 열어 데키주쿠의 책임자였던 후쿠자와 유키치를 불러들였다. 이리하여 에도로 상경한 후쿠자와가 근무하게 된 나카쓰 번의 난학숙은 게이오기주쿠慶應義塾의 전

9 에도 시대, 각 번의 다이묘들이 에도에 두었던 저택.

신이 된다. 오카미에게는 쇼잔으로부터 물려받은 대량의 장서가 있었고, 후쿠자와는 이를 독파해나갔다. 오가타 고안의 데키주쿠에서 계승된 교육법과 닥치는 대로 서양의 지식을 흡수하던 쇼잔의 탐욕스러움은 후쿠자와의 사숙 게이오기주쿠에서 융합되었다. 결국 이 사숙은 후쿠자와가 요코하마에서 경험한 저 유명한 에피소드[10]로 인해 사용 언어를 네덜란드어에서 영어로 바꾸게 된다. 한편 거듭 서양을 왕래하며 후쿠자와가 세계의 최신 지식을 사 모으게 되면서 이 사숙은 훗날 모리 아리노리가 설계한 제국대학과는 아주 다른 방식으로 근대 일본의 명문사학으로 성장하게 된다.

이상에서 살펴본 바와 같이, 내셔널리즘과 근대화를 둘러싸고 막부 말기 일본에서 생겨난 인식 지평의 전회는 에도, 오사카, 나가사키 등에 생겨난 많은 양학숙을 거점으로 확산되고 있던 지사志士들의 네트워크를 기반으로 가능했다. 오가타 고안, 사쿠마 쇼잔, 가쓰 가이슈, 후쿠자와 유키치 등이 이 드라마의 주인공이었다. 이들 주변에 모인 1830년대생 10대들과 나이가 많다고 해도 갓 20대였던 당시 지사들의 연령을 고려하면 이를 근대 일본 최초의 학생운동으로 간주하고 싶어질 정도다. 이처럼 19세기 중반 에도나 오사카, 나가사키 등지에서 나타난 현상을 다소 과장되게 말한다면, '자유롭게 부동하는' 지식인＝지사들이 열도를 돌아다니면서 유력한 교사

---

10 개항 이후 외국인 거류지가 된 요코하마에 간 후쿠자와 유키치가 영어를 읽지 못한다는 사실에 충격을 받게 된 일을 말한다. 후쿠자와는 그 뒤 독학으로 영어를 공부하고 미국 유학까지 다녀온다.

들로부터 번역된 지식을 필사적으로 배우고, 밖에서 전래된 지식이 지닌 보편성을 통해 낡은 것의 타파를 도모했다는 점에서, 중세 유럽에서 대학이 발흥하던 시기와 유사한 사태였다고 할 수 있다. 이러한 관점에서 근대 일본의 대학은 제도가 성립되기 이전인 1850년대에 이미 생겨났다고도 볼 수 있다. 일본의 대학교육에서 만약 국가의 후원을 받아온 관학을 능가하는 힘을 사학의 전통이 지니고 있었다면, 이는 막부 말기 재야의 네트워크와 근대적 지식이 결합하는 장이 그 근저에 존재했기 때문일 것이다. 뒤에서 다시 말하겠지만, 결국 이 같은 전통의 연장선상에서 메이지 시기의 사학은 자유민권운동[11]과 관련을 맺게 된다. 따라서 일본의 경우, 당초부터 국립대학과 사립대학의 차이는 단지 대학을 경영하는 재원의 차이에서 비롯된 것만은 아니었다.

도쿄 대학의 탄생과 유학 및 국학의 쇠퇴

1850년대는 전 지구적으로 확대되는 서양의 압도적인 힘에 직면하여 위기감을 느낀 각 번의 유지들이 에도나 오사카에서 유력한 교사의 주위에 모여 사숙문화를 발흥시키는 한편, 군사학이나 의학, 물리학, 화학 등 서양 지식을 번역·흡수하는 지식 = 정치 네트워

11　메이지 초기 유신 주도 세력의 전제정치에 반대하여 국회 개설, 헌법 제정 등 국민의 자유와 권리를 주장한 정치운동.

크가 일거에 부상한 시기였다. 그러나 1860년대 유신의 격동을 겪고 메이지 정부가 탄생한 뒤 1870년대가 되면, 위기감을 느낀 젊은 이들이 재기발랄한 토착 교사로부터 배우던 서양의 선진적 지식은 이제 국가가 비싼 값으로 고용한 서양인 교사가 직수입하는 전문과목이 되어 있었다. 바로 이 전환점에 대학 남교南校와 동교東校가 도쿄 대학으로 통합되는 일련의 흐름이 존재하고 있다. 이 과정에 대해서는 데라사키 마사오寺崎昌男, 아마노 이쿠오天野郁夫, 나카노 미노루中野實 등의 교육사가들에 의해 많은 연구가 축적되었으므로 여기에서는 '선학들의 어깨 위에 올라'[12] 그 경위의 개요를 서술하는 정도에서 그치려 한다.

무엇보다 주목할 것은 대학 남교와 대학 동교의 결합의 결과로서 도쿄 대학이 탄생했다는 점이다. 대학 남교는 앞에서 언급한 가쓰 가이슈가 조직개혁을 진행한 반쇼시라베쇼의 후신으로, 1684년에 설치된 막부의 천문방을 기원으로 한다. 가쓰 가이슈 등에 의해 양학소에서 반쇼시라베쇼로 조직개혁이 단행된 것은 1856년의 일로서, 반쇼시라베쇼는 다시 1863년에는 '가이세쇼開成所', 1868년에는 '가이세 학교', 1869년에는 '대학 남교', 1872년에는 '제일번중학교第一番中學校', 1873년에는 다시 '가이세 학교'로 명칭이 복잡하게 바

---

12 17세기의 '신구 논쟁' 혹은 '근대인과 고대인의 논쟁'을 상징적으로 드러낸 "거인의 어깨 위에 앉은 난쟁이"에서 가져온 표현으로서, 새로운 세대의 인간이 이룩한 진보가 선조들이 축적한 거대한 유산에 힘입은 것임을 강조한 말이다. 이 격언은 원래 10세기에 베르나르가 사용한 것이지만 뉴턴이 사용하면서 더 유명해졌다.

꿰었다. 한편 대학 동교는 1858년에 천연두를 예방하기 위해 오타마가이케에 설치한 종두소에서 발전한 것이다. 종두소는 1861년에 서양의학소로 이름이 바뀌고 곧이어 나가사키에서 네덜란드 해군 군의軍醫 폼페Pompe로부터 훈련을 받은 마쓰모토 료준松本良順이 소장으로 부임하면서 의학교육의 체제를 정비하게 되었고, 메이지유신 이후에는 대학 동교를 거쳐 도쿄 대학 의학부의 원류가 되었다. 그런데 메이지 초기 '대학'이라는 이름의 조직 중에는 남교나 동교 말고도 본교가 있었다. 당초 남교와 동교라는 이름은 쇼헤이자카昌平坂에 설치되어 있던 대학 본교에서 볼 때 지리적으로 남쪽(간다 학사회관神田學士會館)인가 동쪽(간다이와모토쵸神田岩本町)인가에 따른 것이었다. 남교가 서양의 과학이나 인문학 및 법학을, 동교가 서양의학을 가르친 것과 달리 대학 본교에서 가르치고 있었던 것은 유학이었다. 이는 본교가 막부 말기의 쇼헤이코昌平黌(쇼헤이자카 학문소昌平坂學問所)를 계승한 것이었기 때문에 당연한 일일 터이다. 쇼헤이코는 하야시 라잔林羅山[13]의 유학숙을 기원으로 하여 1790년대 막부의 주자학 장려 정책 속에서 학문소가 되었다. 다른 한편 '대학'이라는 명칭은 '유니버시티'가 아니라 고대 율령제 아래의 '대학료大學寮'에서 유래한 것이다. 대학료는 원래 당唐의 제도로서 율령제 아래 관료후보생을 대상으로 교육과 시험을 실시했다고 한다. 이 제도는 고대국가의 쇠퇴와

13 1583~1657. 에도 시대의 유학자로 주자학의 보급에 큰 역할을 했고 관학의 기초를 쌓았다.

더불어 사라졌지만, 메이지유신은 왕정복고의 측면도 있었기 때문에 이 고대 율령국가의 '대학' 개념을 부활시킨 것이었다.

결과적으로 대학 본교에는 막부 말기 유학교육의 계승이라는 측면과 고대 율령제도의 부활이라는 측면이 병존했다. 따라서 이 양면성이 메이지 초기 대학 본교에 대혼란을 가져오게 된다. 본교 교수 대다수는 막부 이래 유학을 담당한 교수들이었으나, 메이지유신 이후 교토의 황학소皇學所로부터 히라타平田[14] 파를 중심으로 한 국학 교수들이 몰려왔기 때문이다. 황학소는 원래 19세기 초반 천황가의 위신이 부활하려는 조짐에 민감했던 고카쿠光格 천황이 황실 교육기관 설치를 목적으로 대학료의 부활을 도모한 것에서 비롯되었다. 그의 구상은 아들인 닌코仁孝 천황에 의해 1847년 학습원學習院(현재의 가쿠슈인 대학學習院大學과는 다름)이 설립됨으로써 실현되었다. 그러나 유신 뒤에도 학습원이 유교나 한학 중심의 교육 방침을 취한 것에 대해 히라다 파의 국학자들은 불만을 품고 국학과 신도神道를 중핵으로 하는 새로운 학교의 설립을 요구했다. 이러한 국학자들의 움직임에 대해 이번에는 보수파인 공가公家와 유학자가 반발하면서 유신 직후부터 국학파와 유학파가 정면으로 대립하게 되자, 어쩔 수 없이 이와쿠라 도모미岩倉具視가 이 분쟁의 조정에 나서서 유학자 중심의 한학소와 국학자 중심의 황학소를 별도로 설립하기에 이르렀다.

---

14 히라타 아쓰타네平田篤胤(1776~1843): 막부 말기, 메이지 초기의 국학자이자 신도사상가로 일본 고래의 전통적인 신도로의 환원을 주장했는데, 그 정신적인 계보가 현재의 일본 우익으로 이어지고 있다.

유신 이후 곧 도쿄로 천도하면서 교토의 한학소와 황학소는 폐지 되었고 대부분의 황학소 교수진은 도쿄 대학 본교에 채용되었다. 그 러나 쇼헤이코 이래로 본교에는 유학자들이 있었으므로, 견원지간이 었던 유학자와 국학자들이 이번에는 도쿄에서 한바탕 싸움을 시작 했다. 왕정복고의 흐름 속에서 기세등등했던 국학파는 유시마 세이 도湯島聖堂의 '세이도', 즉 공자묘를 완전히 없애고 한학서의 낭독을 폐 지하는 한편 맹자를 배우는 것까지 금지하려 했다. 유학파가 이에 맹 렬히 반발하면서 쇼헤이코 계열 유학자와 황학소 계열 국학자의 분 쟁은 고조되었다. 막부 말기의 격동을 겪으면서 가까스로 탄생한 신 생 국가로서 아직 기반을 든든히 다져야 할 시기였던 메이지 정부는 시대적 상황은 뒷전으로 한 채 자기주장의 정통성만을 고집하면서 다툼을 계속하는 국학파나 유학파와 맞춰갈 겨를이 없었다. 학자들 의 이데올로기 분쟁에 골머리를 앓던 유신 정부는 1870년, 유학도 국학도 필요 없다며 내분을 지속하던 대학 본교를 폐지해버렸다.

남교든 동교든 양학파의 입장에서 이는 요행이었다. 학지의 서양 화에 있어 가장 성가신 장해로 작용할지 모를 유학이나 국학의 보 수 세력이 내분으로 자멸해준 셈이었으므로, 이제는 양학파 천하가 되었다. 어부지리라는 말처럼, 서양의 선진 지식을 음미하고 유익한 것을 한꺼번에 이식해 대학교육의 중핵으로 받아들일 수 있는 조건 이 정비되었던 셈이다. 대학 당국은 이제 그동안 건드리기 힘들었 던 '한학' '국학' '양학'이라는 틀을 '교과敎科' '법과' '이과' '의과' '문과'

의 다섯 분야로 새롭게 편성하기로 했다. 그중 미묘한 위치에 있던 것이 '교과'였다. 서양 대학의 '신학부'에 대응하는 이 분야는 '신교학神敎學'과 '수신학' 두 과목으로 이루어져 있었는데, 아무래도 그 내용이 애매했던 것이다. 윤리학 류의 내용을 상정할 수 있겠지만 철학이 '문과'에 포함되어 있었으므로, 실제로 '교과'의 내용으로는 국학이나 유학의 교과 내용을 재도입할 수밖에 없었다. 그렇다손 치더라도 당초 '한학' '국학' '양학'으로서 학문 분야의 3분의 2를 차지하고 있던 것이 일거에 5분의 1로 줄어들게 됨으로써 고등교육이 서양 학문 중심으로 일원화된 셈이다.

  학문 분야가 서양식으로 편성된 것은 학지 전반이 완전히 서양의 번역학으로 자리매김했음을 의미했다. 각 분야에서 우선 중요한 것은 영어, 프랑스어, 독일어 중에서 적어도 하나를 완벽하게 습득하여 학문 종주국의 지식을 정확하게 수입할 수 있게 하는 것이었다. 이 같은 경향은 대학 남교에서 현저하게 나타났는데, 각 번에서 선발, 추천된 공진생貢進生들은 영어, 프랑스어, 독일어 세 그룹으로 나뉘어 외국인 교사로부터 주로 어학교육을 받았다. 한편 동교에서는 에도 시대부터 존재했던 네덜란드 의학의 전통에 막부 말기 마쓰모토 료준이 본격적으로 의학교육을 도입함으로써, 남교와 달리 보다 전문적인 교육을 실천하고 있었다. 당시 의학의 중심은 네덜란드가 아니라 독일이었기 때문에 동교의 교육은 유신 이후 급속히 독일형으로 전환되기 시작했다. 그런데 독일에서 초빙해온 의학 교사 레오폴트

뮐러Leopold Müller와 테오도르 호프만Theodor E. Hoffmann이 목도한 것은 일본인 학생들의 지식 수준이 놀랄 만큼 낮다는 점이었다. "심장병 강의를 듣고 있는 학생들이 혈액순환도 아직 이해하지 못할" 정도로 수준이 낮은 상황에서 교사들은 300명이 넘던 동교 의학생 중 59명만을 남기고 나머지는 모두 제적시키는 결단을 내렸다.

이와 같은 우여곡절을 거치면서 1877년 도쿄 대학이 탄생하게 된다. 대학 남교는 도쿄 가이세 학교를 경유하고 대학 동교는 도쿄 의학교를 경유하여 통합한 것이므로 엄밀하게 말하면 남교와 동교가 그대로 통합된 것은 아니었으나, 어쨌든 제도적으로는 1877년에 두 전통이 결합되면서 도쿄 대학의 역사가 시작되었다. 그러나 실제로 1877년 이전과 이후의 변화는 극히 미미했다. 지금까지의 많은 증언이 공통적으로 기억하는 바에 따르면 명칭이 변화한 것 이외에는 아무것도 바뀌지 않았다. 가장 큰 변화라 할 만한 것은 남교와 동교가 통합됨에 따라 도쿄 대학이 법학, 이학, 문학의 세 학부에 의학부가 추가된 4학부제가 되었다는 점이었다. 그러나 형식상으로 네개의 '학부'가 탄생했다고는 해도, 대학의 '장長'은 의학부 종리綜理[15]와 법·이·문학부의 종리, 이렇게 두 사람이 병립하는 형태였다. 때문에 의학부와 법·이·문학부는 별도의 대학과도 같았고 법·이·문 세 학부의 자립성은 매우 약했다. 결국 1881년 제도개혁이 이루어

---

15 도쿄 대학 초기 학부장을 일컫던 명칭.

지면서 각 학부마다 '장'이 임명되고 대학의 장은 총리總理 한 사람으로 일원화되는데, 그 초대 총리로 가토 히로유키가 선임되었다. 요컨대 도쿄 대학은 1877년에 갑작스럽게 탄생한 것이 아니라, 대학 본교가 폐지되는 1870년부터 한 사람의 '총리'가 대학의 수장이 되고 각 학부마다 학부장이 임명된 1881년까지의 약 10년간 이어진 일련의 과정에서 형성된 것이다.

관립 전문학교와 옛 사족의 전직 전략

1870년대 이후 도쿄 대학이 탄생하여 서양의 학지를 이식하려는 움직임이 본격화되지만, 이 같은 움직임을 실제로 이끌었던 것은 새롭게 탄생한 도쿄 대학도, 게이오기주쿠와 같은 사숙도 아니었다. 당시 일본 고등교육의 중심은 오히려 관립 전문학교였다. 그중에서도 으뜸은 1871년에 공학성 공학료工學寮에서 출발한 고부工部 대학교였다. 여기에 같은 해 설립된 사법성司法省[16] 명법료明法寮를 전신으로 하는 도쿄 법학교와 이듬해인 1872년에 홋카이도北海道 개척사에 의해 설립된 삿포로札幌 농학교도 있었다. 그 외에도 1874년에 내무성 농학수학장으로 출발한 조직이 고마바駒場 농학교로 바뀌었고, 같은 해 이치가야市ヶ谷에 육군사관학교가, 1876년에는 쓰키지築地에 해군

16 메이지유신 이후 사법행정을 관장하기 위해 만들어진 중앙행정조직. 법무성의 전신.

병학교가 설립되었다. 메이지 국가의 관료·군사기구가 이들 전문학교에서 향후 핵심적인 역할을 담당하게 될 이들을 위한 엘리트 교육을 실시했던 것이다. 이들 전문학교는 정부 지원으로 전원 기숙사제를 실시했고, 외국인 교사를 초빙하여 기초에서 전문지식까지 외국어로 일관된 커리큘럼을 조직했으며 졸업 후에는 국가기관에 봉직하는 의무를 부과했다는 점에서 공통점을 지니고 있었다.

그런데 메이지 국가 건설기에 왜 대학이나 사숙보다도 관립 전문학교가 우월한 지위에 있었던 것일까. 이 질문에 대해서는 이미 나카야마 시게루中山茂가 설득력 있는 답을 내놓았다. 우선 국가 입장에서는 조금이라도 빨리 근대국가 건설의 담당자가 될 기능인이 필요했다. 신속한 근대화를 추진하던 신정부는 토지 측량, 전신망 건설, 철도나 교량 건설, 산업 진흥, 군비 증강 등 산적한 과제를 끌어안고 있었다. 이를 해결하기 위해서는 일정 수준 이상의 기능을 익힌 인재가 대량으로 필요했으나 오랜 기간 지속되었던 도쿠가와 시대가 이제막 끝난 상황인 만큼 일본 내에는 인재가 한정되어 있었다. 신속히 결실을 맺기 위해서는 인재를 밖에서 조달하여 외국인들의 손을 빌릴 수 있겠으나 비용이 지나치게 많이 든다는 문제점이 있었다.

또한 새로운 인재를 초등교육과정부터 양성하기에는 시간이 너무 오래 걸렸다. 근대화를 서두르던 메이지 정부로서는 10년씩이나 기다릴 수 없었다. 이 때문에 각 정부 부서나 군대가 "당장의 필요에 따라 자비로 인재를 속성양성하는" 방안이 제시되었다(나카야마 시계루, 『제국대학의 탄생』). 예를 들어 공부성에서는 일찍이 1871년에 전신료에 기술학교修技黌를 설치하고 학생 60명을 모아 기술을 전해 익히게 한 뒤 현장에서 일하도록 했다. 각 부서나 군대가 당면한 필요에 따라 '속성양성' 방식을 수립하는 과정에서 세워진 기관이 체계화되면서 관립 전문학교가 등장한 것이다.

기능을 지닌 인재를 요구하는 쪽의 논리가 이와 같다고 해도 풍부한 인재 풀이 실제로 존재하지 않았다면 이 정책은 유효하게 기능하지 못했을 것이다. 그런데 메이지 시기 일본에는 인생의 새로운 커리어 패스career path를 찾아 '속성양성'의 기회에 필사적으로 달려든 유능한 이들이 많이 있었다. 바로 막부와 번의 세상이 끝남에 따라 실업자 신세가 된 옛 사족들이었다. 무사의 시대가 끝났다고 해도 농·공·상에 종사하던 서민들의 경우 급격한 변화를 겪지는 않았다. 이들의 입장에서 보자면 단지 지배층이 바뀌었을 뿐, 생업에 직접적인 변화는 없었으므로 시간을 들여 새로운 교육을 받을 필요성을 느낄 여지가 없었다.

그러나 사족들에게 있어 유신은 생활의 근간을 흔든 격변이었다. 메이지 초기 이들은 조상들로부터 세습한 녹봉이나 특권을 빼앗길 처지였다. 그저 팔짱만 끼고 있다가는 몰락할 것이 불 보듯 뻔했다. 무언가 새로운 인생의 활로를 찾아내야만 했던 것이다. 상업은 실패할 가능성이 컸기 때문에, 학교에서 기능을 익혀 자격을 획득하는 길밖에 없었다. 옛 사족들은 "폐번치현廢藩置縣[17] 이후 번이 만들어준 우산에서 벗어나보니 아무 의지할 데가 없었으므로 살기 위해서는 학문이라도 익혀 신시대에 대처할 수밖에 없다"는 사실을 깨닫게 되었다(나카야마, 앞의 책). 다행히 관립 전문학교는 정부 지원을 받아 전원 기숙사제였으므로 곤궁해진 하급 무사의 자제라도 근면하고 유능하기만 하면 장래를 보장받을 수 있었다. 관립 전문학교는 그야말로 잃어버린 지위 회복과 기사회생을 위한 천재일우의 기회로 간주되었다.

실제로 초기의 관립 전문학교나 도쿄 대학 학생 중에는 이 같은 옛 사족의 가난한 자제가 차지하는 비율이 매우 높았다. 그들은 이미 한코나 가정 내의 교육을 통해 피에르 부르디외Pierre Bourdieu[18]의 말을 빌리자면 비교적 높은 '문화 자본'을 지니고 있었고, 기질이나 성정 면에서도 프로테스탄티즘과 통하는 심성을 갖추고 있었다. 아마노 이쿠오가 소개한 바에 따르면 1876년 고마바 농학교 입학자의 94퍼센트, 1880년 사법성 법학교 입학자의 84퍼센트, 1885년 고부 대학교 재학자의 72퍼센트가 옛 사족 출신자였다. 1890년 제1기 제국대학 입학생이 졸업할 때도 3분의 2가량은 사족 출신이었다. 특히 이공계 학부에서는 80퍼센트 이상, 인문계나 법학계의 경우 3분의 2에서 4분의 3을 옛 사족층이 차지하고 있었다. 당시 전체 인구

---

17 중앙집권화를 위해 메이지 정부가 1871년에 전국의 모든 번을 폐지하고 현을 설치한 일.
18 1930~2002. 프랑스의 저명한 사회학자. 부르디외에 따르면 한 공동체의 계급적 질서는 여러 가지 형태의 상징적 자원의 불평등한 분배를 통해서도 정당화되고 재생산되는데, 그 핵심을 이루는 것이 문화 자본이다.

중 옛 사족의 비율이 5퍼센트 안팎이었으니, 그들이 얼마나 전문학교에 집중되어 있었는지를 알 수 있다. 사립학교의 경우 옛 사족의 비율은 법학이나 의학에서는 30퍼센트 정도, 인문학이나 이학에서는 절반 정도였다(아마노 이쿠오, 『대학의 탄생』). 인구비례로 볼 때 옛 사족층과 고등교육의 연관성은 분명했는데, 초기 관립 전문학교에서 이 같은 경향이 가장 두드러지게 나타났다. 이리하여 무사의 성정은 근대 일본의 초기 고등교육 시스템과 결합함으로써 부국강병 및 식산흥업殖産興業 정책을 지탱했다.

일본의 공학은 스코틀랜드 산

그런데 메이지 시기 대다수 관립 전문학교에 공통된 또 다른 특징이 하나 있었다. 각 분야에 따라 학문상의 '종주국'이 명확히 정해져 있었다는 점이었다. 예를 들어 사법성의 법률교육은 프랑스를 모델로 했다. 사법성은 조르주 부스케Georges H. Bousquet나 귀스타브 E. 부아소나드Gustave E. Boissonade의 지도 아래에서 법학교육을 정비하면서 모든 수업을 프랑스어로 진행했다. 부아소나드는 이미 그르노블 대학과 파리 대학에서 가르친 경험이 있었고 일본으로 건너온 시점에는 학자로서 전성기를 구가하던 40대 후반이었다. 사법성의 법학교육에서 출발한 그는 도쿄 법학교와 메이지 법률학교 등에서도 교편을 잡았고, 메이지 일본의 형법과 민법을 정초하는 일에도 깊이 관여했다. 한편 삿포로 농학교가 모델로 한 것은 미국이었다. 매사추세츠 농과대학의 학장이었던 윌리엄 클라크William S. Clark가 교장으로 부임했을 때 "젊은이여 야망을 가져라Boys Be Ambitious!"라는 유명한 말을 남겨 재학생들에게 깊은 인상을 주었는데, 졸업생인 우치무라 간조內村鑑三[19]나 니토베 이나조新渡戶稻造[20]의 경우에서 보듯 청교도적 아메리카니즘의 영향은 그가 떠난 뒤에도 계속되었다. 한편 육군사관학교의 모델은 프랑스, 해군병학교의 모델은 영국이었고, 도쿄 대학 의학부의 경우 앞에서 말한 바와 같이 독일을 모델로 했다.

이 같은 상황에서 일본 공학교육의 중심이라고 할 고부 대학교가 모델로 한 것은 독일이나 프랑스, 미국이 아니라 영국, 그중에서도 스코틀랜드였다. 근대 일본 공학교육의 초창기에 왜 스코틀랜드가 절대적인 영향을 끼치게 된 것일까.

1871년 공부성에 설치된 공학료가 고부 대학교로 발전한 것은 도쿄 대학이 설립된 1877년의 일이었다. 이 학교는 처음부터 '예과' '전문과' '실지과'가 각각 2년으로 구성된 6년제 교육과정을 채택했고, '토목' '기계' '조가造家' '전신' '화학' '치금治金' '채광採鑛'의 일곱 학과로 구성된 종합적인 교육 체제를 정비했다. 강의는 모두 영어로 이루어

---

19 1861~1930. 일본을 대표하는 기독교 사상가. 난바라 시게루, 야나이하라 다다오 등 무교회주의 사상가를 배출하였으며, 김교신, 함석헌 등 한국의 무교회주의 사상에도 영향을 끼쳤다.
20 1862~1933. 일본의 교육자 겸 사상가. 삿포로 농학교 시절 기독교도가 되었으며 졸업 후 미국, 독일에서 수학했다. 교토 대학 교수, 도쿄 일고 교장, 유엔 사무국 차장 등을 역임했으며 『무사도』 등의 저서가 있다.

졌고 1873년에 공학료 교장으로 초빙된 헨리 다이어Henry Dyer[21]가 교육 전반을 지휘했다. 사실상 고부 대학교의 교육 체제의 기본형을 조직한 것도 다이어였다. 부임하기 전 공학교육 커리큘럼 시안을 작성한 그는 일본에 건너와 이를 메이지 정부에 제출했다. 메이지 정부는 다이어의 안을 거의 그대로 채택하여, 1874년 공학료의 기본 과정으로서 『공학료 학과 및 제규칙』을 간행했다. 여기에는 이미 일반교육, 전문교육, 실시연수라고 하는 3단계의 구조가 명시되어 있었다. 즉 학생들은 최초 2년간의 일반교육을 통해 영어, 지리, 수학, 물리학, 화학, 제도製圖 등을 배운다. 전문과정에 들어가면 토목학, 기계학, 전신학, 건축학, 응용화학, 치금학, 광산학의 일곱 학과의 전공과목 중 하나를 선택할 수 있다. 마지막 2년간은 전국 각지의 공장, 조선소, 광산 등에 들어가 그동안 학습한 이론을 현장에서 연수하게 된다. 이러한 커리큘럼은 전공과 교양의 구조화, 전문교육의 분할, 이론과 실천의 조합, 실험실, 작업장, 박물관 등의 시설 중시라는 몇 가지 측면에서 오늘날까지 통용되는 선진성을 갖추고 있었다.

　일본 공학교육의 원형을 만든 헨리 다이어는 일본에 건너올 당시 글래스고 대학을 갓 졸업한 25세의 젊은이였다. 사법성에서 법학교육의 기초를 세운 부아소나드의 경우 이미 프랑스의 몇몇 대학에서

21　1848~1918. 일본에 서양식 기술교육을 확립한 스코틀랜드 출신의 엔지니어이자 교육자.

교수를 지낸 경력이 있었으므로 일본에 도착해 극동의 이 작은 나라에서 법학 교육을 어떻게 시작해야 할지에 대한 식견을 갖추고 있었다. 이에 비하면 공학료는 대학을 갓 졸업한 젊은이에게 공학교육의 미래를 맡겼던 셈이다. 꽤 무모한 일이었음에도 결과적으로 다이어는 그 뒤 공학 발전의 기초를 세우는 데 성공했다. 일본의 공학 발전은 여기서 시작된 것이다. 의문점은 어떻게 해서 25세의 젊은이에게 이 같은 위업이 가능했는가 하는 점이다.

그 대답을 다이어 개인의 천재성에서 찾을 필요는 없다. 오히려 당시 잉글랜드와의 관계에서 스코틀랜드 공학이 처해 있던 특별한 처지에 그 대답이 있다. 사실 1870년대 초반 스코틀랜드에서 일본으로 파견되었던 사람은 다이어 한 사람은 아니었다. 다이어와 마찬가지로 1873년 글래스고 대학에서 에어턴William E. Ayrton이나 먼디 E. F. Mondy가, 에든버러 대학에서 마셜David H. Marshall과 같은 이들이 일본으로 건너왔다. 에어턴은 일본에서 처음으로 아크 전등을 점등한 것으로 알려져 있고, 먼디는 건축·토목 전문가로 캘커타, 다카Dhaka 등에서 교편을 잡고 있었다. 마셜의 전공은 물리학과 수학이었다. 이들보다 다소 늦지만 존 헨리(1876년 부임, 토목학), A. W. 톰슨(1878년, 토목학), T. 그레이(1878년, 전신학), T. 알렉산더(1879년, 토목학) 등도 고부 대학교에서 학생들을 가르치기 위해 일본으로 왔다. 당시 에어턴은 26세, 마셜은 25세, 헨리는 26세의 청년이었다. 다른 이들의 경우 나이는 알려져 있지 않지만 대략 이들과 비슷했을 것이다. 즉 메이지 초기 스코틀랜드에서 꽤 많은 수의 20대 중반 젊은이들이 공학교수로서 일본에 건너왔던 셈인데, 다이어 역시 그 중 한 사람이었다.

그런데 이들 스코틀랜드 커넥션의 젊은 교수들에게는 모두 한 가지 공통점이 있었다. 이들이 모두 글래스고 대학에서 윌리엄 톰슨 William Thomson[22] 교수(이하 켈빈 경Lord Kelvin) 혹은 윌리엄 랭킨William Rankine[23] 교수의 수업이나 실험에 참가한 경험이 있는 제자로서, 대부분이 켈빈 경의 조수 자리를 거쳤다는 점이다.

이는 우연이 아니었다. 메이지 정부에서 공학의 진흥을 주도한 사람은 이토 히로부미伊藤博文였다. 이토는 1872년 이와쿠라岩倉 사절단[24] 부사副使로 영국을 방문했을 때 요코하마에 거점을 두고 사업을 확대하고 있던 매시선Matheson 사 사장 매시선을 만나 메이지 일본의 공학교육을 책임질 새로운 지도자의 인선을 부탁했다. 스코틀랜드인인 매시선은 랭킨 교수와 상담을 했고, 랭킨이 담당자의 인선을 맡았다. 랭킨은 19세기 중엽 열역학 분야의 대표적인 과학자로서 동료 켈빈 경과 더불어 열역학의 아버지 중 한 사람으로 평가받는다. 다이어 일행이 일본으로 떠나기 직전인 1872년에 랭킨이 죽자 스코틀랜드의 젊은 과학자들을 일본으로 파견하는 사업은 스

22 1824~1907. 스코틀랜드 태생의 물리학자로 '켈빈 경'으로 통칭된다.
23 1820~1872. 스코틀랜드 에든버러 출신의 물리학자, 공학자, 기술자.
24 일본 메이지 정부가 서양 문물을 배우기 위해 이와쿠라 도모미를 정사로 하여 파견한 총 100여 명이 넘는 규모의 대사절단. 1871년에서 1873년에 걸쳐 미국, 유럽 등지를 둘러보았다.

코틀랜드 광학계 최고의 대가였던 켈빈 경에게 인계되었다. 덧붙이자면 다이어는 랭킨 교수의 제자로서 켈빈 경의 조수를 한 경험이 있었다.

따라서 일본에서 공학교육이 탄생하게 된 최대 관건은 다이어를 포함한 많은 젊은 과학자를 스코틀랜드에서 일본으로 파견한 켈빈 경과 랭킨 교수에게 있었다는 사실을 알 수 있다. 그중에서 켈빈 경은 19세기 영국이 낳은 최고의 물리학자로서 세계 최초의 공학자라고도 할 만한 인물이었다. 그는 갓 10세에 글래스고 대학 입학을 허가받은 뒤 케임브리지 대학에서도 수학했으며, 22세에 글래스고 대학의 교수가 되었다. 영국 대학에서 처음으로 물리학 연구실을 연 것이 바로 그였다. 켈빈 경은 케임브리지 대학 재학 시절 패러데이M. Faraday에 의한 전자기장을 수학적으로 표현하여, 마찬가지로 스코틀랜드의 물리학자였던 제임스 맥스웰이 고전 전자기학을 만들어내는 데 중요한 시사점을 준 것으로 알려져 있다. 그는 절대온도의 개념을 도입하고 열역학 제2법칙을 발견하는 등 열역학에서의 업적으로 이름을 떨쳤다. 또한 톰슨 효과나 줄-톰슨 효과 등 열역학상의 중요한 현상을 발견했을 뿐만 아니라 나중에는 지구물리학으로 시야를 확대하여 지구의 연령 측정을 시도하기도 했다. 공학자로서의 업적이 무수한 가운데, 대서양을 횡단하는 전신 케이블이 부설될 때 전기공학자의 관점에서 중요한 역할을 하기도 했다. 그는 글래스고 대학의 교육 시스템 발전에도 공헌하여 만년에는 총장에 선임되기도 했다. 여러모로 빛나는 경력이라 하지 않을 수 없다. 1870년대 스코틀랜드로부터 일본에 초빙된 젊은 교육자들 중 대부분은 그가 가르친 학생들이었다. 켈빈 경은 무언가 야심찬 의도로 많은 제자 중 일부를 일본에 파견한 것으로 보인다.

극단적으로 말하자면 근대 일본 공학의 기초를 구축하는 일은 꼭 헨리 다이어가 아니어도 가능했을 것이다. 일정 수준만 갖추고 먼 동방의 신흥국까지 와서 공학교육을 처음부터 만들어나가려는 열의 를 지닌 인물이라면, 글래스고 대학 교수진과 긴밀하게 연락을 취 하면서 다이어와 마찬가지로 공학의 기반 만들기에 성공했을 것이 다. 그러나 공학의 모델로서 이식할 내용은 스코틀랜드에서 가져와 야만 했다. 독일은 공학보다 물리에 기울어 있었고 프랑스는 토목 이나 건축 분야에 집중하고 있어서 공학 전반을 이식하기에는 무리 가 따랐다. 또한 잉글랜드의 전통주의는 신시대의 기술주의와 양립 하기 힘들었고 미국은 아직 본격적인 공업국이 아니었다. 영 제국의 공업을 주변에서 떠받치고 있던 스코틀랜드의 기술력만이 메이지 일본이 찾던 공학의 미래를 짊어질 수 있었다. 결국 광산, 철도, 선 박, 전신 등 모든 분야에서 영 제국의 실학은 스코틀랜드라는 연결 고리를 통해 일본의 실학적 지향을 통합하였다.

제국대학이라는
시스템

도쿄 대학에서 제국대학으로

1877년 도쿄 대학이 탄생한 뒤에도 약 10여 년 동안 '대학'은 일본 고등교육의 유일한 해답도 지배적인 체제도 아니었다. 1880년대 중반까지 근대화를 서두르던 메이지 일본에서 가장 중요한 교육기관은 관립 전문학교였다. 그러나 이 같은 상황은 1886년 초대 문부대신 모리 아리노리가 정리한 제국대학령에 의해 일변한다. 이때부터 어떤 의미에서는 지금까지 이어지고 있는, 제국대학을 중핵으로 하는 근대 일본 대학 시스템의 골격이 확고한 국가적 의지에 이끌려 형성되기 시작한다. 이러한 의미에서 일본의 대학 역사에서 1886년이 결정적인 전환점이 되었다는 사실은 지금까지 많은 교육사가가 지적한 바와 같다.

'도쿄 대학'이 '제국대학'으로 명칭이 변경되었다는 사실, 다시 말해 새롭게 조직된 대학에 '도쿄東京'라는 두 글자가 사라진 것은 그야말로 대학과 국가의 일체성을 드러낸다. 사실 "제국대학은 국가의 수요에 따른 학술기예를 교수한다"라는 제국대학령의 유명한 첫 구절은 이 일체성을 선언하는 것이기도 하다. 국가적 의지의 장으로서 제국대학은 모든 '학술기예'를 국가를 향해 통합하는 장이 되어야 했다. 즉 새로운 대학의 중핵이 되어야 할 도쿄 대학뿐만 아니라 학술적 수준에서는 도쿄 대학를 능가하는 것으로 평가받던 고부 대학교나 도쿄 법학교 그리고 시기는 다소 늦지만 도쿄 농림학교 등과 같은 관립 전문학교가 잇따라 통합됨으로써 이전의 도쿄 대학과 언뜻 비슷해 보이지만 전혀 다른 '제국대학'이 탄생하게 된 것이다.

아마노 이쿠오의 상세한 검증에 따르면 1884년 사법성 법학교의 정칙과正則科가 문부성에 이관되면서 이 통합의 프로세스가 시작되었다. 이 학교는 이듬해 여름에 도쿄 법학교로 이름이 바뀐 뒤 곧바로 도쿄 대학 법학부에 합병되었고, 이와 거의 동시에 당시 문학부에 설치되어 있던 정치학과가 법학부로 옮겨오면서 법학부는 법정학부가 되었다. 이리하여 법정학부에는 그때까지 영국법과 독일법 중심이었던 법학에 사법성에서 옮겨온 프랑스법, 문학부에서 옮겨온 정치학이 추가되면서, 이후로도 계속 이어지는 '도쿄 대학 법학부'의 골격을 형성했다. 한편 같은 시기 이학부에 속했던 공학 분야가 분리되어 공예학부가 되고, 1885년 내각제도가 발족하면서 공부성이 체신성과 농상무성으로 분할됨에 따라 고부 대학교는 문부성으로 이관되었다가, 제국대학 성립과 더불어 마침내 이학부, 공예학부를 거느린 제국대학 공과대학이 되었다. 또한 고마바 농학교와 도쿄 산림학교가 병합되어 도쿄 농림학교가 되었다가, 1890년 농과대학으로서 제국대학에 편입되었다. 조직의 근간과 관련된 대대적 재편이 불과 5년여 만에 한꺼번에 이루어진 셈이다. 그 결과 대학 동교와 남교 양학파의 연합체였던 재편 이전의 도쿄 대학은 법학, 문학, 이학, 의학의 각 단과대학에 공과대학, 농과대학을 더해 여섯 개의 단과대학을 구성하여, '제국 해군'이나 '제국 육군'에서 연상되는 대군단과는 다른 의미로 '제국의 대학단'이 됨으로써 여러 사학을 압도하게 된다.

도쿄 대학에서 제국대학으로의 전환은 고부 대학교와 도쿄 농림학교, 도쿄 법학교의 유산을 모두 흡수하는 데 그치지 않았다. 제국대학이 됨으로써 공과대학은 9개 학과, 문과대학 및 이과대학은 각각 7개 학과로 그 수가 대폭 증가하면서 종합대학의 진용을 갖추었다. 교수 수도 전체 27개 학과의 배에 가까운 42명(조교수는 19명)이 되었고 학생 입학 정원도 400명으로 늘어났다. 교수 및 부교수 수천 명에 학생이 수만 명 규모인 종합대학이 된 오늘날 돌아보면 매우 작은 규모지만, 모든 분야의 국가 엘리트를 양성하는 중추로서의 기반이 일단 구축된 셈이다. 사실 제국대학 학생들에게는 약 3분의 1에 가까운 수인 140명 정도가 장학금을 받을 수 있는 조건이 갖추어져 있었다. 게다가 법과대학 졸업생에게는 고등문관 시험·사법관 임용 시험·변호사 시험이, 의과대학 졸업생에게는 의사 시험이, 문과 및 이과대학 졸업생에게는 중등교원 시험이 면제된 사실에서 알 수 있듯이 국가시험 면제라는 특혜도 주어졌다. 관립 전문학교가 각 정부 관청의 엘리트 양성기관이었다면 제국대학은 그야말로 국가 전체의 엘리트 양성기관으로서 설계되었던 것이다.

모리 아리노리와 이토 히로부미의 '정치적 주도'가 없었다면 이처럼 단기간에 기구 '개혁'을 단행하는 일은 불가능했다. 그렇다면 이 두 사람은 왜 1880년대 중반에 일본 고등교육의 모습을 근본적으로 바꾸려 했던 것일까. 당시의 정치 상황을 보건대, 자유민권운동이 고조되면서 이를 배경으로 1881년의 정변에서 하야한 이토의 정적 오쿠마 시게노부大隈重信[25]가 설립한 도쿄 전문학교를 필두로 이곳저곳에서 전문학교를 설립하려는 움직임이 확대되고 있었다. 이토와 모리는 이에 차츰 위기감을 느끼게 되는데, 이러한 위기감이 제국대학을 설립하려는 주요한 동기가 된 것임은 분명하다. 그러나 이같은 외부적인 요인과는 별개로, 모리 아리노리에게는 제국대학 설립을 추진하고자 한 보다 본질적인 이유가 있었다.

모리 아리노리와 '제국'의 주체

많은 연구에서 이미 지적했듯 모리 아리노리가 교육에 관심을 갖기 시작한 시기는 꽤 이른 편이었다. 워싱턴 일본공사관에 대리공사

---

25 1838~1922. 사가佐賀 사무라이 출신의 정치가로 입헌개진당을 만들어 자유민권운동을 전개했다. 그가 만든 도쿄 전문학교는 와세다 대학의 전신이다.

로 부임한 1871년에 이미 그는 교육이야말로 일본의 장래를 결정하는 가장 중요한 제도가 되리라는 생각을 굳힌 것으로 보인다. 같은 해 그는 스펜서Herbert Spencer나 밀John Stuart Mill의 사상을 열심히 연구하는 한편으로 코네티컷 주와 매사추세츠 주의 학교를 견학했다. 이듬해에는 미국의 교육 관계자들에게 일본 교육의 미래상에 관한 의견을 묻는 앙케트를 실시하여 그 결과를 『일본의 교육』(1873)이라는 제목의 영문 저서로 정리했다. 같은 해 모리는 대리공사를 스스로 사임하고 귀국길에 오른다. 이 시기까지 모리의 사상 형성에 대해 주도면밀한 연구를 행한 하야시 다케지林竹二는 모리가 이미 이 시점부터 문부성에 들어가 자기 손으로 일본 교육의 골격을 그리겠다는 의욕을 지니고 있었던 것이 아닐까 추론한다.

하야시에 따르면 모리는 첫 번째 유학에서 만난 스베덴보리[26] 계열의 종교인 토머스 레이크 해리스Thomas Lake Harris[27]의 영향을 받으면서 교육에 대한 집요한 관심을 갖게 되었다. 눈에 띄는 점은 이 시점에 이미 모리의 머릿속에는 "유신이라는 정치적 변혁을 보완하기 위한 사회적 변혁, 곧 인간의 의식이나 기질 및 체격까지를 포함한 모든 것을 근본부터 새롭게 만드는 과제"가 부상하고 있었다는 사실이다. 해리스의 코뮌commune에서 신과 자아의 관계가 그러하듯,

26 에마누엘 스베덴보리Emanuel Swedenborg(1688~1772): 스웨덴의 자연과학자이자 철학자로 신비주의적 종교관을 표방했다.
27 1823~1906. 영국 출신의 시인으로 부모를 따라 미국으로 이주한 뒤 스베덴보리 사상의 영향을 받아 신비주의적 작품을 썼다.

이 과제는 "그 속에서 인간이 재생을 얻는 조직인 동시에 신에 의해 재생한 형제가 그 임무에 따라 사회의 재생을 위해 일하는" 관계를 모리 나름의 방식으로 메이지 일본에 심어넣으려는 시도였다(하야시 다케지,『모리 아리노리』).

소노다 히데히로薗田英弘는 프로테스탄트 계열의 코뮌 신봉자로서의 모리와 초대 문부대신으로서의 모리를 이어주는 하나의 실마리를 '제도'에 대한 관심으로 요약한 바 있다. 소노다는『메이로쿠 잡지明六雜誌』에서 활동하던 전기의 발언을 중시하여 모리를 자유주의 사상가로 보는 견해나 문부대신이 된 이후인 후기의 발언을 중시하여 그를 국가주의자로 보는 견해는 모두 모리가 국가와 개인을 연결하는 '제도'라는 층위를 설정하고 있다는 사실을 간과한 논의라고 지적했다. 매우 근대적이고 서구적인 개념인 '제도'의 사회적 작용을 모리는 동시대의 그 누구보다도 잘 알고 있었다는 것이다. 이 같은 인식을 바탕으로 소노다는 모리가 규범·제도와 사회 시스템에 관한 사회학적 식견을 기초로 하여 '자유주의적'으로 보이는 사회관계의 층위와 '국가주의적'으로 보이는 층위를 어떠한 방식으로 매개하고 있는지를 밝혔다. 그에 따르면 모리는 "투철한 '국사國士'로서 유학을 떠났고, 확실한 '신앙인'으로서 고국 땅을 밟았다". 그 뒤 모리가 전개한 사상은 대체로 이 두 가지 사실 사이의 격차를 메우는 데로 향해 있었다. 국가와 개인의 관계를 마지막까지 '제도'의 차원에서 파악함으로써 모리는 이 둘을 양립시킬 수 있었다.

중요한 것은 모리가 국가를 기능적인 시스템으로서 명확하게 파악하고 있었다는 점이다. "모리는 단일한 정치 이데올로기나 도덕사상을 통해 모든 국민의 내면을 전면적으로 통제함으로써 국가의 질서를 획득하려고 하지 않았다. 또한 그는 정치적 지배 대상인 국민을 피통치자로서 교화하려고만 하지도 않았다. 모리는 분명 정치의 주체인 동시에 대상이기도 한 진정한 의미의 '국민'을 형성하는 데 교육이 공헌해야 한다고 생각했다"고 소노다는 말한다. 따라서 모리는 "정치적 지배 대상에게 요구되는 '순종'만을 주장하지는 않았다. 정치적 지배 대상이 동시에 주체가 될 수 있도록 의도했던 것이다". 국민과 국가의 상호성을 동시에 가능하게 한 그 장치가 바로 소학교(초등학교)에서 대학까지의 교육제도였다. 게다가 그는 국가와 국민 사이의 이러한 상호관계의 원형을 그가 미국에서 체험한 종교 코뮌에서 찾았다. 코뮌에서 체득한 신=보편성을 향한 자기희생의 정신은 모리에게 있어서는 현세화된 국가=보편성이라는 층위로 전유되어, 신=천황의 카리스마에 의해 실현되는 정치공동체인 국민국가를 향한 자기희생의 정신으로 치환되었다. 즉 "모리에게 있어서 최대의 신앙 증명은 국민국가 건설을 위한 자기희생"이었고, "신에 대한 헌신이라는 가장 비세속적인 행위는 정치활동이라는 세속적 활동의 사소한 부분에까지 두루 나타나고 있었던" 것이다(소노다 히데히로, 『서양화의 구조』).

이상의 논의를 전제로 하면 모리가 주장한 '충군애국'이나 '국풍國

風의 교육'이라는 이념은 모토다 나가자네元田永孚와 같은 보수파들이 표방하는 국가주의와는 전혀 다른 것이었다고 할 수 있다. 모리가 교육 시스템을 통해 메이지 일본에 도입하려고 한 것은 말하자면 천황제와 프로테스탄티즘의 기능적인 결합체였다. 그 근저에 놓인 것이 지극히 근대적인 국민＝주체에 대한 파악이었으니, 국가적으로 산출되는 바로 그 주체성이 곧 식산흥업과 부국강병, 즉 근대 일본에 있어서의 '자본주의 정신'을 뒷받침할 터였다. 이런 필요에 의해 유일신이라는 초월적인 신 관념이 희박한 일본에서 신을 대신할 수 있는 기능적인 심급으로서 천황이 등장한다.

이리하여 결국 모든 소학교에 천황의 '진영眞影'을 걸고, 비록 대학이라 하더라도 천황과 무관한 곳에서는 성립할 수 없도록 학지가 설계되었다. 참고로 메이지 천황은 재편 이후의 제국대학을 빈번히 방문했다. 나카노 미노루에 따르면 1886년 7월(20세기 전반까지 도쿄 제국대학은 서양 대학들과 마찬가지로 9월 입학, 7월 졸업이었다)에 거행된 제1회 제국대학 졸업식부터 황족이 자리하기 시작하는데, 1890년대 말이 되면 제국대학 졸업식은 총장이 졸업생에게 졸업증서를 수여하는 것보다는 천황의 식장 '임행臨幸'을 중심으로 행사가 구성되었다고 한다(『도쿄 대학 이야기』). 특히 1899년부터 1918년까지 천황이 졸업식에 '임행'하여 우등 졸업생에게 '은사恩賜의 은시계'를 수여하는 행사가 거행됨으로써 천황제와 제국대학 학지의 결합이 반복적으로 확인되었다. 이 제도는 1919년 이후 도쿄 제국대학 측의 요청에 의해 폐지되지만, 쇼와 시대(1920년대 후반~1930년대)가 되면 양자의 관계는 보다 복잡한 양상을 드러내게 된다. 1925년 완성된 도쿄 대학의 야스다 강당 상층 중앙부에 천황의 임행을 위한 편전便殿이 설계되었던 사실 역시 천황과 제국대학의 결합을 짐작하게 한다.

'천황'의 대학으로서의 제국대학

그렇다면 이처럼 천황의 시선과 국민의 지성이 조우하는 장소에 왜 '제국대학'이라는 이름이 붙여졌던 것일까. 나카야마 시게루가 고찰한 것처럼, 도쿄 대학이 제국대학으로 대전환을 이룩하던 시기에 이와쿠라 사절단이 일본에 초빙해온 학감 데이비드 머레이David Murray는 외교적인 수사였겠지만 일본을 지칭하면서 거창하게도 '엠파이어Empire'라 불렀는데, 이 말이 실제로 보급되지는 않았다. 머레이가 사용한 '엠파이어'라는 말은 문부성 신보에 '제국'이라 번역되었는데, 이것이 공식문서에 '제국'이라는 단어가 사용된 첫 번째 사례인 듯하다. 그러나 청일전쟁과 러일전쟁 이전의 많은 일본인에게 '제국'은 그리 친숙한 말이 아니었다. 1889년에 대일본제국헌법이 반포되었으므로 '제국'이라는 말은 '제국의회' 등의 단어와 더불어 1890년대 이후에 일본인에게 차츰 의식되기 시작했다고 볼 수 있다. 그런데 제국의회보다도 3년이나 일찍 '제국대학'이 탄생한 것이다.

모리나 이토가 새롭게 조직하려는 대학을 '제국'대학이라고 부른 것은 이 대학을 일본 내에서만이 아니라 국제적 문맥에서도 'Imperial University of Japan'으로 자리매김하기 위해서였다. 일본어 '제국'은 아직 친숙하지 않은 단어였지만 해외에서는 영어의 'Empire'나 'Imperial'이 일반적으로 사용되고 있었던 것이다. 모리 아리노리는 '제국대학'이라는 말 대신 곧잘 '임페리얼 유니버시티'라는 말을 사용했다고 한다. '제국대학'은 처음부터 서양 제국의 학지를 모델로 상정했고, 아직 존재하지는 않았지만 '제국'은 서양화의 귀결점으로서 일본이 나아가야 할 방향으로 간주되고 있었다. 이토와 모리는 대통합에 의해 확장된 도쿄 대학을 '제국대학'이라 부름으로써 일본에도 서양에 필적하는 종합대학이 탄생하고 있다는 것, 그리고 제국대학령에서 말하는 "국가의 수요에 따른 학술기예"가 단지 국가의 학술기예라기보다는 서구 열강에 비견할 만한 제국의 학술기예가 되어야 한다고 주장하고 있었던 것이다(나카야마 시게루, 앞의 책).

하지만 여기서 상상력을 더 발휘해본다면, 모리가 제국대학을 '임페리얼 유니버시티'라고 부를 때, 서구 열강의 종합대학과 어깨를 나란히 하는 것만을 상정하지는 않았던 듯하다. '임페리얼'이란 '황제의'란 뜻도 지니고 있다. 모리에게 있어서 '황제'란 물론 '천황'이다. 즉 '임페리얼 유니버시티'란 '제국'의 대학인 동시에 '황제=천황'의 대학이어야만 했다. 중세 유럽 대학이 '도시'의 대학이고 19세기 이후의 훔볼트형 대학이 '국민'의 대학이라고 한다면, 19세기 말 일본에 탄생한 제국대학은 무엇보다도 우선 '천황'의 대학이라 할 수 있지 않을까. 자유민권파가 표방했던 '자유'의 지성에 대하여 모리가 구상하고 있었던 것은 어디까지나 '천황'의 시선 아래 편성된 '제국'의 지성, 그리고 그 아성으로서의 제국대학이었다. 앞에서 말한 '은사의 은시계'가 보여주는 것처럼, 천황이 부여하는 가치는 총장이 수여하는 졸업증서나 교수가 매기는 성적평가보다 우월했을 뿐만 아니라 제국대학 학생들에게 학업 동기를 부여하는 최고의 계기가 되기도 했다.

전문학교군과 교토 제국대학의 설립

제국대학은 메이지 정부가 옛 도쿄 대학을 중심으로 주요 관립전문학교를 통합함으로써 서양 여러 나라의 대학과 비견할 수 있는 명실상부한 '천황＝제국'의 대학으로 설립되었다. 그리고 문부성의 직할 학교 예산의 약 40퍼센트가 투입된 이 대학은 메이지 중기까지 일본의 유일한 '대학'으로서 모든 학교 위에 군림하게 된다. 물론 모리는 일본의 고등교육이 제국대학만으로 충분할 것이라고 생각하지는 않았다. 암살로 인한 뜻하지 않은 죽음이 아니었다면, 그는 제국대학에 이어 대학, 전문학교의 정비를 착착 진행했을 것이다. 아마노 이쿠오에 따르면 모리는 '제국대학령'과 병행해서 '대학령' '전문학교령' '중학교령' '사범학교령' '소학교령' 등 다섯 개의 학교 법규를 준비하고 있었던 것으로 보인다. 이중 대학령을 보면 대학은 국립에 한하고 법학, 의학, 문학, 이학의 네 학부를 원칙으로 했다. 제국대학 이외의 국립대학 설치도 허용했지만 그 명칭에는 천황의 이름이나 연호를 붙여 제국대학과 구별하도록 했다. 한편 전문학교령에서는 대학과 같은 수준의 고등전문학교를 두었으나 스스로는 학위 수여권을 갖지 못한 단과의 고등교육기관으로 했다. 즉 모리는 제국대학, 기타 국립대학, 고등전문학교라는 3단계 구조를 구상하고 있었다.

이 세 단계 중에서 제국대학 설립과 같은 시기에 증가하고 있던 것이 단과의 관립 전문학교였다. 교원 양성을 위해 1886년에 도쿄 고등사범학교(현재의 쓰쿠바 대학)가 설치되었고, 여자고등사범학교(오차노미즈 여자대학)도 1890년에 설립되었다. 한편 예술 부문에서 도쿄 음악학교가 1887년, 도쿄 미술학교가 1889년에 설립되어 패전 이후 도쿄 예술대학으로 통합된다. 실업계 대학으로는 나중에 히토쓰바시 대학이 되는 고등상업학교가 1887년에 문을 열었다. 한편 고등기술자 양성에 특화된 도쿄 직공학교가 도쿄 공업학교(도쿄 공업대학)로 전환된 것은 1890년이었다.

한편 이 시기에는 사립 전문학교도 증가하고 있었다. 나중에 도쿄 자혜의원 의학대학이 되는 성의회강습소가 의사 양성을 목적으로 설립된 것이 일찍이 1881년의 일이었고, 나중에 도쿄 치과대학이 되는 도쿄 치과의학원의 설립은 1890년, 도쿄 약과대학이 되는 사립 약학교의 설립은 1888년이었다. 법률계에서 사립 전문학교가 잇달아 설립된 시기는 이보다 일러, 센슈專修 학교(센슈 대학)가 1880년, 메이지 법률학교(메이지 대학)가 1881년, 영국법률학교(주오中央 대학)가 1885년, 와후쓰和佛 법률학교(호세이 대학)가 1889년, 니혼日本 법률학교(니혼 대학)가 1889년에 설립되었다. 즉 제국대학 설립을 전후한 1880년대에 다수의 전문학교가 탄생하여 국가의 강력한 뒷받침을 받으며 군림하던 제국대학을 포위하는 형국이기도 했던 것이다.

이어 1897년 제2의 제국대학으로서 교토 제국대학이 탄생했다. 간사이 지방에 제2의 제국대학을 두려는 구상은 도쿄에 제국대학을 설치할 즈음부터 이미 제기된 바 있었다. 1890년대 중반 청일전쟁을 전후로 내셔널리즘이 고양되면서 청으로부터 받은 배상금의 일부를 제국대학 증설 등 고등교육의 확충을 위해 사용해야만 한다는 의견(사이온지 긴모치西園寺公望)이 제기되면서 이미 교토에 설립되어 있던 제3고등학교를 확장하여 새로운 제국대학을 설립하게 된 것이다. 교토 제대(제국대학)는 도쿄 제대의 3분의 2 규모로서, 이공과, 법과, 의과, 문과의 네 단과대학을 두었다.

우시오기 모리카즈가 『교토 제국대학의 도전』에서 상술한 바와 같이 애초부터 도쿄 제대의 대항마를 염두에 두고 만들어진 이 제2의 제국대학은 초창기에 실험적인 커리큘럼이나 과목 이수 방식을 차츰 도입함으로써 '천황=제국'의 대학에 그쳤던 도쿄 제대와 달리 보다 근대적인 대학 개념에 닿아 있는 '자유'를 실현하려 했다. 당시 제국대학에서는 학년별로 이수과목이 고정되어 있어 각 학년 말에 실시되는 시험에서 해당 학년의 필수과목에 모두 합격하지 않으면 다음 학년으로 올라가지 못하는 유급 시스템을 취하고 있었다. 그러나 교토 제대는 독일 대학 등과 마찬가지로 과목제를 채택했다. 즉 학생이 과목별로 수강신청을 하고 시험을 치른 뒤 과목별로 학점을 따서 필요 학점이 채워지면 언제든지 졸업시험을 치를 수 있는 시스템이었다. 학년제를 채택하여 일제시험의 압력으로 학생들의 면학을 종용하는 것이 아니라 개인이 자율적으로 과목을 선택하는 커리큘럼을 구축하려 한 것이다. 한편 법과대학에서는 한발 더 나아가 세미나와 졸업논문을 커리큘럼에 정식으로 제도화했고, 법률학과와 정치학과의 종적인 구분을 폐지하고 영역별로 유동성 있는 네 개의 과정을 설정했으며, 재학 연수도 종래의 4년에서 3년으로 단축하는 등 오늘날 국립대학에서도 불가능한 대개혁을 단행했다.

그러나 교토 제대의 도전은 아무래도 지나치게 시대를 앞선 것이었다. 가장 큰 문제는 새로 도입된 교육 시스템이 반드시 고등문관 시험 성적의 향상으로 이어지지는 않았다는 점이었다. 시험 성적에서 교토 제대 법과가 도쿄 제대 법과에 참패함으로써 결과적으로 뛰어난 학생을 모집하기 힘들어진 것이다. 우수한 학생을 선발하는 것은 대학이나 학부의 사활이 걸린 문제로서, 지금도 각 대학은 이를 위해 최대의 노력을 기울이고 있다. 대학이 뛰어난 학생을 모집할 수 없다면 아무리 참신하고 이상적인 교육개혁일지라도 실패할 수밖에 없다. 설립된 뒤 약 10년간 이어진 교토 제대의 개혁은 결국 학생들이 지원을 기피하는 현실 앞에서 패퇴할 수밖에 없었다. 1907년경에 이르면 3년 수료제, 4개 과정제, 졸업논문 등 교토 제대 법과를 중심으로 도입된 새로운 시스템은 차츰 폐지되었고, 주안점을 두었던 과목제 역시 이전의 학년제로 되돌아가면서 결국 "교토 대학의 교육 체제는 도쿄 대학의 체제와 거의 동일한" 것이 되고 말았다(우시오기, 앞의 책).

제국 시스템으로서의 제국대학

도쿄 제대와 다른 대학 개념의 실현을 목표로 했던 교토 제대의 도전은 세기의 전환을 맞이한 일본에서는 수용되기 힘들었다. 결국 교토 제대 역시 도쿄 제대처럼 또 하나의 제국대학으로서 일본에 군림하게 된다. 그러나 교토 제대 설립은 분명 또 다른 영향을 끼쳤다. 제국의 수도 도쿄가 아닌 지역에서도 제국대학을 설립할 수 있는 가능성을 열었다는 점이다. 이후 전국 주요 도시에 제3, 제4의 제국대학을 설립하려는 움직임이 나타나기 시작했다. 교토 제대가 과감한 교육개혁을 시도하던 1900년 전후 도호쿠東北와 규슈九州에도 제국대학을 설립하기로 방침을 정한 정부는 센다이仙台에 도호쿠 제국대학을 설치하기로 결정하고 미야기宮城 현에 제대 설립 비용으로 35만 엔을 기부할 것을 요구했다. 한편 규슈 제국대학의 경우, 설치 장소를 후쿠오카福岡, 미야자키宮崎, 구마모토熊本 중 어디로 할 것인가를 놓고 유치 경쟁이 일어나 혼란을 겪는 가운데 정부가 재정난에 빠지면서 설치 계획이 연기되었다. 한편 홋카이도에서는 삿포로 농학교를 홋카이도 제국대학으로 발전시키려는 움직임이 나타났다. 그러나 농학계만으로는 제국대학을 만드는 것이 곤란하다는 판단 아래 홋카이도 제대의 경우, 우선 도호쿠 제대의 단과대학으로 출발하는 것으로 방침이 정해졌다.

이리하여 1907년 삿포로 농학교를 모체로 한 농과대학과 센다이 등에 설치된 이과대학이 병존하는 상태에서 통합된 도호쿠 제국대학이 출범했다. 삿포로의 농과대학은 개척사 이래의 역사가 있는 만큼 처음부터 도쿄 제대 농과대학을 능가할 정도의 전통을 지니고 있었다. 한편 센다이의 이과대학은 문부대신 마키노 노부아키牧野伸顯와 후루카와古河 재벌의 후원을 받아 물리학자 나가오카 한타로長岡半太郎 등에 의해 기초부터 설계되었다. 이미 도쿄 제대를 대표하는 물리학자였던 나가오카는 한때 그 자신이 센다이에 있는 새 제국대학으로 옮겨갈 생각을 할 정도로 이 새로운 이과대학의 설립에 열성적이었다. 초창기 도호쿠 제대에는 나가오카의 생각을 이어받아 도쿄 제대 이과대학의 신진과학자들이 파견되었다. 참고로 나가오카 자신은 도쿄 제대를 떠나지 않았고, 이보다 사반세기 뒤에 창설된 오사카 제대 초대 총장으로 취임했다.

한편 1911년에 설립된 규슈 제대는 의과대학과 공과대학을 중심으로 했다. 의과대학은 이미 1903년 교토 제대 후쿠오카 의과대학으로 설치되어 있었던 단과대학을 발전시킨 것이었다. 이 단과대학은 제국대학의 확장을 희망하지 않았던 당시의 문부대신 기쿠치 다이로쿠菊地大麓와 이를 유치하려 했던 규슈 측의 줄다리기의 결과로 만들어진 것이다. 기쿠치의 후임 마키노 문부대신이 제대 증설에 적극적인 입장을 취한 것을 기회로 삼아 규슈 측은 단과대학을 제국대학으로 승격하기 위해 적극적인 행동을 펼쳤다. 또한 러일전쟁을 계기로 규슈 지역에서 크게 발전한 석탄산업이나 관영 야하타八幡 제철소, 미쓰비시三菱 나가사키 조선소 등의 대공업 지대와 연대하는 한편, 역시 후루카와 재벌의 지원을 받아 공과대학까지 설치할 수 있었다. 당시 이미 제국대학은 모름지기 종합대학이어야 한다는 생각이 보편적으로 공유되었기에 단과만으로 제국대학을 설립하기는 힘들었다. 센다이의 이과대학은 비록 떨어진 곳이지만 삿포로의 농과대학과 결합해야 했고, 후쿠오카의 의과대학은 적어도 공과대학 하나 정도는 증설해야만 했다. 발전하는 대공업 지대를 배경으로 증설된 규슈 제대 공과대학은 설립 직후부터 31개의 강좌를 개설했다. 이는 교토 제대의 26개 강좌를 상회하는 것은 물론이고 도쿄 제대 공과대학의 34개에 육박하는 규모였다. 그러나 교수진의 대부분은 도호쿠 제대 이과대학과 마찬가지로 도쿄 제대 공과대학을 졸업하고 서양 유학을 다녀온 젊은 공학자들이 중심이었다. 즉 러일전쟁 뒤 삿포로, 센다이, 후쿠오카에 순차로 제국대학이 설치됨으로써 제국대학은 도쿄라는 한정된 장소에서 벗어나 도쿄 제대의 인맥을 중핵으로 하여 제국 전체를 지배하는 '시스템으로서의 제국대학'으로 발전하고 있었던 것이다.

이 같은 '제국'의 시스템은 이윽고 해외 식민지에도 실현된다. 1924년 서울(당시 경성京城)에 설립된 경성제국대학은 1918년에 도호쿠 제국대학에서 독립한 홋카이도 제대를 잇는 여섯 번째 제국대학으로서 법문학부와 의학부로 구성되었다. 교수진에는 적리균의 발견자로 유명한 시가 기요시志賀潔, 나쓰메 소세키 문하의 철학자 아베 요시시게安部能重, 독자적 언어학으로 현저한 업적을 남긴 도키에다 모토키時枝誠記 등이 진용을 갖추고 있었다. 본토에 신설된 제국대학의 대부분이 이과 중심이었던 것과 달리 경성제대의 경우 법문학부도 중시했으므로 도쿄 제대 출신의 문과 계열 젊은 연구자가 다수 여기에 취직하기도 했다. 물론 식민지적인 구조가 명백하여 교수 언어는 일본어로 통일되어 있었고 재학생 중 일본인과 조선인의 비율은 대략 7 대 3 정도였다.

경성에 이어 일곱 번째 제국대학으로 1928년에 설립된 타이베이台北 제대의 경우 문정학부文政學部와 이농학부 2개 학부 체제로 시작했다. 여기에서도 제국대학＝종합대학은 단과대학이어서는 안 된다는 원칙이 일관되게 적용되었다. 타이베이 제대의 경우 농학부를 중시했는데, 이는 삿포로 농학교에서 발전한 홋카이도 제대와의 유사성 때문이었다. 타이베이 제대는 1936년 의학부를 설치하고 1940년에는 공학부, 열대의학연구소, 남방자원과학연구소, 남방인문연구소 등 부속연구소도 잇따라 설치했다. 한편 타이베이 제대를 설립한 지 10년 뒤인 1938년에는 제국대학은 아니지만 '만주국'의 수도 신징新京(창춘長春)에 '만주 국립' 건국建國대학이 설립된다. 타이베이 제대와 건국대학 역시 본토 제국대학의 경우와 마찬가지로 도쿄 제대나 교토 제대를 졸업한 신진인력을 교수로 채용했다.

제국대학 계열의 대학 이외에도 경성에 경성의학전문학교, 경성법학전문학교, 경성공업전문학교, 경성광산전문학교, 경성고등사범학교, 수원농림전문학교, 경성사범학교, 경성여자사범학교 등 많은 관립 전문학교가 설치되었고, 타이완에도 타이베이 고등상업학교, 타이난臺南 공업전문학교, 타이중臺中 농림전문학교 등이 설치되었다. 제국대학 및 그 예과와 더불어 관립 전문학교가 병립하는 전전기戰前期 고등교육 시스템은 경성, 타이베이, 신징 세 도시를 중심으로 제국 일본의 전 영역에 이르고 있었다.

'설계'의 학과 '관리'의 학

도쿄 제국대학을 성립시킨 것은 법과, 의과, 문과, 이과, 공과, 농과라는 여섯 개 '단과대학'이었다. 즉 '제국대학'이라는 우산 아래 '단과대학'이라는 또 하나의 '대학'이 있었던 것이다. 앞에서 말한 것처럼 이 여섯 개의 '대학'은 처음부터 그 유래를 달리하고 있었다. 의과 대학의 원류는 대학 동교였고 문과대학과 이과대학은 대학 남교였으며 공과대학은 주로 고부 대학교, 농과대학은 대체로 고마바 농학교, 법과대학은 주로 사법성 법학교와 대학 남교였다. 이처럼 애초에 목적도 성립 과정도 다른 조직이 '천황'의 시선 아래 통합됨에 따라 '제국대학'이라는 마치 하나인 듯한 대학이 되기에 이른 것이다. 원래 하나였던 대학이 여섯 개로 나뉜 것이 아니라 당초에 다른 '유전자'를 계승한 여러 학교의 연합체였기 때문에, 제국대학의 역사는 대체로 각 '대학'이 각자의 상이한 학문관이나 행동 패턴에 따라 변화하면 대학 전체가 이를 이차적으로 적절히 조정하는 역할을 하는 식으로 이루어졌다. 대학이 처음부터 통일된 의지로 움직인 것이 아니어서 고유한 전통이나 가치관을 형성해온 각 부서 사이에는 다양한 갈등이 존재했기 때문에, 이러한 각각의 원심력에 대응하여 대학이 이차적인 통합을 꾀하게 되었던 것이다.

제국대학에 나타나는 이러한 독특한 구조는 단과대학의 역사를 통해 확립된 것이라고 할 수 있는데, 그 과정에서 각 단과대학의 규모나 그 영향력도 변모했다. 메이지 초기 신국가 건설기에 가장 공을 들인 것은 공학 계열로서 그 역사는 총력전 체제 시기, 나아가서는 고도성장기 이후까지도 반복된다. 그러나 제국대학의 역사를 통틀어 공학 계열이 단독으로 주류였던 것은 아니고, 메이지 중기에서 쇼와 초기까지는 법학 계열의 전성시대가 계속되었다. 제국대학의 발전 과정은 그 기축이 공학 주도에서 법학 주도로 바뀌어가는 과정과 나란히 진행되었다. 나카무라 시게루에 따르면, 고부 대학교에 책정된 정부 예산은 1875년에 최고를 기록하지만 1870년대 말이 되면 정부 예산의 중점이 도쿄 대학으로 옮겨간다. 기술자를 양성하는 능력 면에서 고부 대학교가 도쿄 대학보다 월등했음에도 터져나온 불만의 목소리를 억눌러가며 고부 대학교가 제국대학에 합류하게 된 것은 공학 계열로서 단독으로 남기보다는 종합대학의 일부가 되는 편이 유리하다는 판단이 배경에 놓여 있었던 듯하다. 당시 법학은 아직 미숙한 상태였고 법학부 출신자 대부분은 사법성에 들어갔으므로 행정관청에는 아직 이과 출신자가 많은 상황이었다. 그러나 그 뒤 제국대학이 가장 공들여 보호했던 것은 공학이 아닌 법학이었다. '개화' 시대에서 '제국' 시대로의 이행은 '설계'의 학에서 '관리'의 학으로의 이행에 대응하고 있었던 것이다.

제국대학을 설립하기 전부터 이미 이토 히로부미 등은 국회 개설을 위한 법률적 지식을 구비한 관료를 양성하여 정부의 지반을 다지고 국내 통치나 조약 개정과 같은 외교를 위해서도 법학계의 인재를 양성하는 일이 긴요하다고 인식했다. 학생들은 늘 시대의 변화에 민감하여 도쿄 대학 예비학교에 들어온 젊은 엘리트들의 지망 분야 역시 이즈음엔 공학 계열보다 법학 계열이 점점 더 인기를 끌었다. 이리하여 제국대학 설립 시기에 이르면 법과대학이야말로 제국대학의 중핵이라는 인식이 확립되고, 그 강화정책이 실시되기에 이른다.

앞에서 언급했듯 사법성 법학교를 통합한 것이 대표적 사례다. 그밖에도, 원래 문학부에 속해 있던 정치학과 이재학(경제학)이 제국대학 설립 직전에 문학부에서 법학부로 옮겨졌다. 제국대학 총장은 법과대학장이 겸하도록 했고, 법과대학에는 제국대학 전체 입학자 정원 400명 중 40퍼센트가 조금 안 되는 150명이 배당되었는데, 그 수는 의과대학, 이과대학, 문과대학의 약 2.5배, 공과대학의 2배 이상이었다.

이처럼 1890년대부터 1920년대까지 도쿄 제국대학을 지배한 것은 공학 계열이 아니라 법학 계열이었다. 1893년까지 제국대학 졸업생에게는 고등문관시험 면제의 특혜가 부여되었으나, 그 이듬해부터는 이들에게도 본 시험이 부과되었다. 그러나 그 뒤로도 제국대학 법과대학 졸업생과 고등문관시험 합격자의 유관성은 강화되어, 법과대학은 최대 규모로 제국의 엘리트 관료를 배출하는 곳이 되었다. 물론 사립대학 출신자들에게도 고등문관시험의 문은 열려 있었다. 이들은 우선 예비시험을 치러야 했는데, 여기에서 약 3분의 2가 탈락했다. 본 시험에서도 제국대학 졸업생의 합격률이 40퍼센트 이상이었던 것에 비해 사립대 졸업생의 합격률은 10퍼센트 미만으로, 확연한 차이가 나타났다. 이처럼 합격률에 차이가 난 원인을 정확하게 알 수는 없지만 어쨌든 제국대학생이 되는 것과 고급 관료가 되는 것은 인생의 '커리어 패스'로서 서로 이어진다고 간주되었다. 게다가 이 커리어 패스는 이후 관료사회만이 아니라 정계에까지 이르게 되는데, 귀족원과 중의원[28] 의원이 되는 제국대학 출신자들 가운데 압도적 다수가 법과대학 출신자였다.

요컨대 메이지 중기 이후 제국대학의 역사를 보면, 그 중심부(도쿄 제국대학)에서는 법과 계열의 제너럴리스트로 중심 이동이 나타났고, 그 주변부의 다른 제국대학에서는 이공계의 기술 관료technocrat 양성 시스템이 발달했으며, 식민지 제국대학에서는 두 요소를 겸비하도록 하는 중층적인 구조가 형성되었다. 물론 이는 제국의 입장에서 중심 부에서는 사회의 '관리'를, 그 주변부에서는 사회의 '개발'을, 식민지 에서는 둘 모두를 필요로 했던 구조와 대응하고 있었다.

---

28 1890년 제정된 '일본제국헌법'에 따라 입법기관은 중의원과 귀족원의 양원제로 구성되었다. 공직 선거로 구성된 중의원과 달리 귀족원은 황족, 귀족, 칙임의원 등으로 구성되었다.

'대학'과 '출판' 사이

메이로쿠샤와 사학의 권장

1886년 모리 아리노리에 의해 설계된 제국대학은 서양 지식의 이식을 개별적으로 추진해온 기존의 엘리트 양성기관들을 천황의 시선 아래 통합함으로써 탄생했다. 그리하여 마침내 도쿄는 물론 교토, 센다이, 후쿠오카, 삿포로, 서울, 타이베이 등 제국 일본의 전 지역을 포괄하는 시스템으로 발전했다. 아마노 이쿠오가 자세히 살핀 바대로, 이러한 제국대학 시스템은 다수의 관립 전문학교의 전문직 양성 시스템과 예과 혹은 구제 고교라는 교양교육 시스템이 병립한 것으로, 이 세 가지 고등교육 시스템 사이에는 갈등이나 긴장, 보완과 제휴의 관계가 나타나고 있었다(아마노 이쿠오, 앞의 책). 그러나 관립 전문학교나 예과·구제 교교는 기본적으로는 제국대학을 보완하는 것으로, 제국대학과 근본적으로 대립하는 것은 아니었다.

이와는 달리 앞에서 밝힌 것처럼 19세기 중반 일본 열도 각지에서 발흥하던 내셔널리즘을 기반으로 하여 서양 지식에 탐욕스러울 정도의 관심을 가지고 이 서양 지식의 도입을 통해 신시대의 지식 기반을 형성하려 했던 재야의 움직임 속에서는 제국대학 시스템과는 위상을 달리하는 학지의 네트워크가 형성되고 있었다. 즉 후쿠자와 유키치의 게이오기주쿠나 오쿠마 시게노부의 도쿄 전문학교로 대표되는 사숙私塾에서 사학私學으로의 변모가 그것이다. 특히 후쿠자와 는 게이오기주쿠라는 실천을 통해 모리 아리노리가 제국대학을 설계하면서 제시한 것과는 다른 '서양 학지의 이식'을 지향했다.

모리 아리노리와 후쿠자와 유키치의 관계는 실제로는 매우 복잡했다. 사실 두 사람을 비롯해 메이지 일본에서 대학 학지의 세계를 형성한 인물 중 대다수는 메이지 초기인 1873년에 결성되었던 메이로쿠샤明六社[29]의 동인들이었다. 메이로쿠샤 결성에 중심 역할을 한 사람은 같은 해 미국에서 갓 귀국한 모리 아리노리였고, 후쿠자와 유키치, 가토 히로유키, 니시 아마네, 쓰다 마미치, 미쓰쿠리 린쇼, 나카무라 마사나오中村正直 등은 모리의 권유에 따라 참가했다. 모리 아리노리가 염두에 둔 것은 미국의 '학회(Association 혹은 Society)' 였지만, 메이로쿠샤 동인은 계몽주의라는 공통점을 지녔을 뿐 특정 분야를 대상으로 한 모임이 아니었으므로 오늘날의 학회보다는 일본학술회의 같은 아카데미에 가까운 것이었다. 실제로 메이로쿠샤 해산 뒤인 1880년 이 결사에 모였던 사람들을 모체로 하여 도쿄 학

---

29 1873년 결성된 일본 최초의 근대적 계몽 학술단체. 기관지 『메이로쿠 잡지』를 발행하는 등 근대 개화기 계몽운동에 중요한 역할을 수행했으나, 1875년 잡지가 폐간되면서 사실상 해산되었다.

사회원[30]이 설립되었기 때문에, 이를 일본 최초의 학술 아카데미로 볼 수 있다. 어쨌든 메이로쿠샤에 모였던 유신기의 계몽가들은 일본 최초의 서양 레스토랑 쓰키지세이요켄築地精養軒[31]에서 빈번히 연설회 (연구회)를 개최하고 그 성과를 자신들의 저널『메이로쿠 잡지』에 수록했다. '스피치(연설)'든 '저널(잡지)'이든, 구미의 학술 커뮤니케이션 방식을 직수입한 발상이라는 점에서 모리와 후쿠자와는 생각을 같이했다. 게다가『메이로쿠 잡지』는 다양한 문제를 아카데믹한 논의의 장에 올리는 것을 목적으로 했으므로 민선의원 논쟁, 처첩 논쟁, 국어국자 논쟁 등 정치, 젠더, 언어 문제에 이르는 다양한 학문적 논쟁이 이 잡지를 무대로 일본에서 처음으로 전개되었다. 또한 이 잡지는 베이컨, 홉스, 스펜서 등 서구 근대사상을 소개하기도 했다. 모리부터 후쿠자와까지 여러 지식인이 교류하던 메이로쿠샤는 분명 근대 일본의 학지의 출발점이었다.

그러나 모리와 후쿠자와의 공통점은 여기까지였다. '계몽＝국민의 주체화'를 '국가＝천황'의 시선을 통해 시행하려 했던 모리와 국민 한 사람 한 사람이 '실학'을 갖추도록 하는 데서 출발하려 했던 후쿠자와 사이에는 근대를 파악하는 관점에서부터 큰 차이가 있었다. 참

---

30 학술진흥의 목적으로 1879년 설립된 일본의 공공기관. 『메이로쿠 잡지』 폐간 이후 친목단체화된 메이로쿠샤를 대신하는 국가 아카데미의 필요성이 대두됨에 따라 설치되었다.

31 외국 인사들의 접대를 위해 1872년 쓰키지築地에 창업한 일본 최초의 서양식 레스토랑으로, 1923년 관동대지진으로 전소한 뒤 우에노上野로 본점을 이전하여 현재에 이르고 있다.

방률讒謗律[32]과 신문지 조례를 통한 삿쵸薩長[33] 정권의 통제가 강화되면서 『메이로쿠 잡지』는 결국 폐간되는데, '관'과 선을 긋고 '민' 개인의 자발적 주체화를 구상하던 후쿠자와와 '관' 주도의 서양화를 구상하던 모리, 가토, 쓰다, 니시 사이에는 폐간 이전부터 이미 치열한 사상적 대립이 존재했다. 이 대립이 가장 현저하게 드러난 것은 후쿠자와가 메이로쿠샤의 세미나에서 발표한 뒤 『학문을 권장함學問のすすめ』 제4편에 수록한 「학자의 직분을 논함」이라는 논문을 둘러싼 논쟁이었다.

후쿠자와는 "원래 '정치'라는 말뜻에 한정된 일을 하는 것이 정부의 임무인데, 세상살이에는 정부가 관여하면 안 되는 일도 많다"면서 '정부＝관'과 '인민＝민'의 이원론에서 출발한다. 메이지 일본의 상황은 어떠한가. 유신에 의해 '관' 중심의 시대가 끝나야 할 상황임에도 '관'만 비대해지고 '민'은 전혀 강해지지 않았다. "정부는 여전히 전제적이며 인민은 여전히 무기력하고 어리석을 따름"이라는 것이다. 그러나 "일국의 문명은 정부의 힘만으로 진보하는 것이 아니"므로 "사람들이 각자 한 가지씩 역량을 마음껏 펼치지" 못한다면 진보는 없다. 그런데 일본에서는 원래 이 같은 자발적 계몽의 역할을 담당해야 할 양학자(계몽지식인)들이 "모두 관이 있는 것만 알고 사

---

32 1875년 메이지 정부에 의해 공포된 명예 보호에 관한 법률로서 실제로는 언론통제에 사용되었다.
33 사쓰마薩摩 번과 죠슈長州 번을 통칭하여 일컫는 말. '삿쵸동맹'을 통해 막부를 타도한 뒤 메이지 정권과 군대의 요직을 이들이 차지하게 된다.

私가 있다는 것을 모르며, 정부 위에 서는 재주는 알되 정부 아래 있는 길을 알지 못하는" 경향이 강해졌다. 이들은 "태어난 이래로 교육된 선입관으로 인해 오로지 정부만 바라보고 정부 아니고서는 절대로 일이 이루어지지 않는다고 생각함으로써 결국 정부에 의탁하여 청운의 꿈을 이루기를 바랄 뿐"이라는 것이다. 결국 오늘날 "청년 서생들은 책 몇 권만 읽고서는 관직에 뜻을 두고, 뜻 있는 상인은 돈 몇백 엔만 있으면 관의 이름을 빌려 그저 장사를 하려들며, 학교도 관의 허가, 설교도 관의 허가, 목축도 관의 허가, 양잠도 관의 허가인 탓에 무릇 민간사업의 십중팔구는 관을 통하지 않을 수 없게 되었다. 이리하여 세상 인심은 점점 이와 같이 복종하게 되어, 관을 추앙하고 관에 의지하며 관을 두려워하고 관에 아첨하여, 독립하려는 굳은 심지를 드러내는 이가 거의 없게" 되어버렸다(후쿠자와 유키치, 『학문을 권장함』).

후쿠자와는 모리나 가토가 있던 메이로쿠샤에서 이러한 주장을 발표한 것으로 보이는데, 이는 매우 대담하면서도 후쿠자와답게 도발적인 것이었다. 후쿠자와의 기탄없는 비판은 분명 '관'과 깊은 관계를 지니고 있던 모리나 가토를 대상으로 한 것이었다. 면전에서 후쿠자와에게 매도를 당한 모리와 가토는 일제히 반론을 펼쳤다. 후쿠자와는 아마 처음부터 이들의 반론을 기대했을 것이다. 「학자의 직분을 논함」에서 그가 주장한 것은 상대의 반격을 기대한다는 듯 일부러 싸움을 거는 내용으로 가득 차 있기 때문이다.

가토는 후쿠자와의 주장을 서양 자유주의의 일종으로 분류하면서 반론을 펼쳤다. 교육이나 우정 민영화를 주장하는 사람들은 국가의 권력을 과도하게 제한하려고 하지만 보다 중요한 것은 균형이라는 것이다. '관'에 근무하는 사람이든 '민'에 머물러 있는 사람이든 자신의 능력에 충실하면 그것으로 충분하다는 주장인데, 이는 후쿠자와의 입장에서 보면 다소 '김빠지는' 반론이었다. 가토와 달리 모리는 후쿠자와의 비판을 매우 진지하게 수용하면서 후쿠자와가 전제한 '관'과 '민'의 이분법을 부정한다. 후쿠자와가 '국가(관)'와 '국민(사)'의 이항대립에서 논의를 시작하고 있지만 모리의 관점에서 이러한 대립은 애초에 존재하지 않는다. 모리에게는 국가 자체가 공동체로 개념화되어 있어서 관리도 평민도 '민'이라는 점에서 같고, "정부는 만백성의 정부이고 민을 위해 세워져 민에 의해 성립"하므로 민은 모두 이 정부에 대해 "책임을 지는" 것이다. 후쿠자와는 또한 '문명의 진보'는 정부의 힘만으로 이루어질 수 없다고 주장하지만 정부는 당초에 "세상의 문명을 진보시키기" 위해서 존재하는 것이 아니다. 관립이든 사립이든 "그것을 주장하는 사람"이 문명을 진보시킨다는 것이다.

모리와 후쿠자와는 모두 세계가 서양 열강에 의해 식민지화되는 것을 목도하면서 일본 국민이 더욱 강해져야 한다고 생각했다. 교육이야말로 "국민을 강하게 하는" 최선의 방법이라고 본 점에서 두 사람의 생각은 일치한다. 이들은 또한 교육이란 위로부터의 이데올로기적 세뇌에 의해 달성되는 것이 아니라는 사실도 잘 알고 있었다. 그러나 모리는 천황의 시선 하에서 국민의 신체를 규율하고 훈련하는 교육에 의한 국민의 주체화를 달성하려 했다. 반면에 후쿠자와는 "사람들이 각자 한 가지씩 역량을 마음껏 펼침"으로써 비로소 국민이 강해질 수 있다고 생각했다.

　따라서 교사는 위에서 이래라 저래라 명령하는 존재가 되어서는 안 된다. "일을 할 때 명령하는 것은 잘 타이르는 것만 못하고, 타이르는 것은 자신이 직접 실례를 보여주는 것만 못하다"라고 생각했던 후쿠자와는 '천황'의 시선을 통해서가 아니라 "자신이 실례를 보여줌"으로써 교육을 실천하려 했다. 후쿠자와에게 있어 그 실례를 보여주는 미디어가 게이오기주쿠와 『지지신보時事新報』였다. 그의 말처럼 "정부는 단지 명령할 권리만 가졌을 뿐이므로, 사람들을 잘 타이르고 이들에게 실례를 보이는 것이 우리의 일이라고 한다면, 우리는 우선 사립私立이라는 지위에서 학술을 연구하거나 상업에 종사하거나 법률을 논하거나 책을 저술하거나 신문을 펴내는 등 모름지기 국민 된 자로서의 본분에 어긋나는 일이 아니라면 거리낌 없이 이를 행하는" 것이 '개인'으로서 후쿠자와의 사명이었다. 일본인이 강해지기 위해서는 무엇보다도 인민이 정부로부터 독립해야 하고, 인민을 가르치는 교육은 '관'에 속해서는 안 된다. 아무리 '관'이 '민'을 계몽하기 위해 노력하더라도 정부의 명령에 순종하는 우등생들만을 만들어낼 뿐이다. 후쿠자와는 이 같은 우등생을 양산하는 것은 겉으로는 국력을 강화하는 것처럼 보이지만, 결국에는 인민으로부터 독립의 기풍을 빼앗고 계몽의 뿌리를 짓밟아버리는 일이라 확신했다.

지적 결사와 백과전서

『메이로쿠 잡지』가 본격적으로 제기한 최초의 논쟁이 '학자란 무엇인가'라는 물음을 둘러싸고 시작되었다는 점은 흥미롭다. 그런데 이 잡지에는 다른 중요한 특징이 있었다. 잡지 전체가 근대 일본에서는 최초로 일종의 '백과전서'처럼 만들어졌다는 점이다. 제국대학의 설계자 모리 아리노리는 학술 서클인 메이로쿠샤를 조직하여, 이곳에서 발표되는 다양한 기사를 모아 일종의 백과전서를 편찬했던 것이다. 그런데 메이로쿠샤 동인 중 모리나 후쿠자와보다 적극적으로 백과전서의 실무에 주력한 사람은 니시 아마네였다. 그는 메이로쿠샤에 참가하기 전인 1870년에 자신이 만든 사숙인 이쿠에이샤育英舍에서 '백학연환百學連環'이라는 제목의 강의를 했다. '백학연환'이라는 말은 'encyclopedia' 즉 백과전서라는 말을 니시가 번역한 것이다. 원래 'encyclopedia'의 어원인 그리스어 'egkuklopaideíā'는 '원환의'를 의미하는 'kúklos'(원circle의 어원)와 '아이' 혹은 '배우다'를 의미하는 'paidós'(교육학pedagogy의 어원)가 합성된 말이다. 즉 이 말은 다양한 '배움이 원을 이루는' 상태를 지시하는 것으로서, 특정 시기까지는 고등교육 커리큘럼과도 연관되어 있었다. 서양의 학지에 매우 깊숙이 경도되어 있던 니시는 'encyclopedia'를 이른바 백과사전이 아니라 그 어원에 가까운 다양한 배움의 연환체連環體로 이해하고 '백학연환'이라는 번역어를 붙였던 것이다.

다른 이들이 『메이로쿠 잡지』에서 학자의 직분이나 정치를 논했던 것과 달리 니시 아마네는 근대적인 학문의 성립은 어떻게 가능할 것인가 하는 점에 대해서만 골몰했다. 그가 『메이로쿠 잡지』에 다섯 차례에 걸쳐 기고한 '지설知說'은 그에게 근간이 되는 '지식이란 무엇인가'라는 테마를 정면에서 논한 것이다. 여기에서 니시는 지식을 그 조직성의 정도에 따라 '작은 지식' '큰 지식' '짜임새 있게 조직된 지식'이라는 세 가지 층위로 나누었다. "작은 지식은 오직 하나의 지식으로서 마치 실과 같고, 큰 지식은 이보다 한층 조직된 것으로 한 필의 옷감(두 단의 옷감)과 같다면, 짜임새 있게 조직된 지식은 바로 수놓은 비단(아름다운 직물)"이라고 니시는 설명한다. 이 '짜임새 있게 조직된 지식'의 견고함에 있어 서양의 지식은 일본의 기존 학지를 능가한다. 서양에서 발달한 '짜임새 있게 조직된 지식'은 "기초를 견고히 하고 기둥과 대들보를 큼직하게 짠 뒤 이를 잘 엮어 씨줄과 날줄, 대소, 종횡으로 조직"한 것이다. 요컨대 여기에서 니시가 '짜임새 있게 조직된'이라고 표현한 것은 요샛말로 하자면 '시스템'을 의미하는 것이었다. 개인의 작은 지식도 집단의 큰 지식도 아닌, 그 자체로 구조화된 시스템인 지식이 바로 니시가 말하는 '짜임새 있게 조직된' 지식인 것이다. 레이던 대학에서 유학한 니시는 서양 근대 지성이 견고한 것은 개별 요소 때문이 아니라 전체가 시스템으로서 구조화되어 있기 때문이라는 사실을 잘 알고 있었다. 니시에 따르면 '백학연환'은 서양의 학지가 지닌 체계성의 표상이자 조만간 일본에 설립될 대학에서 근간이 되어야만 하는 사고방식이었다.

야마무로 신이치는 이와나미岩波 문고판『메이로쿠 잡지』해설에서 "『메이로쿠 잡지』에는 총 156편의 논설이 발표되었는데, 각각의 논점은 여러 방면에 걸쳐 있고 박학다식한 집필자들이 백과전서적 지식을 지니고 자신의 생각을 전개했다는 점에서 메이로쿠샤를 프랑스의 백과전서파에 비견할 수 있을지 모른다"라고 말하면서, 일본 최초의 이 '백과전서파'가 "사람과 사람을 연결하는 매체인 메이로쿠샤라는 결사 그리고『메이로쿠 잡지』라고 하는 인쇄매체"라는 두 겹의 미디어성을 갖추고 "출현했다는 사실 자체가 '일본을 바꾸자'라는 메시지"를 던지고 있다고 논증하고 있다. 메이로쿠샤의 정기연설회나 학술잡지의 발행, 메이로쿠샤 활동에 깊이 관여하면서도 독자적인 노선으로 나아가던 후쿠자와의 게이오기주쿠와『지지신보』그리고 니시 아마네의 이쿠에이샤와 '백학연환'은 모두 동시대 상황 속에서 상호연관되고 있었다. 그리고 이들이 공통으로 추구한 것은 아카데믹한 배움의 장으로서의 결사와 여기에서 발행하는 활자매체를 양 날개로 한 새로운 지식의 얼개였다.

이미 말한 바와 같이 근대 일본에서 대학을 부상시킨 것은 근세부터 열도에 퍼지고 있던 사숙을 필두로 한 결사였다. 그리고 에도

시대부터 이미 강講, 연連, 중衆, 회會, 사社 등의 이름으로 동호인들의 문예조직이나 사숙이 각지에 결성되어 있었고 지역을 초월한 네트워크도 존재했다. 한편 이러한 전통 속에 압도적인 양의 근대 지식이 서양으로부터 수입되었고 활자 미디어에 의해 광범위한 독자층을 얻을 수 있었다. 메이로쿠샤는 이상과 같은 흐름의 맨 앞에 자리매김될 터인데, 위의 두 가지 조건은 에도 시대까지의 지적 결사와 근대 이후의 지적 결사를 구분하는 기준이 된다.

'대학'으로 변신한 사숙

근대 일본에서는 제국대학이 설립된 뒤 게이오기주쿠를 필두로 한 사학이 생긴 것이 아니었다. 오히려 순서는 그 반대였다. 유신 시기 위기감을 느낀 옛 사족들이 사숙을 흥성하게 했고, 이 같은 재야의 지성이 자유민권운동과 결탁하는 데 대한 위기감이 제국대학의 창설을 서두르게 했던 것이다. 그리고 자유민권운동에서 정당정치로 이어지는 하나의 흐름과 전문학교에서 사립대학으로 이어지는 또 하나의 흐름을 서로 묶으며 그 경계를 초월하여 근대 지식이 성립할 수 있도록 뒷받침한 것이 신문 및 출판 네트워크였다. 메이지 일본의 지성을 지배하던 '천황의 학지=제국대학' 대 '민권의 학지=사학·출판'이라는 이항대립은, 바야흐로 다이쇼 시대에 접어들어 주요 사학이 제국대학과 마찬가지로 '대학'으로 '승격'됨에 따라 불분명해졌다. 사학의 지성이 '관'과 반드시 대립하는 것도 아니었고, '관'에도 '사'가 들어가게 됨으로써 제국대학 내부에서도 국권과 민권이 대립하는 구조가 선명해졌다.

사학이 '대학'이 되는 과정에 대해서는 많은 교육사가가 정밀하게 검증해왔으므로 여기에서 다시 자세히 논할 생각은 없다. 아마노가 『대학의 탄생』에서 밝힌 바와 같이 '대학'이라는 명칭을 사용하려는 사학의 움직임은 이미 1880년대부터 있었다. 철학관(도요東洋 대학)과 국학원은 '서양 대학'과 대비되는 '니혼 대학'을 구상한 바 있고, 영국법률학교(주오 대학)가 도쿄 법학원으로 이름을 바꿀 때 밀접한 관계에 있던 도쿄 의학원이나 도쿄 문학원과 더불어 향후에 '연합 도쿄 대학'을 조직하는 것을 목표로 한 적도 있었다. 그러나 이는 모두 구상 단계에 그쳤을 뿐 실현되지는 않았다.

사학 가운데 대학으로 전환하는 포석을 처음 놓은 것은 1890년에 '대학부'를 설치한 게이오기주쿠였다. 당시 요치샤幼稚舍[34]와 보통부에서 초등 및 중등교육을 거친 젊은이들의 대다수는 그대로 실업계로 진출하고 대학부에서 전공교육을 받으려는 사람은 적었던 까닭에 이 같은 시도는 고전을 겪게 된다. 이러한 부진에도 불구하고 후쿠자와는 대학부를 폐지하기는커녕 오히려 게이오기주쿠 전체를 대학으로 만들려는 시도를 했다. 즉 요치샤나 보통부 위에 대학부

---

34 게이오기주쿠가 운영한 교육기관으로 유치원과는 달리 초등교육을 담당했다.

를 부수적으로 올려놓은 구조에서 대학부를 본체로 하고 그 아래에 보통부나 요치샤가 부속되는 구조로 교육과정을 전환한 것이다. 이 대전환이 일어난 1898년 이후 '게이오기주쿠'는 '게이오 대학'으로 단계적으로 변모해간다. 이에 비해 스스로를 제국대학에 비견되는 '대학'으로 최초 선언한 것은 도쿄 전문학교였다. 이 학교는 1900년 에 다카다 사나에高田早苗를 학감으로 임명한 뒤 대학화의 구상을 밝히는데, 이로부터 2년 뒤 정부로부터 '와세다 대학'으로의 명칭 변경을 인정받게 된다. 이 '대학'화에 따라 와세다는 교육과정을 '대학부'와 '전문학부'로 나누고 대학부 아래 예과를 설치하여 제국대학과 유사하게 교과과정을 편성하고 이를 정비해나갔다. 그리고 머지않아 와세다와 게이오의 대학화 과정을 마치 흉내라도 내듯 다른 사학들도 기를 쓰고 '대학화'를 시도했다.

요시노 사쿠조와 메이지 문화연구회

한편 일찍이 사학 측에 있었던 '민권과 출판의 학지'가 제국대학에도 내재화되어가는 상황을 그 초기에 가장 상징적으로 체현한 것이 요시노 사쿠조吉野作造였다. 1904년 도쿄 제대 법과대학을 수석으로 졸업하고 중국으로 건너가 위안스카이袁世凱의 장남의 가정교사로 일하다 제대 조교수로 취임한 요시노는 이듬해부터 2년간 구미에 유학하다 1913년 귀국한 뒤 곧바로 교수로 승진했다. 그야말로 제국대학 법과 엘리트의 전형이라고도 할 커리어인 셈인데, 요시노의 진면목이 발휘된 것은 이 이후의 일이었다. 유학을 마치고 돌아온 뒤 그는 『주오코론中央公論』 주간 다키타 쵸인瀧田樗陰의 청탁으로 차츰 이 잡지에 논문을 발표하게 된다. 그중에서도 1916년 1월호에 발표한 「헌정의 본의를 말하고 그 유종의 미를 거두는 길을 논함」은 천황제 국가와 민주주의는 모순되지 않으며 외려 민주주의야말로 '헌정의 본의'를 실현시킨다는 논의를 정교하게 전개한 논문으로서, 그 뒤 '다이쇼 데모크라시'[35]의 사상적 원류로 간주되었다. 이처럼 요시노는 다이쇼 데모크라시의 가장 영향력 있는 논객이었다.

주목할 만한 것은 요시노와 언론 미디어의 관계다. 요시노가 다이쇼 데모크라시를 대표하는 사상가가 된 것은 일찍 도쿄 제대의 교수가 되었기 때문이 아니라 『주오코론』과의 깊은 관계 때문이었다. 메이지 중기에 혼간지파本願寺派[36]를 기반으로 한 불교계 금주 운동의 기관지로서 출발한 『주오코론』(당초에는 『한세카이 잡지反省會雜誌』)은 1890년대 말부터 고다 로한幸田露伴[37]이나 히로쓰 류로廣津柳浪[38] 등의 작가를 거느리며 지방의 문학 독자들이 구독하는 종합지로 변모하고 있었다. 빼어난 편집자 다키타 쵸인은 유명작가의 작품만을 잡지에 게재한다는 방침을 철저하게 고수했는데, 이 '일류대가주의'

---

35 1910년대 초반에서 1920년대 중반에 걸쳐 일본에 나타난 일련의 자유주의적이고도 민주주의적인 사상적 조류를 일컫는 말.
36 교토의 니시혼간지西本願寺를 본산으로 한 정토종계의 일파.

를 통해서 이 잡지는 일본의 문학예술계와 언론계를 대표하는 종합지로 급성장한다.

나가미네 시게도시永嶺重敏는 이 시기 『주오코론』의 독자층에 대한 연구에서 이 잡지가 심플한 표지와 레이아웃을 고집함으로써 교양 지식층을 겨냥한 독자적 전략을 추구했다고 분석했다. 미디어로서 『주오코론』의 스타일은 시각적, 장식적인 요소를 배제한 데 그 특징이 있었다. "삽화나 권두 사진처럼 시각에 호소하는 오락적인 협잡물은 소위 대중성의 상징이었으므로 이를 배제함은 대중성의 배제를 의미했다. 대중 독자의 발흥을 앞에 두고 대중과 거리를 둘 필요성을 느끼기 시작하던 지식인 독자들에게는 대중성을 혼합한 『다이요太陽』보다 『주오코론』의 지적이고 금욕적인 스타일이 보다 적합했다(『잡지와 독자의 근대』)."

이리하여 메이지 후기 '권위'의 시스템으로서 확립된 종합지의 세계에서 "『고쿠민노토모國民之友』는 도쿠도미 소호德富蘇峰의 문체가 지닌 매력으로, 『다이요』은 백과주의로, 그리고 『주오코론』은 '일류작가주의'로 이 권위의 시스템의 정점에 서"지만 모종의 역전이 일어난다. "『주오코론』은 일류 대가의 소설을 동력으로 '최고의 권위'에 도달했지만, 이제는 역으로 『주오코론』에 글을 싣는 것이 일류 대가임

37 1867~1947. 도쿄 출신의 소설가로 『풍류불』, 『오중탑』 등의 작품이 있다.
38 1861~1928. 일본 메이지 시기 소설가로 사회의 어두운 면을 그린 것으로 유명하다. 「비」 「국화」 『이마도 동반자살』 등의 작품이 있다.

을 증명하는 것으로 간주되고 있"었다(나가미네 시게도시, 앞의 책).
이제 미디어의 가치가 작가의 명성에 의존하는 것이 아니라 작가의
가치가 미디어의 명성(연출력)에 의존하게 된 것이다. 이 당시 편집자
다키타가 발굴한 최고의 '일류작가'가 바로 요시노 사쿠조였다. 다
이쇼 전기를 통틀어 요시노는 동시대 교양지식층을 관객으로 둔 '권
위'의 극장이 된『주오코론』에서 가장 유력한 인기배우의 역할을 화
려하게 연기했다. 결국 요시노는 도쿄 아사히 신문의 요청을 받아
도쿄 제대 교수직을 그만두고 이 신문사의 편집 고문이 된다. 요시
노는 아사히 신문이라는 보다 영향력 있는 극장에서 자신의 가능성
을 시험하려 한 것이다. 그러나 아무래도 '신문'이라는 무대는 '잡지'
라는 무대보다 더 제약이 많았던 듯하다. 요시노는 아사히 지면에
서 군부나 특권기관에 대한 비판을 전개하려 했지만, 우익의 공격
을 받아 신문사 내에서 문제가 되자 불과 몇 개월 만에 편집 고문의
자리를 잃게 된다. 이 사건을 계기로 요시노의 활동은 미디어의 무
대에서 주역을 연기하기보다 이 무대를 역사적으로 상대화하는 쪽
으로 방향을 바꾼다.

이때 요시노가 희대의 반골 저널리스트 미야타케 가이코쓰宮武外骨
등과 더불어 조직한 것이 메이지 문화연구회였다. 이 연구회에는 요
시노를 중심으로 미야타케, 오사타케 다케키尾佐竹猛, 이시이 겐토石
井研堂, 오노 히데오小野秀雄 등이 참여하여 메이지 국가 형성기의 미디
어와 언론, 문화와 정치에 대한 본격적인 집단 연구를 시작했다. 그

성과는 32권에 이르는 『메이지 문화전집明治文化全集』으로 정리되었고 동시에 메이지 신문잡지문고(현재의 도쿄 대학 대학원 법학정치학연구과 부속 근대일본법정사료센터)라는 조직으로도 이어졌다. 한편 이 조직의 활동은 도쿄 제대 소속으로 이 연구회 멤버이기도 했던 오노 히데오가 신문연구실(현재의 도쿄 대학 정보학환)을 설치하게 된 배경이 되기도 했다.

요시노의 역사적 문제제기와 미야다케의 반골정신을 양 축으로 한 이 연구회는 메이지 헌법 체제와 거대한 상업신문 중심의 체제, 즉 국가학적 학지와 지배적 미디어의 지성, 두 가지를 역사적으로 상대화하는 시각을 획득했다. 그리고 그들은 네트워크화된 백과전서적인 지성을 실천함으로써 이러한 문제를 제기하려 했다. 메이지 초기의 모리 아리노리와 후쿠자와 유키치가 활동한 메이로쿠샤에 가장 먼저 주목한 것도 그들이었다. 아사히 신문에서의 필화 사건을 계기로 '다이쇼 데모크라시'라는 무대에서 한 걸음 물러나 있던 요시노 사쿠조는 무대 그 자체를 성립하게 한 메이지 국가라는 보다 큰 극장을 향해 문제를 제기했던 것이다.

상호의존하는 '출판'과 '대학'

다이쇼 시기 요시노 사쿠조와 『주오코론』 사이의 관계가 시사하는 것은 러일전쟁이나 제1차 세계대전 이후 사회 전체가 산업화됨

으로써, 이제는 제국대학조차도 폐쇄된 학지의 공간으로 존재할 수
만은 없게 되었다는 점이다. 다이쇼 시기 출판 미디어의 발전은 독
자층의 확대에서 기인했다. 이 시기 제국대학에 입학하는 것은 극
히 일부의 엘리트에 불과했지만, 게이오를 필두로 한 사학이 '대학'
화를 서두르면서 전체 대학생의 수는 메이지 시기보다 훨씬 늘어나
있었다. 1903년에 전국적으로 불과 3000명에 불과하던 대학생은 그
사반세기 뒤에는 10배 이상인 4만 명 가까울 정도로 증가했다. 또한
이 같은 대학생 인구의 바깥에는 교양을 추구하는 새로운 독자층
이 팽창하고 있었다. 이렇게 팽창하는 독자층의 지적 욕망을 매개
한 것은 대학이 아니라 『주오코론』과 같은 출판물이었다. 요시노 사
쿠조를 시대의 총아로 만든 것이 제국대학이 아니라 『주오코론』이었
던 것처럼, 이후 대학의 많은 지식인은 교편을 쥐고 있던 대학보다
도 자신의 논문이나 발언을 활자로 전해주는 미디어를 통해서 '명성'
을 구축해나갔다.

　실제로 다이쇼 시대 이후 요시노에 이어 몇 사람의 '대학교수'가
출판계와의 인연을 통해 '유명'해졌다. 도쿄 상과대 교수인 후쿠다
도쿠조福田德三, 와세다대 교수 오야마 이쿠오大山郁夫, 교토 제대 교수
다카다 야스마高田保馬, 도쿄 제대 교수 가와이 에이지로河合榮治郎 등
이 요시노 이후 출판계에서 추앙받은 대표적인 인물들이었다. 이는
상호의존적인 관계로서, 출판사 역시 대학 아카데미즘과의 관계를
강화함으로써 새로운 교양 독자층을 발굴했다. 그중에서도 1920년

대 이후 제국대학 지식인과의 관계를 기반으로 성공한 대표적인 출판사가 바로 이와나미쇼텐岩波書店이었다. 이와나미쇼텐은 원래 이와나미 시게오岩波茂雄가 구제 도쿄 일고('일고')[39]에서 절친한 사이였던 아베 요시시게를 통해 한때 일고 교사로 근무했던 나쓰메 소세키의 친구를 알게 되었고, 그렇게 소세키의 소설『마음こころ』을 출판할 기회를 얻게 되면서 탄생했다. 소세키라는 '초일류작가'의 후원을 얻게 되면서 이와나미는 출판사로서의 '권위'를 초창기부터 획득했던 것이다. 곧이어 이와나미는 마찬가지로 일고 동급생이었던 아베 지로安部次郎의 협력을 얻어 '철학총서'를 발간하면서 성공을 거둔다. 아베 요시시게와 아베 지로는 모두 도쿄 제대를 졸업한 뒤 유럽 유학을 거쳐 각각 교토 제대 교수, 도호쿠 제대 교수가 되어 있었다. 탄탄대로가 보장된 출세 가도에 있었던 친구들과 달리 이와나미 시게오 자신은 일고에서 두 번이나 낙제를 맞고 퇴학당한 처지였다. 동급생 중 다수가 제국대학 교수가 되었지만 자신은 그곳에서 배제되었던 창업자 이와나미가 가진 양가성이 이와나미쇼텐의 기반이 되었다.

다케우치 요竹内洋는『교양주의의 몰락教養主義の沒落』에서 '이와나미 문화' 성공의 열쇠는 순수 문화계(대학 아카데미즘)와 매스미디어 문화계(출판 저널리즘) 사이에 '민간 아카데미즘'이라는 교섭 영역을 창

---

39 구제 도쿄제일고등학교. 서론 11번 각주에서 설명한 구제 고교의 하나로, 현재의 도쿄 대학 교양학부에 해당한다. 평준화된 현재의 공립고등학교와 구별하기 위해 이따금 '구제'라는 표현을 사용한다. 참고로 일고는 도쿄, 이고는 센다이, 삼고는 교토에 설치되었으며, 식민지 조선에는 고등학교가 설치되지 않고 중학교만 설치되었다.

출함으로써 관학 아카데미즘과 출판 저널리즘이 자신의 정통성을 서로에 의존하는 순환구조를 구축한 점에 있다고 말하고 있다. "이와나미 문화는 도쿄 제대 교수와 교토 제대 교수의 저작을 출판함으로써 관학 아카데미즘의 정통성을 부여받았다. 역으로 관학 아카데미즘은 자신의 정통성을 증명하기 위해 민간 아카데미즘인 이와나미 문화와 더욱 긴밀하게 관계를 맺었다. 관학 아카데미즘의 업적이 이와나미쇼텐에서 서적으로 간행됨으로써 정전화되었기 때문이다. 또한 외국 여러 작품의 고전 및 정전화는 이와나미쇼텐의 번역 출간을 통해 제도화되었다. 이와나미 문화와 관학 아카데미즘은 문화의 정통화와 '캐치볼'을 하면서 각각의 상징자본(축적된 위신)과 상징권력을 증대시켜나갔던" 것이다.

우리는 여기에서 『주오코론』에 관해 앞서 지적했던 것과 같은 반전의 회로가 작동하고 있음을 알 수 있다. 이와나미쇼텐은 초기에는 소세키나 제국대학 교수, 해외에서 유행하는 사상의 번역을 통해 자신의 지적 '권위'를 높여나갔다. 이와 동시에 이와나미쇼텐에서 출판한다는 것 자체가 저자나 저작에 '아카데믹'한 권위를 부여하는 효과를 산출하기도 했다. 결국 이러한 역전은 다케우치가 인용한 것과 같은 결과를 가져왔다. "책은 이와나미가 아니면 안 돼, 이와나미에서 나온 책이라면 전부 믿을 수 있다고 생각했지. 각 대학이나 고등학교 학생들만 이렇게 생각한 게 아니고, 정규과정의 학업을 밟지 못했지만 독서를 하지 않고는 못 배기는 독학篤學의 일반 청년들까지도 이렇게 생각했어. 아니, 이런 청년들의 경우 오히려 더 추종했지. 이와나미쇼텐이 흡사 하나의 사설 대학이라도 되는 양 생각하게 된 거야(모리타 소헤이森田草平, 『나의 공산주의』)". 20세기 초반에 급속도로 확산된 교양서 자본주의는 독자 시장을 매개하여 제국대학의 권위를 무너뜨리기보다는 그 권위와 상호보완적인 시스템을 만들어냈다. 이제 도쿄, 교토, 도호쿠, 규슈, 홋카이도, 서울, 타이베이로 확장된 제국대학 교수들은 출판계와의 이 같은 공생관계를 자신의 편으로 끌어들이면서 메이지 국가의 그것과는 구별되는 또 다른 종류의 '권위'를 창조한 것이다.

분열하는 대학인과 언론인

1920년대의 사상적인 조류 속에서 대학과 출판 사이의 이 같은 순환회로는 '데모크라시'에서 '마르크스'로 그 중심이 크게 선회한다. 다키타 쵸인의 『주오코론』이 약진하던 시대에는 관심의 초점이 '교양'과 '민본주의'였지만, 제1차 세계대전 이후 자본주의 발전 속에서 계급 대립이 심화되면서 젊은이들의 시대의식이 보다 첨예해져 '마르크스주의'로 향하게 된 것이다. 이 변화는 종합잡지의 주류가 『주오코론』에서 『가이조改造』로 바뀌는 과정과 대응한다. 그 결과로 출판 저널리즘과 상호의존하면서 지위를 구축하고 있던 제국대학 교수와 제국대학의 구태의연한 체제 사이에는 이전과는 다른 알력과 충돌이 생기기 시작했다.

도쿄 제대 내에서 마르크스주의로의 지적 전회와 제대 아카데미즘이 충돌하는 무대가 된 것은 1919년 법학부에서 독립한 지 얼마 되지 않은 경제학부였다. 초창기 도쿄 제국대학 경제학부에 일어난 불행 중 하나는 학식과 인망, 지도능력이 탁월하여 이 신생 학부를 통합할 중심인물로 주목받았던 다카노 이와사부로高野岩三郎가 국제노동기구ILO의 대표로 차출되면서 교수직을 사임하게 된 것이었다. 그 뒤 경제학부는 신설 학부인 상황에도 불구하고 내분을 거듭하게 된다. 다카노가 사직한 이듬해 이른바 모리토森戸 사건[40]이 일어나 다카노의 후계자로서 최고 유력자였던 모리토 다쓰오森戸辰男 역시 경제학부 조교수 자리를 잃게 되었고, 이어 마르크스주의 경제학 논객으로서 언론 쪽에서도 환영받고 있던 오모리 요시타로大森義太郎까지 자리를 잃고 만다. 다이쇼 교양주의 지식인 대부분이 출판활동과 대학교수직을 병행하는 데 그다지 곤란을 느끼지 않았던 것과 달리, 쇼와 초기에는 좌익 지식인이 출판 저널리즘 쪽에서 활발히 활동하면 대학을 그만두어야 하는 상황으로 차츰 바뀌고 있었다.

이렇게 출판 저널리즘과 대학 아카데미즘이 상호의존적인 관계를 계속 유지하기 어렵게 되자 둘의 관계는 점차 단절되었다. 요시노 사쿠조나 아베 요시시게는 대학과 출판이 서로 밀접히 연관된 시대

---

40 1920년에 일어난 모리토 다쓰오의 필화 사건. 모리토가 쓴 크로포트킨에 대한 글이 우익 쪽의 공격을 받아 잡지가 회수처분되고 모리토는 기소되어 휴직 처분을 받았다.

를 살았지만, 모리토 다쓰오나 오모리 요시타로 그리고 미키 기요시 三木清나 도사카 준戸阪潤에게 출판계 참여는 제국대학 아카데미즘과 의 분리를 의미했다.

이에 따라 출판계 언론이 첨예화될수록 반대로 대학에서는 비판 적 의식이나 열린 발상을 가진 인재를 잃게 되는 문제가 생겨났다. 다케우치 요가 『대학이라는 병』에서 상술한 대로, 오모리 요시타로 의 경우가 그 전형이라 할 수 있다. 대단히 예리한 논객이었던 오모 리의 필력이 결국 스스로에게 화를 불러왔던 셈이다. 오모리와 결말 은 달랐지만 전중기 비판적 지성을 대표했던 미키 기요시나 도사카 준, 시미즈 이쿠타로清水幾太郎는 모두 제국대학 출신의 뛰어난 수재 들이었으나 제국대학 교수의 자리를 잡지는 못했다. 미키의 경우 교 토 제대를 졸업한 뒤 이와나미 시게오의 지원을 통해 유럽 유학을 다녀올 수 있었고 이후로도 이와나미쇼텐과는 돈독한 관계를 유지 했지만, 1930년 일본공산당과의 관계를 의심받아 체포됨으로써 제 국대학 교수가 되는 길이 막혀버렸다. 도사카 준 역시 미키와 마찬 가지로 교토 제대를 졸업한 뒤 1935년 검거됨으로써 대학 바깥에서 연구를 해야만 했다. 시미즈 이쿠타로의 경우 도쿄 제대 졸업 이후 전중·전후기를 대표하는 사회학자가 되었지만 끝내 모교의 교수로 부임하지는 못했다.

문과 계열의 학지에 한할 경우, 1930년대에서 1940년대 사이 가 장 창조적인 지식은 이처럼 대학에서 배제된 사람들이 생산했다. 반면에 대학, 특히 제국대학에는 단단한 껍질 속에 틀어박힌 공허한 지성만이 남아 있게 되었다. 앞서 열거한 미키 기요시, 도사카 준, 시미즈 이쿠타로는 모두 1930년대 초반에 조직되었던 유물론연구회라는 동일한 지적 커뮤니티의 동인이기도 했다. 유물론연구회는 미키나 도사카, 하세가와 뇨제칸長谷川如是閑, 사이구사 히로토三枝博音, 오카 구니오岡邦雄 등을 주요 멤버로 하여 1932년부터 1938년까지 이어진 연구 네트워크였는데, 협의의 철학뿐만 아니라 과학기술부터 문예, 영화, 음악에 이르는 광범위한 문제를 논하여 잡지 『유물론연구』나 『유물론전서』에 그 결과를 발표했다. 이 유물론연구회를 메이지 초기의 메이로쿠샤나 다이쇼 말기부터 쇼와 초기에 걸친 메이지 문화연구회와 비교하면 뒤로 갈수록 그 중심이 대학의 중추로부터 분리되어 주변으로 이동하고 있다는 사실을 알게 된다. 메이로쿠샤에서 중심이었던 모리 아리노리나 후쿠자와 유키치는 모두 일본 대학 시스템의 '관'과 '사'를 창시한 사람들이었다. 메이지 문화연구회의 경우, 리더였던 요시노는 도쿄 제대 법학부에 자기 나름의 기반을 지니고 있었고, 연구회의 유산은 이후에도 도쿄 대학에서 계승되었다. 그러나 미키나 도사카, 시미즈가 모여 있던 유물론연구회의 경우, 그 유산의 계보는 대학으로부터 분리된 상태로 남았고 전후에도 계승되지 않았다. 제도로서의 제국대학은 20세기 초반 한때 교양주의를 기치로 출판 저널리즘과 친밀한 관계를 맺었으나, 이후 마르크스주의 시대가 도래하자 어쩔 바를 모르고 '천황의 학지'로서 자기 본분을 지키려는 국가의 통제 아래 안주했던 것이다.

'또 하나의 대학'의 행방

되돌아보면 1886년 창립된 제국대학은 설립 이후 십수 년이 지난 즈음부터 국가만을 위해 봉사하는 학지의 공간에서 서서히 이탈하기 시작했다. 교토 제대의 창설은 도쿄 제대와 달리 훔볼트형 대학에 가까운 대학의 실현을 목표로 이루어졌고, 1900년경이 되면 도쿄 제대에도 요시노 사쿠조에 의해 "비교적 서두르지 않는 분위기"가 생겨나 학문 자체에 전력하고자 하는 의식이 퍼지고 있었다. 이전의 제국대학은 국가와 밀접했던 탓에 교수들 역시 교육보다는 관리나 국가 지도자로서의 역할을 우선시했다. 그러나 메이지 말기에 이르면 국가에서도 관료제가 발달하고 제국대학을 졸업한 젊은 관료가 경험을 축적하게 됨에 따라, 제국대학 교수가 국가기구에서 맡는 역할이 줄어들게 된다. 이러한 조건에 힘입어 제국대학이나 그 예과에서는 바야흐로 아카데믹한 교양문화가 만개하고, 이 교양문화와 대중사회 형성기의 출판 자본이 서로 밀접한 관련을 맺게 된다. 이 같은 변화의 초입에 위풍당당하게 등장한 것이 바로 요시노 사쿠조였고, 저널리즘과 아카데미즘의 협력을 뒷받침한 것이 『주오코론』이나 『가이조』 같은 종합잡지와 이와나미쇼텐 같은 출판사였다. 20세기 초반에 이르면 제국대학 시스템은 그 주변에 교양 독자층의 저변을 넓혀가며 독서 공간이라는 '또 하나의 대학'을 거느리게 된다.

그러나 대학과 출판의 이 같은 밀월은 길게 이어지지 않았다. 1930년대 전반의 마르크스주의 붐 이후 사상, 연구, 교육에 대한 국가의 탄압이 강화되면서, 대학과 출판사의 공모를 통해 산출되었던 '자유의 여지'가 축소되었다. 전후 또 다른 인물에 의해 그 관계가 부활될 때까지, 제국대학은 다시 국가에 봉사하는 역할로 회귀했다. 1939년 당시 도쿄 제대 총장이었던 히라가 유즈루平賀讓가 실시한 '히라가 숙학平賀肅學'[41]은, 제국대학이 스스로 '자유'를 압살하는 방향으로 발을 내딛은 '마이너스의 역사'의 상징으로도 평가받고 있다. 이제 전후 새로운 도쿄 대학을 설계하는 임무를 맡은 또 한 사람의 총장 난바라 시게루南原繁에게는 이처럼 중첩된 마이너스의 역사로부터 벗어나 '자유의 학지'를 어떻게 복권시킬 것인가가 최대의 과제가 되었다.

41 1939년 도쿄 제대 총장이던 히라가 유즈루가 파벌 투쟁을 하던 경제학부 교수 가와이 에이지로와 히지가타 세비土方成美를 퇴직시킨 사건.

제4장

전후 일본과
대학개혁

점령기 개혁의 양의성
확장하는 대학과 학생운동
간소화·중점화·법인화

점령기 개혁의
양의성

점령기 개혁과 '대학'으로의 일원화

1945년에서 1952년에 이르는 점령기 동안 일본의 대학은 새롭고
도 불가역적인 변모를 거듭한다. 1949년 새로운 제도에 따른 신제新
制 대학이 발족함으로써 결실을 맺는 이 점령기 개혁의 가장 큰 특징
은 기존의 다양한 고등교육기관이 '대학'으로 일원화된 것이었다. 패
전 이전 일본에는 '제국대학' '대학' '전문학교' '사범학교' '구제 고교'
등 서로 다른 형태의 고등교육기관이 복잡하게 얽혀 있었다. 그중에
서 단과로 된 전문학교가 가장 많았고, 종합적인 교육을 표방했던
대학은 패전 당시 겨우 49개에 불과했다. 게다가 같은 대학이라고는
해도 제국대학과 그 이외의 대학 사이에는 엄연한 격차가 존재하여
고등교육 전체의 위계로 보면 관학이 압도적 우위를 점하고 있었다.
메이지 시대부터 지속된 이 같은 복잡한 시스템이 점령기 개혁에 의
해 일거에 '대학'으로 일원화된 것이었다.

1949년 신제 대학이 발족함에 따라 제국대학과 사립대학은 똑같

이 종합대학이 되었고, 대부분의 구제 고교는 국립대학의 교양과정으로 편입되었다. 또한 지방의 관립 고등교육기관에 '1현 1대학'이라는 원칙이 세워지면서 전문학교, 고등학교, 사범학교 등의 다양한 형태는 통합되어 전국적으로 70개의 국립대학이 만들어졌다. 전체적으로 보면 관립이라는 기반 위에 각지에서 발전하고 있던 고등교육기관이 대학으로 일원화되고, 여기에 지방의 경우 1현 1대학으로 통합됨으로써 관학 전체의 규모가 축소되는 방향으로 개혁이 진행되었다. 한편 다수를 차지했던 전문학교의 상당수가 대학으로 승격했는데, 이는 도쿄나 교토 및 오사카를 중심으로 즐비했던 사립학교의 대학화를 의미하는 것으로, 이렇게 대학 전체의 중심이 관학에서 사학으로 대거 이행하고 있었다.

이리하여 1945년에 국립 19개, 공립 2개, 사립 28개로 총 49개였던 대학이 1949년 신제 대학이 발족한 뒤 국립 70개, 공립 18개, 사립 92개로 총 180개로 격증하였다. 이어 1953년에 이르면 국립이 72개에 머무른 데 비해 공립 34개, 사립 120개로 늘어나 전체적으로는 226개로 증가세를 이어갔다.

점령기의 고등교육 개혁은 사실상 제국대학 형성에 관한 연구와 더불어 고등교육사 연구 분야 중에서도 가장 많은 연구가 축적된 영역 중 하나로서, 데라사키 마사오나 아마노 이쿠오, 하다 다카시羽田貴士, 세키 마사오關正夫, 오사키 히토시大崎仁, 쓰치모치 게리 호이치土持ゲーリー法一와 같은 교육학자들의 뛰어난 실증 연구가 축적되어 있

다. 특히 1990년대 이후 점령기 개혁에 관한 미국 측 자료가 공개되고 연구의 열쇠가 되는 교육쇄신위원회에 관한 자료의 발굴이 진척됨에 따라 점령기 교육개혁을 바라보는 관점에 극적이라고 할 변화가 나타났다. 즉 대학으로의 일원화를 주축으로 한 개혁정책을 점령군의 '강요'에 의한 것으로 보던 기존 관점에 근본적인 수정이 이루어진 것이다. 게다가 존 다워John W. Dower가 말했듯 일본과 미국의 '포옹', 그것도 일본 쪽이 적극적으로 관여한 제휴적 재편의 과정이 존재했다는 것이 명확해졌다. 이러한 인식 변화는 점령기 개혁을 기존 고등교육과의 단절로 보는 관점에서 벗어나 오히려 전시의 총력전 체제에서 목표로 했던 교육 체제의 실현, 다시 말해 전시로부터의 연속적 재편이라 보는 관점의 전환을 불러왔다.

이 같은 맥락에서 주목되는 것은 전후 교육개혁의 '바이블'이 되었던 미국교육사절단의 보고서가 초등 – 중등 – 고등학교를 6 – 3 – 3년으로 하는 것에는 일원화를 분명히 지향하였지만 고등교육의 연한이나 조직에 대해서는 명확한 권고를 피하고 있다는 사실이다. 이 사절단은 뉴욕 주 교육장관이었던 단장 조지 스토더드George D. Stoddard를 필두로 미국 각지의 대학교육 전문가 27명으로 구성되어 있었다. 이들은 1946년 3월에 일본으로 건너가 약 1개월간의 시찰과 조사를 거쳐 보고서를 정리했다. 그러나 이 보고서는 고등교육의 기회균등이나 남녀공학에 대해서는 일정한 권고를 하고 있지만, 전후 일본 고등교육에 대해 발본적인 개혁을 제안하고 있지는 않다.

보고서는 오히려 자유주의적 교육 기회를 확대하기 위해 "대학에 진학하는 예과 학교(구제 고교)나 전문학교의 커리큘럼을 상당한 정도로 자율화하고 이로써 더욱 광범위한 사람들이 일반적인 전문교육을 받을 수 있도록 할 것"을 권고하고 있다. 이는 그들이 '대학' '구제 고교' '전문학교'와 같은 다양한 고등교육 형태를 그대로 둔 상태에서의 개혁을 염두에 두었음을 시사한다. 더욱이 이는 그들이 일본의 전전 교육 체제에 무지했기 때문이 아니라, 오히려 그들 스스로가 고등교육을 4년제로 일원화하는 것은 바람직하지 않다고 생각했기 때문일 가능성이 크다.

일원화를 둘러싼 일본의 갈등

고등교육을 4년제 대학으로 일원화하는 것이 미국 측의 당초 계획이 아니라면, 전후 일본 고등교육의 방향키를 일원화로 돌린 것은 누구였던가. 이 수수께끼에 대한 해답은 어느 정도는 밝혀져 있다. 여기서 주목할 만한 것은 사절단의 보고를 받고 전 문부대신 아베 요시시게를 위원장, 도쿄 제대 총장 난바라 시게루를 부위원장으로 하여 1946년 8월에 설치된 교육쇄신위원회의 움직임이다. 이 위원회에서는 사절단의 보고서보다 한 걸음 더 나아가 6-3-3-4년제의 도입까지도 논의되었는데, 여기서 내놓은 최종안은 고등학교(구제 고교)는 3년제를 기본으로 하되 4년제, 5년제도 인정하고,

대학은 4년제를 기본으로 하되 5년제나 3년제도 인정한다는 느슨한 것이었다.

이 최종안의 핵심은 구제 고교의 유지다. 일고 교장 출신으로 문부대신이 된 아베는 응당 구제 고교를 유지하는 쪽에 기울어 있었고, 당시 일고 교장이던 아마노 데유天野貞祐(나중의 문부대신)나 도쿄 음악학교 교장 고미야 도요타카小宮豊隆 역시 구제 고교를 유지하자는 파였다. 아베와 고미야는 모두 소세키 문하의 이와나미 문화인이었고, 아베에게 있어 구제 고교는 이와나미 시게오와의 우정이 싹튼 장소이기도 했다. "구제 고교는 일본에서 가장 성공한 교육제도"라고 훗날 말한 데서 알 수 있듯 아마노 역시 구제 고교에 대해 각별한 생각을 갖고 있었다. 그러나 실은 이와 같은 개인적인 감상 말고도 이들은 공통적으로 제국대학에 대한 경계심을 품었던 것이 아닐까 한다. 즉 '제국대학'이라는 이 거대한 시스템이 자칫하면 구제 고교나 음악학교를 전부 집어삼켜버리지 않을까 하는 것이다. 이후의 역사가 보여주듯 이 경계심은 실제로 기우라 할 수만은 없었다.

다시 말해 도쿄 제국대학(도쿄 대학으로 명칭이 변경된 것은 1947년)의 마지막 총장 난바라 시게루는 아베나 아마노 등 일고 세력과는 다른 입장을 취해야 할 이유가 있었다. 즉 점령기 개혁 속에서 대학을 4년제로 일원화하는 방침을 강력하게 추진함으로써 그 결과 구제 고교를 해체하는 대전환을 이룬 중심인물은, 최근 교육사 연구의 성과에 따르면 결국 난바라 시게루인 것으로 보인다. 난바라는 일본을 찾은 미국 교육사절단에 대응하여 조직된 일본 측 교육가위원회의 위원장을 맡았는데, 이 위원회는 1946년 4월 초순이라는 이른 시기에 6-3-3-4(혹은 5)년제로 교육 체제를 단선적으로 일원화할 것을 제안했다. 쓰치모치 게리 호이치는 여러 새로운 자료에 근거하여 난바라가 더 이른 단계에서부터 구제 고교의 폐지와 6-3-3-4년제로의 일원화를 구상하고 있었다고 간주한다. 쓰치모치에 따르면 난바라는 1946년 3월 21일 사절단 단장인 스토더드와 극비리에 회담하면서 전후 교육에서는 "소학교, 고등학교, 칼리지, 종합대학으로 체제를 단순화하여 모든 단계에서 기회균등을 확보"해야 한다고 말했다고 한다. 나아가 난바라는 4일 뒤인 3월 25일에는 도쿄 제국대학 법학부 교수인 다카기 야사카와 더불어 민간정보교육국CIE 교육과를 방문하여 '학벌 문제의 근원'인 구제 고교를 폐지하고 전문학교와 대학의 격차를 없애 모든 고등교육기관을 일원화할 것을 제안했다고 한다(『전후 일본의 고등교육 개혁정책』).

　이 단계에서 미국 측은 아직 일본 고등교육의 미래에 대한 명확한 상을 가지고 있지 않았기에, 수차례에 걸쳐 제시된 난바라의 의견이 미국 측의 대학정책에 영향을 끼쳤을 가능성이 있다. 결국 점령군은 교육쇄신위원회의 원안에 근거하여 일본 정부가 제안한 학교교육법안을 거부하고 명확한 6-3-3-4년제로의 일원화를 요구하게 된다. 교육쇄신위원회에서는 소수파인 난바라였지만, 교육사절단이나 CIE 교육과 등 점령자 측과 직접 접촉하여 고등교육 개혁안에 영향을 끼침으로써 그는 마침내 구제 고교의 폐지, 신제 대학 4년제로의 일원화를 실현하는 데 중심적 역할을 했던 것으로 보인다.

시카고 대학 모델의 좌절

옛 제국대학을 중심으로 한 메이지 이후의 고등교육 시스템의 정점에 있었던 난바라가 왜 이 시스템을 부정하려 했는지도 매우 흥미로운 문제이지만, 여기에서는 일본에서와 같은 분열이 미국에서도 나타났다는 점에 주목하려 한다. 쓰치모치는 점령군이 당초 고등교육에 대해 획일적인 개혁안을 제시하는 데 소극적이었던 이유의 하나로 시카고 대학 모델을 지지하는 사절단과 하버드 대학 모델에 준거한 CIE 교육과 사이의 의견 차를 들고 있다.

여기에서 말하는 시카고 대학 모델이란 1930년부터 시카고 대학 총장을 역임한 로버트 허친스Robert Hutchins의 교육 이념에 기초한 것으로, 전시 미국 고등교육 개혁을 둘러싼 논의에서 가장 주목을 끈 움직임이었다. 참고로 허친스가 총장으로 활약하던 시기의 시카고 대학은 이른바 '시카고 학파'로 세계적인 영향력을 자랑하던 사회학을 필두로 인문사회과학의 여러 분야에서 새로운 경향을 수용함으로써 세계 최첨단의 위치에 있었다. 허친스 자신이 갓 30세에 총장이 된 것에서 짐작할 수 있듯 당시 시카고 대학은 싱싱한 활력으로 넘쳐흘렀다. 시카고 대학 교육의 특징은 선택제와 단위제를 채택했던 훔볼트형 대학과는 정반대의 방식을 취한 점이었다. 즉 '문학사 Bachelor of Arts'라는 학사학위 취득을 위해서는 기초지식, 전공지식과 방법론, 인문학, 사회과학, 자연과학, 수학, 자기표현력에 관한 종합 시험에 합격해야 했다. 이 종합시험은 매년 몇 차례 실시되었으므로 학생은 조건만 갖추어지면 언제든 시험을 볼 수 있었다. 시카고 대학에서는 대화 방식의 수업을 중시하여 지식을 습득하는 것보다는 스스로 생각하고 표현하는 능력을 갖추는 것을 대학교육의 주된 목적으로 하였다.

20세기 초반 시카고 대학이 보여준 참신성은 여기에 그치지 않는다. 록펠러 가문의 막대한 지원을 받고 있던 이 대학은 칼리지에서의 일반교양교육, 대학원 교육, 전문직 교육, 지역사회와의 제휴, 나아가서는 대학출판부에 이르기까지 모든 것을 포함하는 새로운 종합대학의 시스템을 만들어내고 있었다. 또한 1년을 12주 단위의 4기로 나눈 쿼터제의 학사력을 채택했는데, 이는 4년간의 학부교육을 전기와 후기로 나누고, 전기를 주니어 칼리지, 후기를 유니버시티 칼리지로 하여 전자와 고교 교육의 관련성을, 후자와 대학원 교육의 관련성을 강화한 것이었다. 게다가 허친스는 총장 취임 이후 40개 가까운 학과를 인문학, 사회과학, 생물과학, 물리과학이라는 네 개 부문division으로 재편했다. 그리고 재편된 네 개의 전공과정에 더해 학부 전기 과정을 담당하는 주니어 칼리지를 독립적인 부문으로 설치하고, 여기에 경영, 법률, 도서관, 의료 등의 '프로페셔널 스쿨'을 설치해 이를 대학의 기본 구성체로 하였다. 결국 허친스는 고등학교의 마지막 2년을 주니어 칼리지에 집어넣어 아래로 확장된 '4년제 칼리지'를 실현한 것이다. 이 새로운 체제는 학사를 통상보다 2년 일찍 시작하도록 하여 젊은이가 징병 연령에 도달하기 전에 학사 자격을 얻을 수 있도록 하였다는 점에서 전시체제에 매우 적합한 방식이었다.

그러나 허친스의 대담한 실험은 결과적으로는 좌절되었다고 쓰치모치는 말한다. 칼리지 교원은 학내에서 전공과정 교원보다도 '격하'된 취급을 받는 데 거세게 반발하였고, 고교 측은 성적우수자를 일찍 빼앗기는 것을 거부하면서 우수 학생을 보호하려 했던 것이다. 게다가 사회에서도 2년이나 일찍 수여되는 시카고 대학의 학위를 다른 대학의 학위와 동등한 것으로 봐주지 않았다. 그야말로 사면초가인 상황 속에서 결국 시카고 대학은 보다 '상식적'인 대학 모델로 후퇴하게 된다.

1940년대는 시카고 대학의 실험적 모델에서 하버드 대학의 온건한 모델로 흐름이 이동하는 시대였다. 하버드 대학 총장 제임스 코넌트James B. Conant가 제창한 것은 사회의 보다 광범위한 계층을 대상으로 한 '일반교육general education'이라는 개념이었다. 대학의 사회적 역할을 강조한 이 개념은 제2차 세계대전 이후 부흥기 의식과 보조를 함께하면서 사람들에게 쉽게 수용되었다. 하버드에서는 이 일반교육의 근간을 인문학, 사회과학, 자연과학 세 학문의 '종합'에서 찾았다. 이들 세 학문을 따로따로 배우는 것이 아니라 공통된 기반 위에 세 학문이 서로 연관되어 있음을 배우고, 이를 바탕으로 각각의 전문 분야를 배울 수 있는 능력을 익히는 것이 일반교육의 목적으로 간주되었다. 예를 들어 첨단적 과학기술에 대한 지식의 경우, 정의나 윤리에 관한 철학사상과 경제학이나 정치학의 사유 방법을 동시에 배움으로써 보다 전문적인 단계로 나아갈 수 있도록 했다. 이같은 일반교육이 기존의 대학이라는 틀을 넘어 사회의 광범위한 계층에 널리 퍼지도록 구상했던 것이다.

미국 교육사절단과 CIE 교육의 관계로 돌아오면, 1946년 일본에 온 사절단에 시카고 대학 관계자가 여럿 포함되어 있었고 고등교육 개혁안을 정초한 것도 허친스 학장과 관계가 깊은 학자였던 상황으로 미루어, 시카고 대학을 모델로 한 사절단 보고서가 신제 대학을 4년제로 일률 재편하는 데 부정적이었던 이유를 알 수 있다. 한편, 사회 전체를 동일한 일반교육과정에 포섭하려 했던 하버드대 모델에 가까웠던 CIE 교육과의 입장에서 보자면, 초등·중등은 물론 고등교육의 연한도 일률적·단선적으로 구성되어야 할 성질의 것이었다(쓰치모치, 앞의 책). 이 같은 엇갈림 속에서 사절단 보고서가 고등교육의 연한이나 조직에 관한 구체적인 제안을 포함하지 않았기 때문에 이를 결정하는 것이 이후 교육쇄신위원회와 CIE 사이의 교섭 사항이 되었다. 그 뒤 난바라의 생각과 CIE 교육과가 준거하는 하버드 대학형 모델이 교육과정의 일원화라는 공통의 방향으로 수렴되었다.

난바라 시게루라는 수수께끼

동시대의 많은 거물 리버럴리스트가 한결같이 구제 고교와 복선적 교육 체제를 옹호하는 상황에서 난바라 시게루는 왜 고등교육의 단선적 일원화를 단호하게 추진했던 것일까. 이 점에 관하여 최근의 교육사 연구에서는 전시 고노에 후미마로近衞文麿의 정책 브레인이었던 쇼와昭和 연구회에서 교육정책을 담당했던 '교육연구회'(이후 '교육개혁동지회')와 난바라의 연관성을 주목하고 있다.

잘 알려진 바와 같이 고노에 휘하에 쇼와 연구회가 조직된 것은 1933년의 일이었지만, 교육연구회의 활동은 그 3년 전부터 시작되어 1931년에 교육제도개혁안을 공표하였고, 1937년에는 그 수정안도 공표한 바 있었다. 마침 같은 해에 제1차 고노에 내각이 성립하자 고노에는 내각에 교육심의회를 설치했는데, 교육개혁동지회의 멤버 다수가 여기에 참가했다. 이러한 움직임에는 사회학의 도다 데이조戶田貞三, 사노 도시가타佐野利器, 오시마 마사노리大島正德 등 난바라와 친분이 깊던 도쿄 제대의 교수들도 포함되어 있었다. 그들은 1937년부터 1942년까지 계속된 교육심의회에서 혁신적인 교육개혁안을 다수 정비했다. 이 개혁안에는 의무교육을 8년으로 연장할 것, 중학교, 고등 여학교, 실업학교로 분화되어 있는 중등학교제도를 일원화할 것, 여자 고등학교나 실업학교의 설치를 인정할 것 등 그야말로 점령기 교육개혁 과정에서 실현되는 것과 가까운 계획이 나와 있었다. 또한 고등교육을 일원화하는 개혁안도 논의되었는데, 이는 대학과 고교, 전문학교를 모두 3년제 대학교로 일원화하고 이를 5년제 중학교의 상위에 직결시켜 교육과정을 단순화한 것이었다. 이리하여 전후 교육심의회에서 이 개혁안을 주도했던 멤버는 전술한 일본 측 교육위원회에서 난바라를 지지하는 핵심 그룹을 형성했다.

이 같은 관점에서 보면 전후 교육개혁에서 하나의 기둥이 되는 고등교육의 일원화는 전시 총력전 체제에서 이미 준비되고 있었던 셈이다. 그리고 이처럼 전시 개혁안이 점령기 개혁의 실시로 이어지는 접점에 도쿄 제대 최후의 총장 난바라 체제가 위치했던 것이다. 그러나 전후 교육개혁 속에서 난바라가 '대학'으로의 일원화를 추진한 밑바탕에는 전시체제로부터의 연속이라는 측면 외에 다른 이유도 존재했던 것이 아닐까.

그 자신이 구제 고교 엘리트 출신이었던 난바라는 고교생 시절에 일고 교장이었던 니토베 이나조의 가르침을 받았고, 우치무라 간조와 만난 적도 있었다. 그리하여 난바라는 일고와 도쿄 제대에서 보낸 학생 시절을 통해 우치무라가 조직한 무교회파 코뮌의 핵심적인 멤버가 되어 있었다. 바야흐로 패전이라는 국민사회의 위기에 직면하여 난바라는 일본에 시민적 르네상스와 내면적인 신의 결합, 즉 종교혁명이 필요하다고 주장하게 되는데, 이는 우치무라나 우치무라의 전도를 계승한 야나이하라 다다오矢內原忠雄[1]가 생각했던 바로 그 것이었다. 이러한 우치무라의 무교회파 기독교 정신이 이후 난바라 사상의 근간이 된 것으로 생각된다. 그리고 청년 난바라가 기독교 와 만나게 되는 결정적인 장면은 제국대학 시스템의 근간을 설계한 모리 아리노리의 청년기를 새삼 상기시킨다. 앤드루 바셰이Andrew E. Barshay는 이 시기의 난바라에 대해 "이 세상에서 삶은 종교적 목적 을 위해 존재한다. 동시에 난바라는 사람은 재림의 그날까지 시간을 무의미하게 허비해서는 안 된다고 믿고 있었다. 인간은 봉사를 위해 창조되었으며 네이션에 봉사하는 것은 이 세상 최고의 봉사 형식이 다. 이처럼 우치무라의 '순수복음' 신앙과 메이지 시대의 상식common sense으로서의 내셔널리즘이 난바라의 인격 속에 융합되고 있었다" 라고 요약했다(『난바라 시계루와 하세가와 뇨제칸』).

여기서 우리는 이미 모리 아리노리를 통해 본 것과 같은, 프로테스 탄티즘과 내셔널리즘의 밀접한 연관성을 다시 발견하게 된다. 기독교 는 일본의 대학 시스템 형성기와 전환기 두 차례에 걸쳐 페리 제독이 나 맥아더 원수 이상으로 큰 역할을 했다. 그러므로 어떤 의미에서 일본의 학지는 그 정도로 서양과 불가분의 관계에 있는 것이다. 이 책에서 몇 차례나 확인한 것처럼 대학은 근본적으로 보편성에 대한 지향을 내포하고 있다. 따라서 분명 대학과 마찬가지로 보편성을 내

---

1 1893~1961. 일본의 경제학자이자 식민정책 학자로서 난바라 시게루의 뒤를 이어 도쿄 대학 총장을 역임했다.

포하고 있는 기독교는 대학의 벗인 동시에 적이기도 했다.

난바라와 모리 아리노리는 그러나 한 가지 면에서는 결정적인 차이를 보였다. 모리는 프로테스탄티즘의 주체화의 논리를 천황의 시선에 귀속시킴으로써 대학을 초월한 곳에 국가를 두었다. 난바라역시 프로테스탄티즘적인 에토스 속에서 절실하게 동기를 부여받았으나 모리와는 반대로 진리를 초월한 곳에 결코 국가를 두지 않았다. 여기에서 난바라의 입장을 이해하는 데 유효한 열쇠는 아마 그의 플라톤에 관한 논의일 터인데, 이를 자세하게 논할 여유는 없으므로 일단은 바셰이의 다음과 같은 지적을 인용하는 선에서 그치려한다. 바셰이에 따르면 난바라는 분명 "인간사회에서 정의를 실현하기 위해 국가가 불가결하다고 생각하고 실제로 외경의 마음을 가지고 국가를 대하고 있다". 그러나 그는 "국가야말로 모든 가치의 원천이라는 생각과, 자신이 구현하지 않는 가치를 국가가 보호하고 이를위한 물질적 기초를 제공해야 한다는 생각 사이에는 큰 차이가 있다는 사실을 강조했다". 이러한 구획은 결정적인 것인데, 국가의 역할을 유지하면서도 이를 궁극적인 가치의 원천으로 두지 않는 것, 오히려 사회가 자신의 내부에 국가를 초월한 가치를 유지하는 것이 필요하다는 생각이다. 여기에서 "부르주아지의 자유주의"는 충분한방파제가 되기 힘들다. 난바라는 "자유주의는 정치와 개인적·집단적 이익을 완전히 동일시하기 때문에, 정치적 공동체는 돈이 모든것을 좌우하는 집단으로 전락하고 말았다"고 생각하고 있었다. 중요한 것은 그 가치가 국가로 회수되지 않는 방식으로 인류의 보편성과 통하는 사회적 공동성을 탈환하는 것이다.

신제 대학과 일반교양교육

난바라에게 있어서 이처럼 국가를 초월한 인류의 가치를 산출하는 곳으로서 대학은, 특히 그 일반교양 혹은 리버럴 아트 교육은 종교와 더불어 중요한 위치를 차지하고 있었다. 난바라는 1946년 2월 11일 '기원절'에 야스다 강당에서 개최된 행사에서 '신일본문화의 창조'라는 제목으로 역사에 남을 총장 연설을 했다. 난바라는 이 연설에서 이 나라 전체가 국가지상주의자들의 근거 없는 자기과신과 독단, 기만과 공갈에 동조함으로써 결국 실패에 이르게 된 원인을, "우리 국민에게는 치열한 민족의식은 있었지만, 각자를 하나의 독립된 인간으로 보는 인간의식의 확립과 인간성의 발전이 없었다"는 데에서 찾았다. 왜냐하면 무릇 "인간 사유의 자유와 일체의 정치적·사회적 활동의 자유는 이 인간의식에서 생겨나는 것"이기 때문이다. 그러나 일본에서는 개인의 사유의 근저가 "국가적 보편과 고유의 국체 관념의 틀에 맞춰져 있어, 특히 개인 양심의 권리나 자기판단의 자유가 현저하게 구속"받아왔다. 국가는 발전하고 산업이 근대화를 이루었음에도 불구하고 '인간'은 발견되지 않은 것이다. 메이지유신 이래 "일본이 근대국가로의 발전을 재촉하면서 일체의 행위는 국가

권력의 확립과 팽창으로 정향되어 있었기에 문화 역시 국가를 위한 수단으로 간주되었던 것이다. 일찍이 싹텄어야 할 인간성과 인간의 자기의식은 이러한 사정 아래에서 위축되고 그 성장이 저해되었다(『문화와 국가』)".

　그러나 국가 우선의 근대화가 파국을 맞이한 지금 "휴머니즘적 인간성의 해방과 독립만으로 인간의 완성을 말하는 것은 아직 불가능하다"고 난바라는 주장한다. 인간적 사유의 자유로운 전개만으로는 불충분하므로 "필시 인간 주관의 내면을 더욱 밝혀내어 거기에 가로놓인 자기 자신의 모순을 의식하고, 인간을 초월한 초주관적인 절대정신 즉 '신의 발견'과 이를 통한 자기극복"이 요구된다. 난바라가 평생 믿었던 것처럼 "원래 '자유'의 진의는 이러한 신적 절대자와 관련을 맺는 것으로서, 인간이 이러한 절대자를 본원적인 것으로 믿고 승인하는 데"에 비로소 자유의 본질이 있기 때문이다. 이러한 의미에서 지금 필요한 것은 새로운 초월적 이성을 위해 감각을 해방시키는 일이다. "민족종교적인 일본 신학으로부터의 해방은 단지 인문주의 이상으로 이를 대치하는 것을 의미하지 않는다. 종교는 종교에 의해 대체되어야 하므로 이제는 국민으로서 인류 보편의 세계종교와의 대결을 진지하게 수행해야 한"다. 당연한 일이었지만, 난바라는 점령군이 수행하는 민주화나 전후 일본을 석권한 공리주의, 나아가서는 그 대항축에 해당하는 유물론에도 회의적이었다. 난바라는 유사종교적인 신화화와 공리적인 탈신화화에 맞서면서 과학자

조차도 경외감을 가질 수 있는 지적 이상주의의 정신 운동을 신봉했던 것이다.

난바라에 따르면 신생 일본이 지향할 곳은 "확고하게 지성의 뒷받침을 받는 논리적＝종교적인 이상주의 문화 이념"이다. 다른 어떤 곳보다도 대학이야말로 이 같은 이상주의적 문화 이념의 요람이 되어야만 한다는 것이 난바라의 생각이었다. 도쿄 대학 창립 69주년 행사에서 난바라는 '대학의 이념'에 대해 다음과 같이 말한다. 대학은 탄생 이래 기독교회와 국가라고 하는 두 강대한 권력에 맞서 자율성을 확보하려는 투쟁을 거듭해왔다. 그러나 "근대국가의 발전 과정에서 마침내 국가가 대학을 완전히 자신의 '기관'으로서 포섭하고 자신에게 종속시키기에 이르렀다". 일본의 경우 제국대학 설립이 그 전형적 사례로서, 대학의 임무는 무엇보다 우선 '국가의 수요에 따른' 학술의 교수와 연구로 규정되었다. 일본의 제국대학 시스템은 대체로 그 목적에 충실했지만, 바로 그 때문에 "스스로 독립적인 이성이 머물 곳이어야 할 대학이 '국가의 이성'에 스스로를 예속시키기에 이른" 것이다. 이어서 난바라는 다음과 같은 주목할 만한 발언을 한다.

> 게다가 19세기 후반의 유럽은 대체로 실증주의가 융성했던 시기여서, 우리 나라에서도 메이지의 문물이 이러한 방향을 따라 발전하여 자연과학과 그 방법이 주류를 이루었던 사실은 대학의

성격을 결정짓기에 충분했다. 이로써 자연과학의 모든 분야는 물론 윤리학·법률학·경제학 등 근대 '과학'이 성립되어 각각의 전공 '분과faculty'의 독립이 이루어졌고, 더불어 문명의 진보에 공헌함으로써 대학이 융성했지만, 이와 동시에 대학의 '위기'가 함께 잉태되었다(『대학의 이념』).

난바라가 전문 과학의 세분화된 발전을 대학의 심각한 '위기'라고 인식했다는 점이 눈에 띤다. 그 결과 "인간과 세계의 전체적인 통일이 파괴되어 대학the University이 그 이름에 값하는 '지식의 통일unitas intellectus'을 마침내 잃어버리기에 이른 것이다". 이는 특별히 제국 일본의 대학에서만 일어난 일이라기보다는 20세기 전 세계의 대학에서 일어난, 혹은 계속 일어나고 있는 일이다. 난바라는 국토와 국민에게 헤아릴 수 없는 피해를 입힌 전쟁이 끝난 상황에서 일본의 대학이 해야 할 일은 이 '지식의 통일'을 회복하는 것이라고 말한다.

신제 도쿄 대학의 골격을 디자인하는 역할을 담당한 총장으로서 난바라는 이 같은 '지식의 통일'을 향한 새로운 대학 시스템의 중핵에 '일반교양'을 철저하게 도입하려 했다. 난바라의 입장에서 보면 구제 고교의 핵심이었던 일고를 통합하여 탄생한 도쿄 대학 교양학부는 구제 고교 문제를 처리하고 새로운 학부를 하나 만들었다는 차원에 그치는 것이 아니라, 신제 대학의 모든 가능성이 여기에 달려 있다는 점에서 중대한 의미를 지니고 있었다. 실제로 난바라는

1949년 7월 7일(신제 대학의 발족은 5월 31일) 신제 도쿄 대학 제1회 입학식 식사에서 전후 고등교육 개혁에서 대학을 4년제로 일원화한 것 이상으로 중요한 시책으로, 즉 "그 성공 여부에 새로운 대학제도의 운명이 걸려 있는" 사안으로 일반교양교육의 도입을 들었다.

난바라가 강조한 것은 새로이 도입되는 '일반교양'과 구제 고교의 엘리트 문화가 담지했던 '교양주의'의 본질적인 차이다. 후자가 중시한 것은 일찍이 영미의 명문 칼리지와 마찬가지로 교양 있는(문화 자본을 익힌) 신사의 육성이었다. 그러나 신제 대학의 일반교양교육이 목표로 하는 것은 이러한 교양주의와는 근본적으로 다른 것이다. 이제 학생들이 배워야 할 것은 종래의 교양지식이 아니라, 다른 전문 분야를 종합하는 힘이다. 난바라는 "새로운 과학적 발견과 기술이 전체 속에 포용되도록 하고 여기에 정신적인 힘을 삼투시킴에 있어 현대의 학문이 얼마나 무력한가" 하는 사실을 문제 삼는다. 특히 원자력이 그 전형적 사례인데, 군사적 이용이든 평화적 이용이든 "원자력 연구와 사용을 우리가 학문 및 인생의 전체적인 질서 속에서 붙잡아두지 못한다면, 마침내는 문명의 붕괴와 전 인류의 파멸을 초래하게 될 것"이라고 난바라는 경고한다. 이러한 참상 앞에서 대학은 무엇을 해야 하는가.

근대과학과 인간성을 그 분열로부터 구하고 대학을 그 본래의 정신으로 회복시키기 위해서는 어떻게 해야 할 것인가. 우선 개별 과학이나 기술을 인간사회에 적용하기 전에 상호연관시킴으로써 보다 종합적인 입장에서 그 의미를 이해하도록 해야 한다. 이를 위해서는 우리 시대가 도달한 이른바 살아 있는 지식의 체계에 대해서 알고, 이를 통해서 우리 세대가 공유하는 문화와 문명의 전체 구조와 의미, 세계와 인간과 사회에 대한 이념을 파악할 필요가 있다.

이것이 이 시대의 교양일진대. 일상생활에서 우리의 사유와 행동을 인도하는 것은 각각의 과학적 지식이나 연구 결과보다는 오히려 이 같은 일반교양이다. 이는 일개 신사로서 사회인이 갖추어야만 하는 어떤 장식과도 같은 지식이 아니라, 그야말로 시대와 더불어 살아가는 인간 생활의 기초적 조건인 것이다(『대학의 재건』).

여기까지 고찰을 거듭하면, 난바라가 왜 동시대 리버럴리스트들과는 달리 구제 고교에는 냉담하고 제국대학 시스템을 신제 종합대학의 시스템으로 전환하는 데에는 열심이었던가를 이해할 수 있다. 즉 구제 고교의 엘리트주의는 전후 고등교육이 지향하는 기회균등의 흐름에 장해가 될 뿐으로, 지금 필요한 것은 구제 고교가 외쳤던 교양주의와는 질적으로 다른 새로운 일반교양교육의 조직화였다. 이는 곧 "각각의 과학적 진리를 마음껏 탐구하고 추구하는 것이 아니라 이미 알려져 있는 각 분야 지식을 나아가서는 전체적으로 종합하고 조직화"하는 것이다. 종합적인 지식의 구조화가 요구되는 상황에서 '교양' 개념은 발본적으로 새롭게 정의되어야 했다. 신제 대학을 졸업하는 사람은 장래 어떠한 전문가나 직업인이 되더라도 고도로 전문적인 지식이나 기술을 문화나 사회의 전체 구조 속에서 종합하는 힘을 갖추어야 하고, 대학교육에 관여하는 이들은 한 사람의 과학자 혹은 연구자인 동시에 "말 그대로 프로페서professor(교수)"여야 했다. 난바라는 구제 고교라는 낡은 가죽부대로는 더 이상 이같은 신시대의 근본적 요청을 담아낼 수 없다고 생각했을 것이다.

확장하는 대학과
학생운동

대학을 '해체'하라 — 반발하는 젊은이와 신제 대학

신제 대학에 대한 난바라의 이상은 실현되었을까. 1968년부터 1969년에 걸쳐 전국의 대학을 휩쓸었던 학생운동은 이러한 질문에 부정적인 대답을 내리게 한다. 즉 학생운동은 전문적 지성과 리버럴 아트를 종합하려 했던 난바라의 이상이 좌절됨으로써 전후 대학개혁 실험이 실패했다는 것을 상징적으로 보여준다. 1960년대 말의 학생운동에 대해서는 이미 고사카 슈헤이小阪修平의 『사상으로서의 전공투 세대』, 시마 다이조島太三의 『야스다 강당 1968~1969』, 나가사키 히로시長崎浩의 『반란의 60년대』, 요모타 이누히코四方田犬彦의 『하이스쿨 1968』과 같은 '그 시대' 당사자들의 성찰에서부터, 오쿠마 에이지小熊英二의 『1968』처럼 "회고라는 특권에서 벗어난 젊은 세대(나가사키 히로시)"에 의한 상세한 분석에 이르기까지 많은 책이 집필되었다. 이 책에서 확인해두려는 것은 이러한 학생운동의 증식이 신제 대학의 어떠한 한계 때문에 비롯되었으며, 70년대 이후의 대학 '개혁'에 어떠한 영향을 미쳤는가 하는 점이다. 즉 학생운동에 대해 '대학론적'으로 접근해볼 필요가 있다.

일련의 학생운동의 도화선이 된 것은 1965년 1월부터 게이오 대학에서 시작된 등록금 인상 반대 투쟁이었다. 그때까지 게이오 대학에서는 학생운동이 거의 발달하지 않았는데, 대학평의회가 등록금 인상안을 발표하자 이에 항의하는 집회에 3000여 명의 학생이 모여 순식간에 대중운동화하는 양상을 보이기 시작했다. 1960년대 말까지 이어진 소요가 게이오 대학에서 시작되었던 까닭은 이곳이 대규모 사립대학 중에서는 신좌익 섹트sect[2]의 영향력이 가장 약했기 때문이었다. 섹트의 영향력이 강한 곳에서는 지배적인 섹트와 대학 집행부의 담합이 작동했지만, 게이오 대학에는 이와 같은 구조가 자리잡지 않았기 때문에 오히려 학생들의 자연발생적인 불만이 직접 대학 집행부를 향해 분출되기 쉬웠다.

대학 경영진 측이 등록금 인상을 결정한 일주일 뒤 열린 학생 집회에는 8000여 명의 학생이 수업을 보이콧하고 참가하였고 그 뒤로도 전체 집회가 열려 참가자는 1만 명을 넘어섰다. 섹트 계열 활동가가 애초에 적은 대학에서 재학생의 절반에 육박하는 것으로 추계되는 다수의 일반 학생이 눈사태처럼 투쟁을 위해 몰려듦에 따라, 상황은 당시 신구 좌익 세력의 의도와는 다른 방향으로 흘러갔다. '직

---

2   주로 좌익 계열 운동권의 분파.

접 민주주의'가 운동의 기조가 되어 "자치회 상층부보다 클래스 내부의 토의가 먼저 달아올라 그것이 전교 투쟁위원회의 결정을 좌우"했다. 바리케이드로 점거된 건물은 자주관리 상태에 놓였고, "학생들은 그야말로 학교 축제 전날이나 수학여행날 밤처럼 밤새 자유롭게 토론하고 속을 터놓으며, 함께 식사하고, 연대하여 행동하는 즐거움을 찾아냈다(오쿠마, 앞의 책)".

　게이오 대학 투쟁을 뒤따른 것은 이듬해인 1966년 와세다 대학에서 일어난 등록금 인상 반대 투쟁이다. 와세다 대학에는 원래 '혁말파(혁명적 마르크스주의파)'를 필두로 한 좌익 섹트 몇 개가 북적대며 세력 다툼을 벌이고 있었다. 수년 전부터 대학 경영진과 이들 섹트 사이에서 학생회관 관리권을 둘러싼 대립이 표면화되고 있었는데, 이 당시에는 투쟁이 전체 대학 규모로 진행되지는 않았다. 그러나 1965년 말 경영진이 일방적으로 등록금 인상을 결정하자, 오하마 노부모토大濱信泉 총장의 1인 경영과 전혀 개선되지 않는 양산量産 교육에 대한 일반 학생들의 누적되어 있던 불만이 폭발하여, 투쟁은 전 대학의 장기 파업 국면에 돌입했다. 그리고 여기에서도 "데모와 바리케이드, 유숙과 토론은 '현대적 불행'에 직면해 있던 학생들에게 삶에 대한 충실감을 부여했다". 즉 점거한 교사校舍에서 학생들은 "대규모 유숙 체제에 돌입했다. 캠퍼스에서는 간판을 만드는 망치 소리가 밤하늘에 울려퍼지고, 곳곳에서 켜진 모닥불 주변에서는 교가와 '인터내셔널'[3] 혹은 유행가를 개사한 노래 등이 불리"고 있었다. '도시의 서북'[4]과 '인터내셔널'과 '유행가'를 섞어부르던 집단의식의 고양 속에 이 시대 학생운동의 의식이 집약된 셈인데, 이는 또한 "와세다 대학을 고도성장 시대의 인재양성기관으로 재편하려 했던 대학 측과 전통적 대학상을 지키려 했던 학생 측의 싸움"이기도 했다(오쿠마 에이지, 앞의 책). 실제로 와세다 투쟁의 리더였던 오구치 아키히코大口昭彥는 고지식한 기질의 와세다대생으로서 예의바르고 소박한 성격으로 정평이 나 있었고, 학생들이 봉쇄했던 교사 안에서도 도덕과 질서가 일관되게 유지되었다고 한다. 고도성장으로 일본 전체가 들떠 있는 상황에서 대학의 윤리가 붕괴하는 데 앞장서서 기여한 것은 전통적인 대학 이념을 고집한 학생들이 아니라 자금을 목표로 대학의 규모 확대를 향해 독주하던 대학 경영진 쪽이었다.

일대 투쟁과 동대 투쟁

게이오와 와세다에서 시작된 학생운동은 요코하마 국립대와 주오中央 대학, 메이지明治 대학 등지에 동시다발적으로 비화하여, 결국 1968년 봄 이후 일대日大(니혼 대학) 투쟁과 동대東大(도쿄 대학) 투쟁이라는 두 '분쟁'으로 정점에 도달한다. 그러나 당시의 학생운동을 대

---

3 전 세계 사회주의자들의 노래로 한때 소련의 국가이기도 했음.
4 "도시의 서북쪽 와세다의 숲에"로 시작하는 와세다 대학의 교가.

표하는 이 두 투쟁은 여러 의미에서 대조적이었다.

일대 투쟁의 배경은 규모 확장에서 빚어진 부담을 등록금 인상으로 타개하려다 분쟁이 일어난 다른 사립대학과 마찬가지였으나, 그 모순이 극한으로 치달은 경우였다. 니혼 대학은 원래 사법성의 야마다 아키요시山田顯義[5]와 제국대학 계열의 법학자를 중심으로 창립된 전문학교로서, 전전기까지는 거대 대학이 아니라 법학계 명문사학 중 하나였다. 그러나 전후에 고도성장과 더불어 사업 규모 확대로 내달리면서, 예산 면에서는 1968년에 약 300억 엔에 달해 게이오, 와세다를 추월했고, 학부도 주간 11학부, 야간 5학부, 통신교육 4학부 등 20학부 총 학생 수 약 10만 명 이상의 거대한 교육산업체가 되었다. 그리고 이사장인 후루타 주지로古田重二郎는 대학 직원에서 출발하여 정상의 지위에 오른 인물로, 자민당 정치가와도 줄을 대고 있었다. 후루타에게 대학은 교육이나 학문의 장이기 이전에 경영체로서 영리사업의 대상이었다. 사업의 성공을 위해서는 무엇보다 막대한 입학금과 등록금, 기부금을 획득하는 것이 우선이었으므로, 이를 위해 정원의 몇 배나 되는 수의 학생을 입학시켰다. 또한 인건비나 시설비는 낮게 유지하면서 새로운 토지를 취득하여 사업 확대로 내달리는 효율적인 길을 택했다.

당시는 고도성장 속에서 자민당이 오랜 기간 안정적으로 정권을

[5] 1844~1892. 야마구치 현 출신의 군인 겸 정치가로 법무대신을 역임했다.

유지하면서 이공계 중심의 고등교육 확대 정책을 추진하고 있었다. 니혼 대학의 후루타 체제는 이 같은 자민당 정권과 밀착하여 고도성장이 초래한 경제적 해택을 한껏 향유하였다. 당연하게도 배움의 장으로서 대학의 질은 떨어지고 있었으나, 자민당 정치가들에게 줄을 대 수하를 정계의 중추에 내보내고 있었던 후루타에게 문부성은 어떠한 간섭도 할 수 없었다. 아키타 아케히로秋田明大를 리더로 하는 일대 투쟁은 용도가 확실치 않은 거액의 비자금이 드러난 사건을 계기로 후루타 체제에 단호하게 맞서 운동의 봉화를 올렸다.

한편, 의학부 졸업생을 무급 의국원으로 부리던 문제에서 시작된 동대 투쟁의 주요인은 이처럼 사립대학에서 일반적이었던 학생 정원의 과잉이나 이익제일주의에서 비롯된 교육 환경의 악화에 대한 비판과는 양상을 달리하고 있었다. 사립대학에 대한 배려 차원에서 고도성장기에도 국립대학의 학생 정원을 상대적으로 낮게 유지했기 때문에 교원 1인당 학생 수에서는 무리가 없는 수치가 유지되었다. 도쿄 대학에서 학생운동의 불씨는 대학원생과 신진 연구자 수준에서 유지되던 연구실 체제에서 비롯되었다. 의학부 내에서 집행부와 의국원 및 의학부생과의 대립이 격화되어, 의학부 교수회가 청의연(청년의사연합) 소속의 학생 다수에게 퇴학 등 중징계를 결정한 데서 분쟁은 본격화되었다. 이에 반발한 의학부 전공투(전학공투회의)는 1968년 6월 15일 이른 시간에 대학본부가 있던 야스다 강당을 점거해버린다. 이에 오고치 가즈오大河內一男 총장은 강하게 반발하면서,

학생들에 대한 설득이나 조정 등 본래 이루어져 할 단계를 생략하고 곧장 경찰에 기동대 투입을 요청했다.

의국원 문제는 당시 대학 의학부 대부분이 품고 있었던 문제이기는 했으나 도쿄 대학의 경우 학생단과 교수단이 서로를 자극하는 방향으로 사태가 진행되고 있었다. 오고치 총장이 기동대를 갑작스럽게 투입시킨 사건은 학내에 큰 파문을 불러 '당국'에 대한 학생들의 분노를 일거에 폭발시키는 결과를 낳았다. 그들은 전 대학에 투쟁을 호소하여 기동대가 진입한 17일에는 3000명, 20일에는 7000명 규모의 학생이 야스다 강당 앞에 집결하였다. 얼마 안 있어 각 학부 학생자치회는 차례로 무기한 파업에 들어갔고 이윽고 7월 2일에는 학생들이 다시 야스다 강당을 점거했다. 여기까지 불길이 번진 이상 이미 그리 간단하게 수습할 수는 없었다. 두 번째 점거와 더불어 야마모토 요시타카山本義隆를 의장으로 하는 동대 전공투가 결성되었고, 11월 오고치 총장이 사임하고 이듬해 1월에는 스펙터클처럼 펼쳐진 야스다 강당 공방전으로 사태가 이어졌다.

일련의 '분쟁'에서 일어난 여러 가지 일에 대해서는 앞서 열거한 저작에 상세히 나와 있다. 요약하자면, 와세다대나 니혼대에서 학생 운동이 일어난 최대 요인은 전후 사립대학이 지향하던 이익제일주의와 과도한 학생 증가에 따른 교육의 질 저하였다. 니혼 대학은 이 노선을 가장 적극적으로 펼쳐나갔는데, 정도는 달라도 대규모 사립대학은 대개 유사한 길을 걷고 있었다. 제2차 베이비붐 세대가 가혹한 경쟁을 거쳐 대학에 들어가보니, 그곳에는 학생을 사업 확대의 원천으로 바라보는 대학의 모습만이 있었던 것이다. 대학들의 분쟁을 전체적으로 스케치해보면, 학생 측이 대학에서 어떤 배움을 진지하게 구하고 있었음에 비해 경영진 측은 사업을 '고도성장'시키는 데에만 몰두하고 있었다. 그리고 대부분의 경우 교수진은 폭발하는 학생들의 불만과 집행부의 경영방침이 격돌하는 틈새에서 무기력했다. 일대 투쟁에서 학생 측은 교수들에게 "10년 전과 비교할 때 학생 수는 3배 이상 늘고 수업료는 9배로 올랐는데, 선생님은 2배밖에 늘어나지 않았다. 교사校舍는 고작 2.5배 늘었다"고 주장했다고 한다(오쿠마 에이지, 앞의 책). 질 높은 교육을 위해서는 교수 인원의 확충과 교실 환경 개선이 필수적이므로 교수진도 학생들의 이 같은 주장을 바탕으로 경영진과 일전을 불사할 수도 있었을 것이다.

한편 도쿄 대학에서 학생운동을 확대시킨 요인은 우선 이공계의 연구교육 체제, 특히 커리어 패스가 기존의 체질을 탈피하지 못한 데 있었다. 사립대학이 고도의 경제성장을 향해 대학을 무절제하게 키움으로써 분란을 야기했다면, 도쿄 대학의 경우는 오히려 사회의 변화에 적응하지 못한 것이 분란의 원인이 되었다. 니혼대 학생들의 분노는 대학 경영진을 향한 것이었음에 비해, 신진 연구자가 교수의 권위주의를 타파하기 위해 일어선 동대 투쟁이 지향한 것은 대학이라는 장의 권력구조를 '자기 부정'을 감행할 정도로 급진적으로 변혁하는 것이었다. 구시대적 교수의 전형이라고도 할 오고치 총장이 사태의 변화에 적절하게 대응하지 못한 것도 혼란을 확대시킨 요인이었기에, 사태를 타개하기 위해서는 가토 이치로加藤一郎 총장대행과 같은 새로운 타입의 지휘관이 필요했다. 즉 사립대학의 경우에는 '새로움'이, 국립대학의 경우에는 '낡음'이 규탄되어야 할 문제의 핵심에 있었기에, 사립대 학생들은 대학이 그 원점으로 돌아오기를 요구한 반면 도쿄대 학생들은 그토록 낡은 대학의 체질 그 자체를 벗어버릴 것을 요구했다. 그러나 두 경우 모두 학생들이 요구한 것은 대학의 새로운 모습이었다. 그들은 전후의 대학개혁이 결국은 자신들이 요구한 새로운 모습을 산출해내지 못했다고 선언함으로써 앞서 말한 난바라 시게루 이념의 파산을 선고한 것이다.

사립대학 주도의 대학 팽창 노선

이상에서 서술한 일대 투쟁과 동대 투쟁의 차이는 전후에 신제 대학이 설치되고 있던 두 개의 상이한 역사적 문맥 속에 존재했다. 우선 근대 일본 사립대학의 역사에 주목해보면, 전전보다 비교적 발전이 빨랐던 쪽은 게이오 대학과 와세다 대학을 필두로 메이지 대학, 호세이法政 대학, 주오 대학, 니혼 대학, 센슈専修 대학, 간사이關西 대학, 리츠메이칸立命館 대학, 다쿠쇼쿠拓殖 대학 등이다. 이들 대부분은 메이지 시기에 법률계 사립 전문학교로 출발했다. 여기에 기독교계 사학으로서 출발한 죠치上智 대학, 릿쿄立教 대학, 도시샤同志社 대

학, 아오야마가쿠인青山學院 대학, 메이지가쿠인明治學院 대학, 간사이가
쿠인關西學院 대학, 도쿄 여자대학 등을 더하면 전전기의 사립대학의
중핵이 거의 손에 잡힌다. 물론 여기에 쓰다주쿠津田塾 대학이나 니
혼 여자대학으로 대표되는 여자 전문학교의 계보, 고쿠가쿠인國學院
대학이나 도요 대학으로 대표되는 국학적인 계보, 나아가서 황실과
의 관계가 깊은 가쿠슈인學習院 대학을 더해야 할 것이다. 그러나 대
체로 보면 대부분의 사학은 법학과 기독교라는 두 가지 지적 기반
위에서 발달해왔으므로, 전자에 상업계 학교를, 후자에 불교나 국
학을 더하게 되면 그 지적 전통의 골격을 이해할 수 있다. 이 같은
발달의 지적 기반은 법학과 신학을 중핵으로 하고 있던 중세 유럽
의 대학문화를 떠올리게도 한다. 바야흐로 전후를 맞이하자 두 사
학의 계보는 이상의 20개 학교를 중핵으로 하여 사립대학 급성장의
시대로 돌입하게 된다.

실제로 1950년대 이후 일본 대학에 나타난 최대의 변화는 사립대
학생 수의 격증이다. 점령기 개혁에 의해 탄생한 신제 대학제도는
사학 입장에서는 대학의 설립조건이 일거에 용이해진 것을 의미했
다. 전전에도 물론 1903년의 전문학교령과 1919년의 대학령에 의해
사학의 제도화가 진행되어 전자에 의해 다수의 사립 전문학교가 탄
생하였고 후자에 의해 그중 유력한 학교가 사립대학으로 격상되었
다. 대학령 실시 직전에 이미 72개의 전문학교가 존재하였고, 그 대
부분은 사립이었다고 한다. 학생 수도 약 4만 명으로 같은 시기 관

립 고등교육기관의 학생 수를 상회했다. 그러나 윤택한 재정적 기반을 지닌 게이오와 와세다를 예외로 하면 대부분은 겨우 경영이 유지될 정도로 학생을 모집하는 것이 고작이었고, 학생의 경우 "중등학교 졸업자는 고등학교를 필두로 한 관립학교를 목표로 했고, 여기에 실패할 경우 거의 전원 합격에 가까운 사립대학에 입학하는 것이 일반적"이었다(아마노, 앞의 책). 대학령에 의해 '승격'된 전문학교를 중심으로 26개의 '사립대학'이 탄생하지만, 관립을 포함하여 총 48개였던 대학 수는 전시에 이미 200개를 넘어선 전문학교 숫자의 4분의 1 이하였다. 즉 전전부터 사립대학이 탄생한 것은 분명하지만 여러 관립학교와의 사이에는 명백한 격차가 있었고, 게다가 사학의 요체는 소수의 사립대학보다는 그 주변으로 확대되던 압도적 다수의 전문학교 쪽에 있었던 것이다.

전전에 사립대학의 확대를 제한한 가장 큰 요인은 거액의 공탁금제도와 문부성의 막강한 감독권이었다. 즉 단과라 할지라도 사립 전문학교가 '대학'으로 승격하기 위해서는 50만 엔의 공탁금을 국가에 맡겨야 한다는 전제가 있었고, 문부성이 그 설비나 전임교원에 대해 엄격한 설치 심사를 했다. 이런 식으로 전전기 사립대학은 그 수준이 매우 엄격하게 관리되고 있었다.

그런데 이 공탁금제도가 신제 대학 체제에서 폐지된 것이다. 또한 신제도에서는 사립대학에 대한 문부성의 감독권이 대폭 약화되어, 학교법인 설치나 기부행위, 학칙 인가 등에 대해 문부대신은 사학

관련자가 4분의 3 이상을 점하는 사립대학심의회의 의견을 듣도록 의무화했다. 또한 새롭게 제정된 사립학교법은 국가나 지방 공공단체가 사립학교에 보조금 등을 지원할 수 있게 함으로써 다양한 사학 조성助成 조치가 강구되었다. 이리하여 사립대학을 둘러싼 법적·재정적 환경은 전쟁 이전과 같은 엄격한 관리에서 벗어나 오히려 겹겹의 보호 아래 놓이는 것으로 격변하였다. 전전까지는 공적 지원이 없었을 뿐만 아니라 엄격한 감독을 받아야 했던 사립대학은 전쟁이 끝나자 "어지간한 불상사라도 일으키지 않는 한 문부성의 간섭을 받지 않아도 되는 데다 새롭게 공적 지원도 받을 수 있게 되었다(구사하라 가츠히데, 『일본의 대학제도』)".

이상의 제도 전환을 발판으로 고도성장기를 거치면서 사립대학은 대확장 시대를 맞이한다. 입학자 수를 지원자 수로 나눈 대학의 수용 능력은 1960년대 중반 베이비붐 세대가 대학 입학 적령기에 도달할 무렵에도 서서히 상승하여 70퍼센트를 넘어가게 되는데, 이는 젊은 세대의 인구 증가보다 대학의 규모 확장이 더 빠른 속도로 진행되었음을 의미한다. 더욱이 국립대학에서는 이공계가 확장되기는 했으나 문과의 학생 정원은 거의 증가하지 않았으므로, 격증한 대학 입학자의 대부분을 흡수한 것은 사립대학이었다. 많은 사립대학이 교육의 질 확보에 필요한 한도를 훨씬 넘어서는 입학자를 받아들였던 것이다. 이 같은 무책임한 이익 추구는 전후의 고등교육 개혁 속에서 사학 설치가 거의 자유방임의 상태에 놓인 결과이기도 했다.

특히 그 전까지는 학생 정원을 변경할 때 문부대신과 협의를 거쳐야 했으나, 1961년에 시작된 이공계 모집정원 확대 계획에 따라 사전에 신고하는 것만으로도 정원 변경이 가능해졌다. 게다가 정계와 연줄이 있으면 대개 그 정원마저 무시하고 학생을 입학시킬 수도 있었다. 실제로 이 정원 변경이 협의제에서 신고제로 변경될 때 이를 추진한 과학기술청의 배후에서 열심히 움직였던 것은 바로 니혼 대학 이사장 후루타 주지로였다고 한다. 이리하여 결국 입학 정원이 엄격하게 제한되었던 국립대학과는 달리 사립대학은 일단 대학이나 학부 설치 인가를 받기만 하면 그 뒤에는 자유롭게 학과를 확충하거나 정원을 늘릴 수 있게 되었다. 이는 신제 대학제도 아래에서 교육의 질 유지와 향상이라는 관점에서 보면 파멸적인 선택이었다.

이공계의 확장—총력전에서 고도성장으로

고도성장기를 거치며 사립대학의 사업이 급속히 확대되고 학생 수가 격증함에 따라 전후 일본의 대학 시스템은 확실히 그 중심이 국립에서 사립으로 바뀌어갔다. 한편 이와 동시에 대학의 연구 역시 점점 이과 중심으로 바뀌어갔다. 1950년대 중반 경제부흥으로 나아가는 움직임 속에서 산업계는 대학에서 이공계 인재를 양성해야 한다고 절실히 요구했고, 문부성이 이를 수용함으로써 1957년 장기

경제계획과 관련하여 이공계 학생 정원 8000명 증원이 결정되었다. 또한 1960년대 소득배증所得倍增 정책 속에서 문부성은 다시 이공계 학생 2만 명 증원 계획을 실시하여 불과 3년 만에 그 목표를 달성한다. 그 뒤에도 베이비붐 세대 가운데 고졸자가 격증함에 따라 대학 정원을 늘리게 되는데, 국립대의 경우 문과의 정원은 동결한 채 이공계 중심으로 증원이 실시되어 전국 국립대학에서는 학생 수와 교원 수 모두 공학계가 최대 다수를 점하게 되었다. 전체적으로 입학 정원이 늘어나고 있던 이 시기에 국립대 문과의 증원이 억제된 배경에는 "문과 계열의 늘어난 학생을 사학으로 흡수하여 경영 안정화를 꾀했던 사학 단체의 의도"가 있었다(구사하라, 앞의 책). 결과적으로 국립 종합대학에서 공학계 중심으로 정원이 확대됨으로써, 국립대는 실질적으로 국립 공과대라는 야유를 받을 지경이 되었다.

그러나 이공계 학부와 연구기관의 확장은 전후에 시작된 것이 결코 아니다. 이미 제1차 세계대전 이후 일본의 과학기술 연구와 국가의 연관성은 급속히 강해지고 있었다. 세계대전을 계기로 과학기술을 진흥시키려는 흐름 속에서 산업정책에 대한 공학자들의 발언이 활발해졌고, 국가적 과학기술 체제를 담당할 기술 관료가 등장했다. 1930년대에는 특히 만주사변을 계기로 각지의 제국대학에서 이공계 확충이 본격화되었다. 1931년 의학부와 이학부의 2학부 체제로 발족했던 오사카 제대는 1933년에 오사카 공업대학을 흡수하여 공학부를 설치한다. 1939년에는 나고야 제대가 설립되는데 이곳 역시 몇 년만에 의학부, 이학부, 공학부의 3학부 체제를 갖추게 된다. 같은 해 규슈 제대 이학부가, 1942년에는 도쿄 제대 제2공학부가 증설되었다. 나아가 이 시기 부속 연구소가 잇달아 설치되면서 많은 연구소가 과학기술 동원 정책의 산물로서 탄생했다.

또한 과학기술정책에서도 같은 시기에 대규모 연구지원의 흐름이 본격화된다. 1932년에는 일본학술진흥회가 설치되어 이듬해부터 과학연구비 지원이 시작되는데, 그 조성액은 1918년에 이미 시작된 문부성 과학연구 장려금의 약 10배, 상공성이나 학사원의 보조금을 합친 총액의 3배 이상에 달하는 거액이었다. 게다가 이 보조금에서 공학계가 차지하는 비율은 초기에 약 40퍼센트였으나 1941년에는 약 70퍼센트까지 상승했다. 이리하여 항공연료, 무선장치, 우주선, 원자핵, 철강, 유기합성, 전기재료 등 군사와 관련이 깊은 모든 분야는 전쟁을 거치면서 큰 발전을 거듭한다. 결국 이러한 정책은 기획원企劃院[6]과 흥아원興亞院[7]이 중심이 된 1940년의 '과학동원계획요강'이나 1941년의 '과학기술신체제확립요강'으로 정리되는데, 여기에서는 "과학 연구는 중점주의에 의거하여 시국 목적에 집중·통합하고 각 연구기관으로 하여금 최적의 연구에 전념토록 하기" 위한 연구자와 자원의 재분배를 겨냥하고 있다. 연구자의 양성·배치를 계획적

---

6 1938년 10월에 설치된 내각 직속의 종합정책기획 및 입안기관으로, 실제로는 내각의 총동원 관계 사무를 담당했다.
7 1938년 12월에 설립된 일본의 국가기관으로 중일전쟁 발발 이후 점령지에 대한 정무·개발 사업을 총괄하였다.

으로 강행하고 연구용 재료 확보, 과학자 표창, 규격 통일과 표준화에서 과학기술 행정기관 창설 및 과학기술심의회 설치에 이르기까지 전시에 확립된 과학기술 동원체제는, 전후 그 목표를 '전쟁수행'에서 '경제발전'으로 전환하면서 다양한 방식으로 구체화될 체제의 원형이 되었다.

이상의 개관을 통해 전시부터 이미 이공계의 학부, 연구소, 학회, 과학기술정책을 주도하는 관료 시스템이 거대한 인적 네트워크를 형성하고 있었던 사정을 알 수 있다. 패전과 점령에 의해 군사기구는 해체되고 보수정치가는 일시적으로 배제되었음에도 전시까지의 관료기구는 유지되었기에, 국가적 과학기술정책이나 이를 뒷받침하는 관료, 대학, 학회, 또 여기에서 전문적인 연구에 종사하는 연구자나 기술자의 네트워크는 전시부터 고도성장기까지 연속적으로 유지되었다. 고도성장기에 나타난 이과 중심의 대확장은 결코 1950년대 말 돌연히 시작된 것이 아니라 총력전 체제 속에서 시작된 흐름이 보다 대규모화된 것이라 보아야 할 것이다.

이러한 상황은 인맥이나 예산 체제뿐만 아니라 각 분야의 연구체제나 교육, 커리어를 둘러싼 사고방식 역시 동일하게 유지되었으리라는 점을 시사하고 있다. 즉 대학 분쟁의 와중에 학생들이 규탄했던 많은 문제점은 전후 새로 생겨난 체제에서 비롯된 문제가 아니라 제국대학 시기부터 누적된 역사에서 유래된 것이었다. 전전기 및 전중기에 비롯된 대학 내 의사결정 및 연구교육 체제가 전후 '대학

자치'라는 미명 아래 큰 구조개혁 없이 유지되고 있었던 까닭에, 동대 전공투를 필두로 한 학생투쟁은 제국대학 이래의 이와 같은 '낡은' 아카데미즘 권력과 권위적인 체제를 규탄하는 데 목소리를 높였던 것이다.

학생운동 속에서 발견한 '대학'

1960년대 말 학생운동에서 문제시되었던 것은 고도성장에 동조하여 사업 확장의 길로 질주하는 사립대학의 이익제일주의, 총력전 시기에 시작된 이공계의 연구 체제 그리고 구태에서 벗어나려 하지 않는 아카데미즘의 권위주의였다. 그러나 사회운동은 늘 그 자체로서 역동성을 내포한 까닭에, 집단적 실천 과정에서 참여자들은 운동이 발생한 시점에서는 생각하지도 못했던 인식의 지평을 종종 발견하게 된다. 실제로 일대 투쟁과 동대 투쟁의 원인은 매우 달랐지만, 투쟁 과정에서 학생들이 만들어낸 코뮌적 상황에는 공통점이 있었다. 시마 다이소는 바리케이드를 치고 농성하던 시기를 회고하면서 "니혼 대학의 바리케이드 안에서는 트럼펫을 불고 기타를 치며 포크송을 부르는 학생들이 흔했던 데 비해 야스다 강당은 아주 조용했다. 대강당에는 그랜드피아노가 있어 이따금씩 이를 연주하는 학생도 있었고 수시로 콘서트도 열렸지만, 늘 노래가 있었던 것은 아니다"라고 쓰고 있다. 두 대학에는 분명 문화적 차이가 존재했지만 두 곳 모두 "술도 마작도 없었다"고 시마 다이소는 이야기한다. "투쟁 전까지는 마작방에 틀어박혀 있었던 청년들이 완전히 변했다. 거의 절간 같았다"는 것이다. 전술한 바와 같이 소요를 일으켰다고 해서 학생들이 불성실했던 것은 아니었다. 사실은 오히려 그 반대로, 그 전까지 반쯤은 놀면서 대학생활을 하던 청년들 대부분이 투쟁에 참가하면서 아주 진지해졌던 것이다. 예를 들어 도쿄 대학의 경우 투쟁위원회의 학생들은 '노동운동사' 같은 과목부터 수학의 '집합론'이나 '적분론'까지 자주적으로 강좌를 조직하고, 강사를 선발하여 수업을 진행했다고 한다.

오쿠마 에이지가 추적한 바에 따르면, 이러한 종류의 자주강좌는 이미 게이오대 투쟁에서부터 시작되었다. 학생들은 바리케이드 안에서 "커리큘럼을 조직하고 클래스 토론이나 세미나를 열었으며, 투쟁의 논리 속에서 새로운 생활의 논리를 고안해내려 했다. 각 교실에 학교와는 완전 별개의 교양과정 강좌를 만들고, 다른 대학에서 강사를 불렀다. 커리큘럼 운동의 일환으로 베트남 문제에 대한 토론을 여기저기서 열었으며, 1000명의 학생을 모아 학내 토론회teach-in를 거행했다(나카지마 마코토 편, 『전학련』)". 이러한 자주강좌는 머지않아 요코하마 국립대에서 그 스타일이 확립되었다. 여기서는 학생들이 투쟁을 하는 과정에서 자연발생적으로 독서회를 열고, 자주 커리큘럼위원회가 시간표를 편성하여 투쟁에 사용하는 시간과 공부를 위한 시간을 따로 배정했다고 한다. 다만 커리큘럼위원회가 강좌를 애써 조직한다고는 해도 참가자는 한정되어 있었고, 투쟁이 장기화되는 가운데 학점을 받을 수 없는 과목에 대한 학습의욕을 지속시키기에는 어려움이 따랐다. 또한 강좌의 대부분은 독서회나 외부 강사에 의존하는 강연회였으므로 지식의 체계적 습득과는 다소 거리가 있었다.

이 같은 여러 한계에도 불구하고, 요코하마 국립대 학생들이 고안한 형태의 '자주강좌'는 전국 각지의 대학 투쟁 속에서 수용되었다. 이 강좌들이 목표로 한 것은 점거한 캠퍼스에 또 하나 '본래의 대학'을 만들어내는 것이었다. 이익 추구와 권위주의로 응고되어버린 대학을 향해 분노를 폭발시킨 학생들에게 자주강좌는 "그들이 마음속에 그리던 '진정한 대학'의 재탄생인 동시에 '현재적 불행'에서 탈출하여 자기와 '주체성(아이덴티티)'을 회복하기 위한 행위였다(오쿠마, 앞의 책)". 지금 보면 이는 너무나도 나이브한 대학관인지도 모른다. 그렇지만 소비사회의 경향이 짙던 1970년대 이후의 대학문화와 비교해 볼 때, 1960년대 말의 학생들은 훨씬 진지하게 '대학'을 추구하고 있었다. 적어도 당시에는 대학을 기업에 취직하기 위한 관문에 불과한 것으로 생각하지는 않았다. 당시 학생들은 대학이 그 자체로서 어떠한 가치합리성[8]을 지녀야 한다고 믿었던 것이다.

---

8 사회학자 베버Max Weber(1864~1920)가 사용한 용어로서, 목적을 달성하기 위하여 적절한 수단을 선택하는 것을 의미하는 '목적합리성'과는 달리 목적이나 결과에 관계없이 행위 그 자체로서 가치가 존재하는 것을 의미한다.

야스다 강당에서의 농성전, 전국 각지의 대학은 물론 고등학교까지 번진 학원 항쟁, 학생 섹트 사이의 내분이 격화되어 마침내 처참한 연합적군사건[9]에까지 이르는 과정을 여기에서 논할 생각은 없다. 중요한 것은, 이 같은 사건들을 겪고서 1970년대 중반 '평온'을 회복한 대학에서 마치 아무 일도 없었던 것처럼 일상이 영위되는 가운데, 자주강좌만은 살아남아 이후로도 대학과 그 주변에서 이루어졌다는 사실이다. 도쿄 대학의 경우 공학부 조교 우이 준宇井純이 개설한 공개 자주강좌 '공해원론'이 대표적인 사례다. 대학 분쟁 당시 유학중이었던 우이 준은 1970년에 귀국한 뒤 도쿄 대학 공학부 교실에서 자주강좌를 열었는데, 이 강좌가 그 뒤에도 15년 동안이나 지속적으로 개최되어 공해 연구나 환경운동에 몸담은 사람들의 네트워크를 구축하기 시작했다. 한편 1960년대 말의 자주강좌 정신이 1970년대의 도시로 전출한 사례는 다카다노바바高田馬場의 사무실을 임대하여 운영되고 있던 '데라코야寺小屋(서당을 뜻하는 '데라코야寺子屋'와 판잣집 '홋타테코야堀建て小屋'를 합친 말)'에서 찾을 수 있다. 데라코야에서는 히로마쓰 아유무廣松歩나 미타 무네스케見田宗介를 필두로 한, 1970년대 대학생들의 관심을 한몸에 모았던 교사들이 그곳에 모인 젊은이들과 대화를 이어나갔다. 학생운동에서 발원한 이 같은 학습

9 1969년 결성된 일본 공산주의 조직 '연합적군聯合赤軍'이 1972년 29명의 조직원 중 12명을 잔혹하게 살해한 '산악베이스사건'과 아사마 산장에서 인질극을 벌이다 3명이 사망에 이른 '아사마산장사건'을 합쳐서 부르는 말.

운동의 흐름에 대해 안도 다케마사安藤丈將는 이러한 활동의 참가자들이 "학습을 위한 학습이나 학력사회에서 살아남기 위한 학습이 아니라 사회운동으로서의 학습"을 지향했다고 썼다(「일상성의 자기변혁의 참조점을 찾아서」).

열린 지성으로 나아가려고 했던 운동에서는 쓰고, 말하고, 연기하고, 촬영함으로써 참가자를 주체로서 구축하는 일을 중시했는데, 그 배움의 주된 현장은 이미 대학 캠퍼스가 아니었다. 항쟁이 끝나고 보니 이미 대학원생이었던 운동 리더들의 대부분은 대학에서 연구자로 남을 가능성을 잃은 상태였다. 좀더 어렸기에 제도적으로는 그 가능성이 열려 있던 이들도 '대학'의 기만성을 철저히 공격한 뒤에 바로 그 대학에 계속 남는다는 것을 주저하기도 했다. 그 결과 지적으로 우수한 많은 젊은이가 대학 바깥으로 빠져나갔다. 그들은 입시학원 강사가 되어 생활의 양식을 얻는 한편으로 남는 시간을 학문적 탐구나 운동의 지속을 위해 사용했다. 예를 들어 1966년에 도쿄 대학에 들어와 전공투 운동에 참가한 고사카 슈헤이는 투쟁이 끝난 뒤 '현실'로 방출되자 망연자실한 나날을 보내면서 학원 강사 노릇을 하며 밥벌이를 하게 되었는데, 당시의 입시학원에는 학생운동을 하다가 영락한 이들이 많이 섞여 있었다고 한다. 입시지도는 실력만으로 승부하는 세계인 만큼 고도의 사고력을 필요로 한다. 학생운동에 몰두했던 학생 중에는 분명히 이러한 능력에서 대학에 반기를 든 경우도 많았으므로, 퇴학당한 학생운동의 리더가 발전중이던 입시업계에서 인기강사가 된 것도 불가사의한 일은 아니다. 한편, 대학에서 밖으로 나온 활동가가 출판 분야에서 활약하는 경우도 있었는데, 고사카의 경우 '데라코야'의 수업에 참가하다가 편집자와 인연을 맺게 되면서 얼마 뒤 다양한 잡지에 기사를 투고하기에 이른다(『사상으로서의 전공투 세대』).

외국 대학에서는 1960년대 말 운동에 참가했던 활동가가 비교적 일찍 학문의 중추를 담당하는 움직임도 발견되지만, 일본에서 그러한 움직임은 뒤늦게 나타났다. 1970년대 많은 대학은 저항하던 학생들의 에너지를 자기혁신을 위한 힘으로 전환시키지 못하고 대학 바깥으로 배제하였으며, 대개의 경우 학생들 쪽에서 대학을 떠났다. 그리고 1970년대 중반 대학은 다시 평온을 되찾지만, 이는 1990년대 '위로부터의' 개혁의 파도가 도래할 때까지의 짧은 휴식에 불과했다. 투쟁에 참여했던 상당수의 유망한 젊은이들은 대학을 내팽개치고 지식산업 혹은 입시산업이라는 세계에서 새로운 흐름을 만들어내고 있었다.

간소화·중점화·
법인화

대학 분쟁에 대한 정책적 대답으로서의 46대책

일대 투쟁과 동대 투쟁을 정점으로 전국의 대학을 휩쓸었던 '분쟁'과 그 결과는 그 뒤 대학의 변화에 큰 영향을 미쳤다. 1970년대 초반 '분쟁'을 심각하게 받아들이고 있었던 것은 교육행정 쪽도 마찬가지였다. 이리하여 이 문제에 대해 행정 쪽에서는 4년간의 심의를 거쳐 1971년 6월 일찍이 '모리토 사건'의 주인공이었던 모리토 다쓰오 중앙교육심의회 회장이 정리한 '이후 학교교육의 종합적인 확충 정비를 위한 기준적 시책에 대하여'라는 제목의 대책안, 이른바 '46대책'[10]을 제출한다. 이 46대책은 1960년대 말의 학생운동과 1990년대의 국가 주도 교육개혁의 중간지점에 위치하여 1990년대 이후 추진될 몇몇 고등교육 개혁의 원형을 보여주는 것으로, 저항했던 학생들이 문제시했던 전후 교육의 한계에 대한 당시 교육행정

---

10 쇼와 46년(1971)에 제출된 것이었으므로 '46대책'이라는 이름이 붙여졌다.

쪽의 대응이라는 의미도 지니고 있었다. 실제로 이 대책안보다 앞서 제출되었던 '중간대책'에서는 "대학분쟁을 계기로 고등교육제도를 근본적으로 재검토할 필요"가 명백해졌지만 "제도상 기본 과제가 해결되지 않아 분쟁의 근본적인 해결이 곤란"하다고 솔직하게 서술한 바 있다. 이 대책안 가운데 과연 어떤 것이 1990년대 이후로도 이어지고 있고 어떤 것이 잊힌 것일까. 대책안에서는 오늘날 고등교육의 '기본 과제'를 다음의 다섯 가지 모순에 대한 해결로 정리하고 있다.

첫 번째로, 1960년 18세 연령 기준으로 약 10명 중 1명 꼴이었던 대학 진학자는 1970년에는 약 4명 중 1명이 되었다. 대학은 이미 일부 엘리트만이 아니라 대중이 향유하는 것으로 변했다. 대학의 대중화는 "복잡하고 고도화된 사회에서 살아가는 국민이 자신의 능력을 한층 더 계발할 기회를 구하고 있다는" 증거이지만, 다른 한편으로 현대의 "학술상의 진보는 현저하여 그 제일선에서 연구를 추진하는 일과 다수의 학생에 대한 교육을 담당하는 일을 병행하기는 매우 힘들게 되었다". 이렇듯 서로 모순되는 경향에 대해 "교육과 연구를 불가분의 관계로 간주하는, 대학에 대한 전통적인 사고방식만으로 대응하는 것은 교육 면에서도 연구 면에서도 철저하지 못하다". 전후 개혁에 의해 대학으로 일원화된 고등교육은 "교육과 연구에 관한 요청을 수용하여 교육기관의 목적이나 성격은 물론 그 내부 조직에 있어서도 적당하게 역할을 분담하고 기능을 분리하는 조치가 필요"한 것이다.

두 번째로, 고등교육의 내용에 있어서 전문화와 종합화의 모순이다. 고등교육이 널리 보급되는 가운데 대다수의 대학 진학자는 전통적인 학문의 수련보다는 "장래의 취업을 준비하기 위해 가급적 고도의 전문적 지식을 익힐 것"을 기대하고 있다. 다른 한편 "과학기술의 급속한 진보와 경제 고도성장에 따라 급속히 복잡화·고도화되고 있는 이후의 사회에서는 다양한 지식을 인간의 진보를 위해 활용하려면 전문적인 깊이와 더불어 연구 성과를 두루 종합하는 힘이 필요"하게 된다. 그러나 기존의 대학교육에 일반적이었던 "일반교육과 전문교육을 중첩하는 방식"으로는 "자칫 양자가 유리되어 전문화도 종합화도 충분한 효과를 거둘" 수 없게 된다. 학부 전기에는 일반교육을, 후기에는 전문교육을 하는 기존의 방식을 재검토하고, 다양한 진로에 대응할 수 있는 새로운 전문교육과, 그 전문성을 종횡으로 종합하는 새로운 종합–교양교육을 각 대학의 특성에 맞게 다시 설계해야만 한다.

세 번째로, 교육연구의 특성과 효율적인 관리 사이의 모순이다. 대학에서는 교원이나 학생의 자발성과 창의가 최대한 존중되어야 하지만, 또한 전공의 세분화에 의해 조직이 복잡화·대규모화하면 조직 전체를 효율적으로 관리해야 할 필요성도 늘어난다. "학생 수나 시설의 규모가 거대화되고 전문 분야가 그 독자성을 주장하기 시작하면 학부·학과와 같은 조직이 차츰 제 몫 챙기기에 급급해져 대학 전체의 의견을 조정하는 것조차도 불가능"해진다. 이러한 결함을 극복하기 위해서는 대학 전체 수준에서 "조직이나 편제를 합리화하여 규모가 비대해지는 것을 방지하는 한편으로 교육과 연구를 위한 조직을 재편성하여 관리 주체를 확립하고 교육활동의 일체적인 운영을 확보"할 필요가 있다.

네 번째로, 대학의 '자주성'과 '폐쇄성 배제' 사이의 모순이다. 전후 개혁을 통해서 대학은 국가의 간섭 없이 그 연구 및 교육을 자주적으로 시행할 권리를 획득했다. 그러나 오늘의 대학은 직접적인 국가의 간섭보다는 거액의 자금 획득이나 교원·학생의 "정치적·직업적인 조직활동"으로 인해 스스로 그 학문적 자유를 잃어버릴 위기에 처해 있다. 오늘날 "대학의 자주권을 확립하기 위해서 가장 중요한 것은 대학 스스로 명확한 의사결정을 하고, 이를 적확하게 집행하는 체제를 정비하는 것"이다. 그러나 지금까지 대학은 학문의 자유를 금과옥조로 여긴 나머지 그 본래의 사회적 사명을 잊어버리고 독선적이 되었고, 대학의 인사 역시 폐쇄적으로 흘렀으며, 학문 간·대학 간 협력이나 산업계·지역사회와의 제휴에 있어서도 본격적으로 대처하지 않았다. 대학의 이러한 폐쇄성을 타파하기 위해서는 "대학의 설치 형태와 내부 조직을 개선하여 부당한 지배나 내적 퇴행에서 탈피하여 다시 일어서는 힘이 저절로 생겨날 수 있도록 하는 제도상의 연구"가 필요하다.

마지막으로 거론된 것은 대학의 자발성 존중과 국가 전체 규모의 계획적 원조·조정의 필요성 사이의 모순이다. 당시 국가는 아직 사립대학 설립이나 그 규모 확대에 대해 효과적인 통제 수단을 마련하지 못했다. 이 때문에 일부 사립대학이 교육의 질은 뒷전에 두고 학생 수 확대와 수업료 인상에 몰두함으로써, 대학 분쟁의 또 하나의 원인이 되었다. 고등교육이 사회 전체에 널리 보급된 상황에서 "국·공·사립 고등교육기관의 재정적 기반 격차에서 발생하는 여러 폐해를 해결하는 일은 국가의 중요한 임무"다. 국가가 이 임무를 달성하기 위해서는 대학의 설치나 규모에 대해 "국민 전체의 입장에서 합리적인 계획에 입각하여, 이를 바람직한 방향으로 유도하고 지원하는 국가의 역할을 확실히 할 필요"가 있다. 이 같은 내용을 골자로 한 대책안이 발표된 4년 뒤 사립학교진흥조성법이 성립되어 사학 경영 비용에 대한 공적 지원의 길이 열리고 또 그 부칙으로 사립대학의 학과나 수용 정원에 관한 학칙이 신고제에서 문부대신 인가제로 변경됨에 따라 사립대학의 과도한 팽창주의에 국가가 일정한 제동을 걸 조건이 갖추어졌다.

90년대 개혁의 원형으로서의 46대책

이상의 모순에 대해 46대책은 13항목의 개혁안을 제안했다. 이 개혁안은 모두 1990년대 이후 진행될 대학개혁의 전조가 되는 것이었다. 첫 번째로, 고등교육의 다양화로서 대학 전체를 '종합영역형'

'전문체계형' '목적전수형'의 세 카테고리로 나누었다. 이는 일반 교양대학, 연구형 대학, 전문직 대학으로의 특성화를 의도한 것이다. 두 번째로, "일반교육과 전문교육이라는 형식적 구분을 폐지하는 동시에 기존의 학부·학과의 구분에 얽매이지 않고 각자의 교육 목적에 따라 필요한 과목을 조직한 종합적인 교육과정을 생각할" 것을 제안했다. 세 번째는 교육 방법의 개선으로서, 새로운 정보기술을 활용한 교육공학적 방법을 도입하고 소규모 연습이나 실험·실습을 늘릴 것을 주장했다. 네 번째로 자격인정제도를 도입하고 사회인이 이수하기 쉬운 교육형태를 확충하며, 해외 여러 대학과의 학점교환 등의 필요성을 강조했다. 다섯 번째로 교육조직과 연구조직을 기능적으로 분리하여 각 분야의 특성에 맞게 연구조직에서 분리된 교육조직에서는 교원이 세분화된 전공을 뛰어넘어 제휴함으로써 지식의 체계를 종합적으로 교육하는 틀을 구축할 것을 요구하였다.

대책안에서는 여섯 번째로 박사학위를 취득할 정도의 수준을 갖춘 학생을 대상으로 한 '연구원'의 설치, 일곱 번째로 교무·재정·인사·학생지도 등 대학 전체의 중요한 사항에 대해 총장이나 부총장이 중추가 되어 기획·조정·평가하는 기능을 강화할 것과, 학외자의 대학 관리 운영 참가는 물론 특정 영역의 운영상 문제에 관한 학생의 참가도 제안되었다. 여덟 번째로 교원의 선발이나 평가에 대한 학외 전문가의 참여, 연구뿐만 아니라 교육면에서의 능력에 대한 적절한 평가, 임기제의 적극 도입, 같은 학교 출신자 채용 비율의 제한, 외국인의 정규교원 임용 확대, 연구전념기간제도 도입 등이 제안되었다. 아홉 번째로는 국공립대학이 "제도적인 보장에 안주하게 되면 자율성과 자기책임을 가지고 관리·운영하는 데 방해가 된다"는 인식으로부터, 국공립대학의 설치 형태를 "일정액의 공적 비용의 원조를 받아 자주적으로 운영하되, 여기에 따르는 책임을 직접 부담하는" 법인으로 바꿀 것이 제안되었다. 이외에도 국가의 재정지원 방식 재검토, 장학금 제도 개선, 고등교육 시설이나 학생의 생활환경 개선, 대학 입시제도 개선 등이 제안되었다.

중요한 것은 분쟁이 최고조에 도달한 뒤 채 2년밖에 지나지 않은 1971년 4월에 이상의 모든 것이 제안되었다는 사실이다. 분명 46대책은 교육행정을 담당하는 쪽에서 나온 정책적 응답이었지만, 학생 운동을 통해 드러난 대학제도의 문제 상황 전체를 염두에 두면서 문제시되었던 교육제도상의 과제는 무엇이며, 그 해결을 위해서는 어떠한 방법이 가능할 것인가를 총괄하고 있었다. 그러나 이후 대학의 기능별 특성화나 관리 및 운영기능의 강화 등 개별 대학이나 교원의 지위에 관한 부분에 논의가 집중되면서, 46대책의 제안은 교직원은 물론 대학 당국의 강력한 반대에 부딪치게 되었다. '항쟁'의 폭풍우가 지나가고 머지않은 1970년대 중반 이후, 대부분의 일본 대학은 문제를 덮어둔 채 편안하고 게으른 잠에 빠져든다.

대학을 '판매'하라 — 규제 완화와 서비스 산업화

1970년대 중반 이후 대학의 변화에서 특기할 만한 일은 대학교육의 중심이 '국립'에서 '사립'으로 차츰 이동했다는 것이다. 국립대학중에서도 도쿄 교육대학이 쓰쿠바 대학으로 전환된 것은 큰 변화였다. 쓰쿠바 대학은 학장·부학장의 지도체계나 연구조직과 교육조직의 분리 등 몇 가지 점에서 법인화 이후 국립대학의 모델을 제시하기도 했다. 이러한 쓰쿠바 방식을 도입하여 몇 개의 단과 의과대학이나 기술과학대학이 설립되기도 하였다. 또한 1979년에는 전국 국립대학의 공동 제1차 시험이 도입되어 1990년대 이후의 대학 입시제도(센터시험)로 이어졌다. 대학을 둘러싼 이와 같은 제도적 변화에 대해서 당연히 각 시대마다 격렬한 논쟁이 있었지만, 이는 이 책의 관심에서 다소 벗어난 내용이다. 오히려 이 책에서 특기할 것은, 대학교육이 점점 사립대학 중심으로 변하면서 '국립'의 존재 의의가 옅어지는 상황에서 '대학'을 고급 지식 서비스 산업의 일종으로 인식하는 경향이 발호하기 시작했다는 것이다.

전술한 바와 같이 46대책에서 사립대학을 포함하여 전체 대학의 재정기반 강화를 명기함으로써 보조금을 더욱 확충해주기를 요망하는 사학단체의 목소리가 높아지는 가운데, 사학에 대한 국가의 재정 간섭이 강해지고 있었다. 와세다대 출신이 중핵을 차지하던 자민당 문교족文教族[11] 정치가들의 움직임도 있었던 까닭에 1975년에는 사립학교진흥조성법이 발효되었고 1980년대까지 2800억 엔이라는 거액의 국가보조금이 사학으로 흘러가게 된다. 그런데 원래 문부성은 보조금을 활용한 행정을 통해 사립대학의 정원 및 신설을 적절하게 제어하려 했다. 이 조성법의 부칙을 통해 사립대 학생 정원에 관한 학칙을 신고제에서 인가제로 변경하는 데 성공했기 때문에, 이후 사립대학은 이전처럼 무제한으로 정원을 확대할 수 없게 된 것이다. 게다가 이 조성법은 사립대가 인가된 학생 정원을 현저히 초과할 경우 국가가 시정명령을 내릴 수 있게 했다. 정원 초과는 보조금 감액 및 교부 중지의 이유가 되었기 때문에 1975년부터 1990년까지의 15년간은 대학 입학정원 증가 경향이 멈추고 사립대학의 정원 초과도 감소하였는데, 이후 결과적으로 전통적인 사립대학의 입시경쟁률이 올라가 유력 대학의 질이 비교적 높게 유지되는 시대가 이어졌다.

그러나 1980년대 캠퍼스의 평온함과는 반대로 교육행정의 차원에서는 기존 학교교육제도의 근저를 뒤엎는 '개혁'의 폭풍이 불기 시작했다. 1990년대 이후의 '대학개혁'에 직결되는 이 움직임이 시작된 것은 1984년 나카소네中曾根 수상의 주선에 의해 내각 직속으로 임시교육심의회(임교심)가 설치되면서부터였다. 임교심의 출현으로 그때까지 문부성의 교육정책을 리드해온 중앙교육심의회(중교심)와의 분립 상태가 일어나지만, 적어도 나카소네 정권에 의한 신자

---

11 족의원族議員(특정 전문분야에서 관련 부서나 업계의 요청을 받아 정책결정에 영향력을 발휘하는 의원과 주변집단)의 하나로서 문부과학성과 연계하여 교육정책에 많은 영향력을 끼치는 이들을 말한다.

유주의적인 '개혁'안은 임교심이 주도하게 되었다. 임교심은 교육제도 전반에 대해 심의를 거듭하여 1987년 10월 내각회의에서 교육개혁추진대강이 결정되기에 이른다. 그중 고등교육에 관해서는 대학의 자주적 개혁 촉진을 위해 대학 설치기준을 개정할 것과 대학원을 비약적으로 충실화할 것, 고등교육 본연의 모습을 심의하는 유니버시티 카운슬university council을 설치할 것이 제안되었다. 그리고 이를 받아들여 같은 해 문부대신 자문기관으로 대학심의회가 설치되면서 1990년대에 실시될 '대학개혁'의 기본적인 시나리오가 완성되었다.

임교심 노선의 연장선에서 설치된 대학심의회가 가장 먼저 수립한 정책은 이른바 대학 설치기준의 간소화였다. 1991년 2월에 발표된 대책안 '대학교육의 개선에 대하여'는 "각 대학에서 다양하고 특색 있는 커리큘럼 설계가 가능하도록 수업과목, 졸업요건, 교원조직 등에 관한 대학 설치기준의 규정을 탄력화할" 것을 제안했다. 특히 일반교육과 전문교육의 구분을 폐지함으로써 대학이 4년에 걸쳐 일반교육과 전문교육을 자유롭게 조합한 커리큘럼을 편성할 수 있게 했다. 이 '규제 완화'는 실질적으로는 신제 대학 설치 당시 새 교육 시스템의 근간으로 도입한 '일반교육'이라는 틀을 일본의 대학교육에서 철폐하는 것을 의미했다. 당연히 일반교육을 담당했던 교원들의 강한 반발이 있었으나, 이시카와 다다오石川忠雄 대학심의회 회장은 "이 정도로 다양화가 진행된 대학에 개설과목에 대한 획일적인 기준을 예외 없이 일률 적용하는 것은 대학의 자발적 창의연구를 훼손한다"는 지론으로 위원들 다수를 설득해나갔다고 한다(구사하라, 앞의 책).

대학 설치기준의 간소화, 특히 일반교육과 전문교육의 구분 철폐는 결과적으로 1990년대 대학조직에 극적인 변화를 가져왔다. 물론 과목 구분을 폐지한 것이 결코 일반교육 그 자체의 폐지를 의미하지 않는다는 사실은 개정 후의 대학 설치기준에도 분명히 드러나 있었다. 대학심의회가 대학교육에서 일반교육은 더 이상 필요 없다고 생각한 것도 아니어서, 대학은 획일적인 과목 구분에 구애됨 없이 자유롭게 자체 책임으로 4년간의 커리큘럼을 설계해야 한다고 생각했던 것이다. 이런 상황에서 과목의 제도적 구분으로서의 '일반교육'이 폐지되면 전문교육 담당 교원들이 자신들을 얕잡아볼 것이라 생각하여 지금까지 계속 강하게 반발해왔던 일반교육 담당 교원들이 교육의 방향을 급속히 전문교육 쪽으로 돌린 것은 그리 이상한 일이 아니었다. 과목 구분이 철폐되자 많은 대학에서 교양학부가 각종 전문학부로 옷을 갈아입게 됨으로써, 일반교육의 실질적인 공동화가 초래되었다.

대학의 교육 내용 면에서의 이 같은 규제 완화는 사립대학 정원에 대한 규제 완화와 동시적으로 일어난 현상이었다. 1970년대 중반 이래 대학 정원이 규제됨으로써 교육의 질은 비교적 유지되어왔지만, 1980년대 이후 국제적으로 경쟁력 있는 인재를 요구하는 산업계의 요청에 맞추어 정원 확대 및 대학 신설에 대한 규제가 완화되었다. 이 과정에서 '대학'으로서의 학력 수준에 의문부호가 붙을 만한 대학·학부까지도 설립 허가를 받아야 하는 상황이 되어, 당초에 산업계가 기대한 것과는 정반대의 결과도 나타났다. 즉 제2차 베이비붐 세대가 입학 적령기를 맞이한 1990년을 전후로 대학 정원 규제가 약간 완화되자, '새로운 대학'을 외치는 사학의 설치 신청이 쇄도하여 대학의 학생 정원이 순식간에 팽창한 것이다. 더욱이 1990년대 이후 입학자 팽창에 대한 제동장치가 잘 안 듣게 되면서 대학 수도 입학 정원도 증가하게 되었다. 이 시대에 청년 인구는 오히려 감소 추세로 변화하고 있었으므로 대학 입학자의 증가는 대학 전체의 질 저하를 초래하지 않을 수 없었다.

대학은 교실, 실험실, 캠퍼스 등에서 학생들이 함께 공부하는 공간이고 그 질의 향상이나 악화는 학생들에게 영향을 미치기 마련이므로 상승相乘적인 변화도 나타나게 된다. 일찍이 대학 분쟁의 시대에 대학이라는 공간을 공유함으로써 학생들은 모두 투사가 되었다. 1990년대 이후 대학 진입 장벽이 낮아지게 된 것을 대학교육의 보편화라 말한다면 듣기에는 좋지만, 실질적으로 이는 대학 전체의 분위기를 근저에서 바꿔버릴 위험을 수반했다. 애초에 대학에서 진지하게 배울 생각이 없는 학생이 늘어나면, 학생의 '상식' 또한 변화하여 대학은 '학문'과는 무연한 '테마파크'가 될 수밖에 없다. 즉 자유로운 대화나 엘리트 양성기관이라는 말에 걸맞지 않게 이제 대학은 '학

력' 획득만을 목적으로 취직 전의 젊은이들이 들어와 잠깐의 휴식
을 즐기는 관문이 된 것이다. 1990년대 이후 일본의 대학은 이 같은
변화를 '대학의 놀이공원화'라 부르며 탄식하면서도, 그 근저에 놓
인 시장원리는 마지못해 수용했다. 여기에 서비스 산업의 논리가 침
투하여 가련한 대학 교원들은 '손님'인 대학생을 '가게'로 꾀어들이는
호객꾼 노릇을 하며 그들에게 교육 서비스를 제공하는 노동자가 되
었다.

대학원 중점화의 역설적 귀결

1990년대 이후 시장원리가 '대학'의 가치마저 삼켜버리면서, 대학
은 새로운 '개혁'의 시대로 돌입했다. 물론 이 '개혁'은 같은 시기 두
드러지기 시작한 신자유주의, 즉 국철 민영화에서 우정 민영화의 흐
름으로 상징되듯 글로벌 시장화를 지향하던 국민국가의 점진적 대
응의 일부였다. 이리하여 대학은 그곳에 모인 사람이 무언가를 기투
投企하는 장에서 그것이 제공하는 기회나 학력을 가볍게 소비하는
장으로 변해갔다.

특히 1990년대 중반을 지나면서는 대학 측이 학생 정원 확충을
위한 마케팅 전략에 따라 학생 측의 소비자적인 의식 변화를 필사
적으로 수용하는 움직임이 일어났다. 청년 인구는 감소하는데 대학
과 그 정원은 점점 늘어남에 따라, '대학이 학생을 뽑는' 시대에서

'학생이 대학을 고르는' 시대로의 어쩔 수 없는 변화가 진행되었던 것이다. 많은 대학에서 홍보활동을 활성화하고 각지에서 고교생을 대상으로 한 입시설명회를 개최했으며, 입학을 권유하기 위해 교수들이 고등학교를 찾아가는 상황이 벌어졌다.

1990년대 이후의 규제 완화와 학생 증가는 학부 차원의 일만은 아니었다. 보다 중요한 것은 국가 주도의 대학원 중점화 정책에 의해 이때부터 대학원생이 극적으로 증가하기 시작했다는 점이다. 원래 서구 '유니버시티'의 영향을 강하게 받았던 일본의 제국대학에서는 미국을 따라 일찍부터 '대학원'을 형식적으로는 설치했지만, 그 실질적인 교육과정은 거의 정비되어 있지 않았다. 전전에 5년제였던 구제 중학은 전후의 중등교육 전체, 즉 중학교와 고등학교 6년간의 교육과정을 포함했고, 그 다음에 구제 고교의 교육은 신제 대학의 학부 전기 과정에 상당하므로, 구제 고교의 졸업자를 수용하는 구제 대학은 신제 대학의 학부 후기 과정과 대학원 과정 양쪽을 포함하는 교육과정이었다. 즉 전전의 구제 대학은 '교육'과 '연구'의 일치를 목표로 한 독일형 대학과 마찬가지로 대학원 수준의 교육과정을 포함했다. 따라서 그 위에 '대학원'을 두는 일은 '옥상옥屋上屋을 짓는' 것과 다름이 없었다. 그런데 점령기 개혁으로 고등교육 과정이 반계단씩 아래로 내려가게 됨으로써 '칼리지'가 고교에서 대학 내부로 편입되는 한편 원래 '유니버시티'의 절반은 '학부'보다 상위인 '대학원'으로 옮겨간 것이다.

문제는 '대학'의 정의가 이렇게 바뀌고 있음에도 불구하고 사실상 대학원 교육은 실질적으로 이에 상응하여 변화하지 않았다는 점이다. 분명 1949년 대학기준협회 등에 의해 대학원 기준이 제정되기는 했지만, 대학원이 실질적·제도적으로 정비된 것은 1974년 문부성령으로 대학원 설치기준이 제정되면서였다. 그러나 1970년대 이후로도 많은 대학에서 대학원은 학부의 부속품에 불과했고, 대학 측에서도 교육의 중심은 학부에 두고 대학원은 학부를 졸업한 이들이 전문직에 종사할 때까지 체류하는 곳으로 간주하는 경우가 많았다. 대학원 교육이 어떠해야 하는가, 교실 교육schooling과 논문집필·공동연구의 관련성은 어떻게 구축되어야 하는가, 학위를 취득한 인재가 대학 교직 이외의 길로 나아갈 경우 사회 속에서 학위는 어떤 위치에 있어야 하는가 하는 문제들은 원칙적으로 전후 신제대학으로의 전환 과정에서 검토되어야 했음에도 불구하고 미루어져온 것이다.

이 같은 상황에서 가장 먼저 대학원 교육을 확충하는 방향으로 선회한 것은 공학계다. 일본의 경제성장을 견인하는 것은 고도의 기술력이라는 확신 아래 1960년대 중반부터 국립대학 공학계 석사과정이 점차 확충되었고, 공학계에서는 이제 대학원을 마친 사람이 대학 교원이 되는 데 목매지 않고 관이나 민간의 연구소에서 첨단 기술 개발 전문가가 되는 경향이 일반화되었다. 공학계 대학원생은 1965년부터 1988년까지 석사과정은 4.5배, 박사과정은 2.8배로 그

수가 증가했다. 당연하게도 이렇게 증가한 졸업자의 상당수는 대학 교원 자리를 얻을 수 없었으므로, 고도의 전문직으로서 기업이나 국가 연구기관에서 일하게 되었다. 당시 대학은 급속한 학생 증가와 시설 부족 및 노후화, 교원 부담 과잉 등이 겹쳐 교육 환경이 매우 열악한 상태가 이어졌기 때문에, 우수한 신진들은 대학원에서 일정 연구를 한 뒤 보다 조건이 좋은 기업이나 국가 연구기관으로 유출되기 시작했다(아라이 가츠히로, 「과학기술의 신단계와 대학원 교육」). 이러한 상황은 공학계 대학원생의 취직난을 완화하는 긍정적 역할을 했으므로, 확충되는 대학원과 관민官民의 연구기관 사이에는 상호보완적인 관계가 형성되었다. 그리고 공학계에서 시작된 대학원 확충의 흐름은 머지않아 다른 여러 분과로 서서히 확대되었다.

1974년 대학원 설치기준이 제정됨으로써 학부 위에 위치하는 대학원뿐만 아니라, 특정한 학부에 기초를 두지 않는 독립 연구과나 복수의 대학에 걸친 연합대학원, 복수 학부의 석사과정을 통합한 종합대학원 등 새로운 유형의 대학원 설립이 가능해졌다. 곧 나카소네 정권이 선도하는 신자유주의 노선 속에 보다 많은 창조적 인재의 공급을 바라는 산업계의 요청을 수용한 결과 대학원 설립은 쉬워졌으며 대학원생의 증가 경향은 뚜렷해졌다. 그리고 이러한 흐름에 결정타를 가한 것은 1990년대부터 시작된 대학원 중점화였다. 이는 공학계 대학원생이 증가하는 상황에서 젊은 고학력 인재를 이용해 일본 산업기술의 고도화를 달성하려는 산업계의 요구를 받아

들임으로써 '대학원의 비약적인 충실'을 도모하기 위한 비장의 카드로서 제출된 것이었다.

그러나 일본에서 연구자를 더 양성해야 한다는 분위기가 있었던 것은 1980년대 말까지였다. 1990년대에 들어서면 이미 연구자에 대한 수요는 후퇴하기 시작한다. 1990년대 초반 학술심의회가 예측한 바에 따르면 1980년대까지 나타났던 연구자 수요 확대의 경향은 끝나고 오히려 고학력 계층의 공급 과잉이 일어날 가능성이 높아지고 있었다(고바야시 신이치, 「신진연구자의 양성」). 그러나 1995년에 과학기술기본법이 제정되고 포닥[12] 등 1만 명에 대한 지원계획이 시작되는 등 과학기술에 대한 중점적인 투자가 방향을 잡는 가운데, 그때까지 심의회 등에서 이루어진 논의나 예측과는 모순되는 대학원 확장정책이 정치적으로 추진되었다. 결국 1998년 대학심의회가 발표한 '21세기의 대학상과 이후의 개혁 방향에 대하여'에서는, 실증적 분석을 통해 적정 규모가 22만 명, 최대치 25만 명 이하로 추계되었던 대학원의 규모가 30만 명 규모로 확대되었고, 대학원생 수의 증가에 대한 규제는 점점 완화되었다. 이 같은 움직임은 대학원 중점화로 가는 순풍으로 작용하여 예산 획득을 위해서 굳이 대학원 정원을 늘리거나 대학원 과정을 신설하는 대학까지 생겨났다.

---

12 포스트닥터(post doctor, postdoctorial researcher): 박사과정 수료 뒤 연구에 종사하는 연구원. 한국의 포닥은 박사학위를 취득한 다음 전임교수가 되지 않은 연구자를 의미하나 일본의 경우 박사과정을 수료한 뒤 학위논문을 준비하는 사람을 의미하기도 한다.

이상의 변화가 일본의 대학원 교육에 끼친 영향은 심대했다. 아마노 구니오가 비판하고 있듯 대학원 중점화 정책은 일본의 대학원이 처한 고유의 제도적 현실이나 수료자에 대한 사회적 수요 예측, 전공 분야별로 다른 고학력 인재의 커리어 패스를 완전히 무시하고 오로지 산업계의 요청에 따라 일본의 대학원을 미국 대학원의 평균 수준으로 만들겠다는 목적 아래 이루어졌다. 대학 입장에서는 예산이 자동으로 늘어나는 실속을 챙길 수 있었기 때문에 각지의 대학은 안이하게 대학원 설립 인가를 받거나 학생 정원을 확대했고, 이는 결과적으로 대학원 교육의 질을 총체적으로 저하시켰다. 그 결과 "기계적인 정원 충족과 더불어 대학원은 본래의 인재 양성 기능이 강화되기는커녕 일부 대학원의 '고등 보습교육' 기관화를 초래"하고 있었다(「일본의 대학원 문제」). 더욱이 대학원 중점화를 통해 과잉 공급된 신진연구자들은 대학교육의 새로운 구조개혁을 통해 흡수되는 것이 아니라, 과학기술 분야의 대규모 경쟁 프로젝트에 수반된 단기적 고용으로 흡수되었다. 이 때문에 일단 고용불안 문제는 표면적으로 유예를 얻은 듯했지만 반면 팽창한 젊은 지적 에너지를 새로운 대학의 안정적인 교육기반으로 적절히 활용할 수 없게 되었다. 게다가 이들 대다수는 3년 혹은 5년 이내의 단기직으로 고용되었기 때문에 고용기간 후반에는 종종 정신적으로 힘겨운 상황에 내몰렸다.

이리하여 오늘날 대학원은 1990년대 이후 일본 고등교육정책의 실패를 집약적으로 드러내는 장소가 되었다. 1980년대까지만 해도 일본에서 대학원은 희소한 것이어서 그 나름의 수준이 유지되었지만, 1990년대 이후 대학원 진학률이 대폭 상승했음에도 불구하고 이에 상응하는 사회적 변화가 거의 일어나지 않았기 때문에, 연구자 양성과 전문직 양성이라는 두 기능이 모두 애매해짐으로써 대학원 교육은 '게도 구럭도 다 잃게' 되었다. 일부 대학원에서는 이미 대학원 석사의 학력 수준이 학부 후기 과정의 학력 수준을 밑도는 현상도 드물지 않게 나타났다. 또한 많은 대학에서 학부 입시보다는 대학원 입시가 상대적으로 장벽이 낮은 까닭에 보다 편차치가 높은 대학의 대학원 졸업으로 최종학력을 올리려는 '학력 세탁' 현상도 일어나고 있다. 이는 국제적으로 볼 때도 이상한 현상으로, 이 때문에 일본 고등교육 전체의 신용이 실추되고 있다는 점은 명백하다.

국립대학 법인화의 실상

2004년 일본의 모든 국립대학이 법인화되었다. 그 직접적인 발단은 1996년 하시모토 정권의 행정개혁회의에서 국가기관의 독립행정법인화가 심의되면서 국립대학도 독립행정법인이 되어야 한다는 논의가 부상한 데서 시작된다. 문부성은 물론 국립대학협회도 반대의 목소리를 냈지만, 행정개혁회의에서는 도쿄대와 교토대를 우선 독립법인으로 만들자는 논의도 제기되어 정부 내에서도 의견 대립이 계속되었다. 결론이 나지 않은 채 1998년이 되자 '중앙성청등中央省廳

等 개혁추진본부'에서 국립대학의 독립법인화가 다시 논의되면서 이 번에는 문부성도 독립법인화의 바람직한 모습에 대해 검토하겠다는 뜻을 밝히게 된다. 또한 자민당 문교부회文教部会가 독립행정법인통칙 법을 그대로 적용하는 것이 아니라 새로운 국립대학법인법을 제정 하는 방향으로 검토를 시작했다. 한편 1998년 7월에 정권을 계승한 오부치小淵 내각이 10년 내에 국가공무원 수를 20퍼센트 감축하겠 다고 밝히면서 국립대학 교직원의 비국가공무원화가 중요한 과제로 떠올랐다.

2001년 고이즈미小泉 정권 수립을 전후로 하여 성청省廳 통합, 경제 재정자문회의 및 종합과학기술회의의 설치 등 신자유주의적 정책이 계속 추진되면서 위기감이 더해진 문부과학성은 첫째, 국립대학의 재편 및 통합을 과감하게 추진하고 둘째, 국립대학에 민간의 경영기 법을 도입하며 셋째, 대학에 제3자 평가에 의한 경쟁원리를 도입한 다는 세 가지 조항을 주축으로 한 '도야마遠山 플랜'을 발표하여 법인 화를 수용하면서도 국립대학과의 관계를 유지하며 눈치를 보는 식 으로 주도권을 쥐어나갔다.

국립대학 법인화 과정에 대한 이상의 개괄을 통해서 적어도 세 가 지 요점을 확인할 수 있다. 첫째로, 국립대학 법인화는 1990년대 후 반부터 시작된 '작은 정부'를 목표로 하는 신자유주의 정책의 일환 이었다. 둘째로, 당초에는 문부성, 대학 집행부, 대학 지식인이 모 두 반대하고 있었지만, 서서히 전선이 붕괴되면서 문부성과 국립대학이 정면에서 반대하기 곤란한 상황으로 몰리게 되었다. 셋째로, 최후에 주도권을 쥔 것은 자민당 문교족이나 문부과학성으로서 2001년의 도야마 플랜은 그후 흐름의 기조가 되었다.

여기에 법인화를 전후로 하여 국립대학의 예산 편성에 나타난 다음과 같은 일들을 덧붙이면 사태의 양상이 명확해진다. 즉 한편에서 2000년, 오래도록 국립대학 예산의 근본을 이루어왔던 교비합산제가 폐지되고 교육연구기반교비라는 이름으로 예산이 큰 틀에서 새로 짜여졌다. 그때까지 대학 예산의 얼개를 구성했던 여러 가지 세부적인 구분이 사라지고, 예산을 어떠한 기준으로 얼마나 각 학부·학과·강좌 등에 배분할지를 각 대학에 일임한 것이다. 또한 기반교비가 축소되는 것에 상응하여 과학연구비나 특별교육연구경비와 같은 경쟁적 자금을 늘렸다. 그리고 법인화 이후에는 국립학교특별회계제도가 폐지되고 국립대학법인의 기반적 예산은 운영비교부금으로 일원화되어, 그 교부금은 매년 1퍼센트씩 감액되었다. 대학이 이를 각 조직의 효율성을 평가하는 지표로 삼고 있었기 때문에, 새로운 사업을 전개하여 예산을 획득하지 못하는 한 모든 학부나 학과는 계속해서 정원 감축을 해야 했다.

이처럼 법인화에 의해 국립대학에 일어난 최대의 변화는 재무상의 변화였다. 물론 의사결정이나 조직의 구조도 크게 변화했다. 대학 운영의 중추는 총장과 이사 몇 명이 담당하게 되었고, 학교 외부의 위원이 참가하는 경영협의회나 감사도 설치되었다. 표면상으로는 해외 대학이나 민간재단과 유사한 체제가 도입되었지만, 법인화가 시작된 지 5년 이상이 지나도 다수의 대학에서 새로운 운영체제에 적응하기 위한 시행착오가 이어졌다. 재무구조에는 이미 극적인 변화가 나타난 것에 비해 조직 운영의 모습은 크게 변화되지 않은 듯 보이는 가장 큰 이유는 사무조직이나 직원의 의식과 능력이 새로운 체제를 따라가지 못하고 있기 때문이다. 법인화되었다고 해서 조직의 멤버가 바뀌는 것은 아니므로 각 대학에서는 전통적인 관행에 따라 실무가 진행되는 경우가 많다. 이러한 상황에서 재무구조상의 변화가 선행하게 됨으로써, 법인화란 요컨대 예산이 자유화되면서 그 안정적 보장이 사라진 것이라고 결론내리지 않을 수 없는 상황이었다.

대학은 누구의 것인가 — 공사화에서 법인화로

국립대학 법인화라는 발상은 그러나 CIE 고문이었던 월터 크로스비 일즈Walter Crosby Eells[13]가 이미 시도한 대학이사회안이나 문부성이 제정하려 했던 대학관리법안 등 점령기의 개혁정책까지 거슬러올라갈 수도 있다. 또한 보다 야심찬 전망으로는 국립대학의 공사화公社化를 제안한 나가이 미치오永井道雄의 구상도 있었다. 나가이는 1962년

---

13 1886~1962. 미국의 수학자 겸 교육학자. 고등교육 전문가로서 제2차 세계대전 후 CIE에서 활동하면서 일본 고등교육의 기초를 설계했다.

잡지 『세카이世界』에 '대학공사' 안을 발표하여, 국립대학의 사무기구와 재무기반을 국가로부터 독립시킬 것과 책임 있는 경영 체제를 확립할 것을 주장했다.

> (대학공사는) 현재 주로 문부성에 포함되어 있는 대학 관련 사무기구를 모두 옮긴 독립된 조직이다. '공사' 예산의 대부분은 국비이지만, 현재의 대학 예산처럼 일반회계에 포함되며, 문부성의 감독을 받는 것이 아니라 이를 특별회계로서 계상하여 자율적으로 관리한다. '공사'에는 중앙의 기관을 두며 각 대학은 여기에 소속된다. '공사'를 운영하는 최고의 기관은 20명을 넘는 대학심의회로, 이 심의회가 '공사'의 장을 선출한다. 심의회는 대학의 대표자들 이외에 대학 외부의 학식 있는 경험자들로 조직되고, 그 기능으로서는 학술교육의 장기계획, 예산 배분의 결정, 대학 기준의 결정과 실시, 각 대학에 대한 조언·지도 등을 행한다(「'대학공사'안 제창」).

나가이가 볼 때 국립대학의 공사화는 일본 국립대학에 "오늘날 행해지는 대학의 자치보다 훨씬 강하면서도 실질적인 기초를 갖춘 자치의 권위를 확립하는" 일이었다. 전후 국립대학의 교수와 학생은 '대학자치'를 옹호해달라고 거듭 호소해왔지만, 사무기구와 재무기반이 국가에 종속된 상태로는 대학이 실질적 자치권을 가진다고 말할 수 없었다. 즉 일본의 대학관계자가 '대학자치'라고 말할 때, 이는 연구·교육의 '자치'를 의미할 뿐 사무나 재무의 뒷받침이 결여된 것이었다. 국립대학이 진정한 자치권을 확립하려면, "사무와 재무를 장악한 독립조직"이 필요하다. 이를 위해서는 우선 대학 스스로 책임 있는 경영 체제를 확립해야 한다.

나가이는 대학법인화가 실현되기 거의 반세기 전에 이처럼 혁신적 아이디어를 제출했고, 자신이 문부대신이 된 뒤에도 여전히 실현되지 않은 대학의 '진정한 자치'를 희구했다. 그는 일본 대학의 문제점으로 종합적 계획성의 결여, 대학 기준의 저하, 학벌과 학력주의로 대표되는 부당한 질서의 고착화, 너무도 후한 성적평가, 문부성의 무계획성 등을 들고, 대학이 현대의 다양한 문제점과 맞서기 위해서는 종합적으로 계획을 세우고 이에 대해 책임지는 조직을 대학 내부에 설치하는 것이 필수적이라고 주장했다. 전후 일본의 대학에서는 교수회 자치가 의사결정의 기준이 되었지만 비대해진 종합대학의 현실에서 보면 이는 이미 시대에 뒤떨어진 것이었다. 사회가 복잡한 거대 도시가 되어가는데 일본 대학은 촌락의 낡은 관습을 완고하게 지키고 있는 것과 마찬가지 상황이었다. 교수회 자치는 개인이나 조직의 이기적인 행동을 규제할 수 없으므로 조직 전체는 혼란에 빠질 뿐이다.

이리하여 미국의 대학을 참조한 나가이가 새로운 대학의 모습으로서 제시한 상은 다음과 같다. 우선 연구와 교육에 관한 한 이후로도 교수들이 자유로운 권리를 가져야만 할 것이고, 학생도 학습과 학생생활 설계의 자유를 누려야 한다. 한편, "대학의 이전·통합은 물론 각 대학의 특색을 어떻게 강화할 것인가. 거대한 대학의 종합적 운영, 효율적인 연구나 교육을 위한 환경의 정비, 건물이나 시설 혹은 기숙사 등의 확충, 커리큘럼의 구성, 그 외 재정적인 지원이나 규칙의 기안 등 '계획 및 경영'을 두루 담당하는 조직을 만들고 이를 강화"해야만 한다(『미완의 대학개혁』). 즉 대학의 경영전략 수립 및 실행은 교수회로부터 분리된 전문적 조직이 담당해야 한다는 것이다. 이를 위해서는 교육행정조직의 강화가 필요하며 교수회는 교육과 연구, 인사 등을 심의하는 데 집중함으로써 부담을 덜 수 있다.

반세기 전 나가이가 제안한 것을 현재의 국립대학 법인화와 비교해보면, 이사회를 대학 최고의 의사결정기구로 하고 여기에 학외의 전문가들을 포함시킨 형태는 많은 국립대학법인에서 실현되었음을 알 수 있다. 반면에 나가이가 고집했던 대학 재무의 특별회계화는 대학공사안 발표가 있은 뒤 한번 실현되었지만 그후 법인화에 의해 오히려 유명무실해졌다. 나가이가 가장 강조했던 교수회 자치로부터 분리되어 일부 기능을 대학의 교육행정조직이 담당하고 책임을 지는 체제는 국립대학 법인화 과정에서 구체적인 얼개를 만드는 데까지 나아가지 못했다. 나가이는 미래의 대학이 학생, 교수자치회, 전문적 계획·경영조직, 최고의 심의·집행조직이라는 네 개 부문의 제휴와 조정을 통해서 이루어져야 한다고 보았지만, 이중 일본에서 가장 발달하지 못한 것은 세 번째, 전문적 계획·경영조직이었다. 그리고 나가이의 제언으로부터 반세기 가까이 지나서도 이러한 상황은 변하지 않은 상태로 재무 중심의 법인화=시장화의 파도가 전국 국립대학을 덮치고 말았다.

나가이의 공사화안으로부터 학생운동을 거쳐 46대책 그리고 위로부터의 '개혁'으로 이어지는 반세기에 걸친 대학개혁에서 계속해서 제기된 것은 '대학은 누구의 것인가'라는 문제였다. 일찍이 제국대학에서 이 질문에 대한 답은 명백했다. 대학은 국가를 위한 것이므로, 곧 천황을 위한 것이었다. 신제 대학은 당연히 이러한 전제를 부정했다. 그렇다면 전후 대학은 '국민을 위한' 것이었던가 하면 그렇지도 않다. 전후의 대학은 이익을 목적으로 한 사립학교의 대확장 그리고 이공계의 규모 확대로 특징지어진다. 그 결과로 품질이 보장된 대량의 '회사원'이나 '기술자'가 양성되었으니, 전후의 대학은 경제성장을 향해 나아가는 기업사회에 공헌한 셈이다. 그렇다면 대학은 '천황'의 것에서 '기업'의 것으로 탈바꿈한 것인가. 대학은 다른 한편으로 기업이 바라는 유용성이라는 관점에서 벗어난 교양지식을 지속적으로 보존했다. 이 같은 지식을 옹호했던 것은 대학 교수들이었으므로 대학은 이들 교수들을 위해서 존재한 셈일까. 국가라는 주인이 사라진 대학에서 교수들 스스로가 주인이 되었던 것일까?

1960년대 말의 대학 소요는 이상의 그 무엇과도 다른 가설을 제시한다. 이들의 관점에서 보면 '대학은 학생의 것'이었다. 바리케이드 안 '또 하나의 대학'은 분명 학생들의 것이었다. 그러나 46대책이나 나가이의 공사화 구상은 모두 대학을 학생들의 것이라 보지 않는다. 학생이 대학의 불가결한 구성요소임은 분명하지만 대학이 그들을 위해서만 존재하는 것은 아니다. 학생이 대학의 궁극적인 주인이라면 일찍이 존재했던 '투쟁하는 학생'의 시대는 말할 것도 없거니와 1980년대 '소비하는 학생'의 시대에 대학은 변덕스러운 소비자를 위한 서비스재에 불과한 것이 되기 때문이다.

그러므로 완전히 국가의 것도, 국민의 것도, 산업계의 것도, 교수의 것도, 나아가서는 학생의 것도 아니라면, 대학은 도대체 누구의 것인가? 이미 살펴본 것처럼 칸트나 데리다 혹은 난바라 시게루 등 근대적 대학 개념의 전환점에 위치한 사상가들은 이 문제에 일정한 대답을 해왔다. 그들이 주장한 것은 모종의 인류적 보편성이다. 대학은 지금까지 몇 차례의 위기에 직면하면서도 당사자들이 눈 앞의 이해관계를 초월한 보편적인 가치를 표방해왔다. 그리고 중세에서 근대로의 갈림길에서, 또한 현재와 같이 그 가치에 대한 신빙성을 잃고 말았을 때, 대학은 심각한 위기에 직면했다. 인류보편의 가치를 향한 지향을 지속적으로 유지하는 한 대학은 완전한 법인이 될 수 없다. 그러나 법인으로서의 대학이 인류보편적 가치를 표방하고 이것으로 뒷받침되지 않는다면 아무 데나 있는 지식 서비스 산업과 다를 바 없을 것이다. 사회가 요구하는 법인으로서의 지속가능한 경영 그리고 보편적 가치에 대한 봉사. 미래의 대학은 이 두 가지를 어떻게 조정해나가야 할 것인가.

| 맺는 글 |

그래도 대학이 필요하다

대학의 위기, 국민국가의 퇴조

이제 슬슬 이 책의 서두에서 제기한 '대학이란 무엇인가'라는 질문에 대답할 때가 되었다. 필자는 지금까지 첫째, 기독교 세계와 중세 도시 네트워크, 여기에 아리스토텔레스 혁명을 기반으로 한 중세적 대학 모델의 발전, 둘째, 인쇄혁명과 종교개혁, 영방국가에서 국민국가로의 흐름 속에서 중세적 모델의 쇠퇴와 국민국가를 기반으로 한 근대적 대학 모델의 등장, 셋째, 근대 일본에서 서양 학지의 이식과 이를 천황의 시선 아래 통합하는 제국대학 모델의 구축이라는 세 가지 대학 모델의 역사를 검토하고, 넷째, 근대적 모델의 변주로서 발달한 미국 대학 모델이 패전 이후 제국대학을 축으로 한 일본 대학의 모습을 크게 변용시켜나가는 과정에서 어떠한 모순과 충돌, 혼란이 발생했는지를 개관했다.

오늘날 세계에서 대학의 표준형이 된 것은 19세기 말 이후 발전한 미국식 대학 모델로서, 리버럴 아트 교육에 충실한 칼리지 위에 석사 및 박사학위 취득 시스템을 구조화한 대학원이 놓인 형태다. 이는 중세적 모델이나 협의의 근대적 모델, 즉 훔볼트형 대학과도 다르다. 폭발적으로 확장된 대중사회가 욕망하는 대학교육에 대한 기본적 수요와 고도로 전문화된 산업 시스템이 필요로 하는 인재 수요 양자를 모두 만족시키는 시스템이다. 미국의 군사·경제적 패권이라는 단순한 이유뿐만 아니라 현대사회의 보다 심오한 구조적 이유 때문에 이 시스템은 고등교육의 세계적 표준이 된 것이다.

그런데 대다수 일본의 대학의 경우, 제국대학의 수정판인 옛 일곱 제국대학은 물론 다양한 관립 전문학교가 통합되거나 승격되어 탄생한 다른 국립대학이나 전후 급성장한 다수의 사립대학 모두 실제로는 이 미국식 모델과 일치하지 않는다. 이는 오히려 다양한 제도를 절충한 결과로서 나타난 것이다. 일본 대학의 발전은 기본적으로는 낡은 것을 남겨두면서 새로운 것을 더해가는 방식으로 진행되었기에, 오늘날 대학의 모습에는 사숙, 제국대학, 전문학교, 신제 종합대학, 미국식 대학원 등 모든 요소가 혼재되어 있다. 게다가 미래의 대학상에 대한 근본적인 지침이 강구되지 않은 상황에서 1990년대 이후 규제가 완화되는 방향으로 흐름이 바뀌었다. 이에 대학이 국가와의 관계를 애매한 상태로 둔 채 한꺼번에 학교 수, 정원, 대학원 과정의 점진적 확장을 거듭해가면서, 사태는 점점 심각해졌다. 이처럼 헤매고 있는 대학교육을 사회가 쉽사리 신용하지 못하는 상태에서 오늘날 대학 교사는 표류하듯 사회와의 관계 개선을 향해,

즉 산학협력이나 학생의 구직 지원, 지역이나 미디어와의 제휴로 내몰리고 있다.

이 같은 상황에서 '대학이란 무엇인가'라는 질문에 대한 대답은 역사를 개괄하여 '중세형' '근대형' '제국대학형' 등 과거에 존재했던 대학 개념의 평균치를 뽑아내 보여주는 데 그쳐서는 안 된다. 또한 미국 교육학회 등에서 수용되고 있는 최신 이론을 마치 전문가라도 되는 것처럼 일본에 '수입'하는 것이어서도 안 될 것이다. 오히려 우리는 미래를 향해 목숨을 건 도약을 하지 않으면 안 된다. 이미 존재하는 대학 개념을 정리하는 데서 끝나는 것이 아니라, 이 같은 노력을 되풀이하면서도 현재의 상황에 유효하게 개입할 수 있는 새로운 대학 개념을 역사와 미래의 중간 지점에 서서 재정의해나가야 한다.

오늘날 대학을 재정의하려 할 때 염두에 둘 가장 근본적이고 지속적인 변화는 필경 국민국가의 퇴조일 것이다. 이미 서술한 바와 같이 한때 완전히 시대에 뒤처졌던 대학이 19세기에 홀연히 부활할 수 있었던 것은 발흥하는 국민국가의 후원을 등에 업었기 때문이다. 독일이 선도한 근대 유럽 대학의 발전과 제국 일본에서 대학의 발전은 비록 그 내실에는 큰 차이가 있었다고 하더라도 모두 국민국가를 기반으로 하지 않고서는 존재할 수 없었다. 대학 교사나 학생들은 '학문의 자유' 즉 학지를 국가로부터 독립시킬 것을 강하게 주장했지만, 이 같은 주장이 가능했던 것은 애초에 대학이 국가에 의해 뒷받침되고 있었기 때문이다.

맺는 글

　그런데 이처럼 근대 이후 대학 개념의 근본적인 기반이었던 국민국가가 서서히 힘을 잃어가고 있다. 물론, 이에 대한 논쟁이 활발한 상태이고 국민국가의 힘이 순식간에 약화되는 것은 아니라는 것도 알고 있다. 그렇지만 100년, 200년을 단위로 생각해보면, 국민국가의 시대는 끝나가고 있다. 여기에서 우리는 대학이 과연 얼마만큼 국민국가와 일체를 이루는가 하는 점을 생각해야 한다. 분명 훔볼트형이든 제국대학형이든 간에 근대적 대학 개념을 국민국가와 분리하기는 힘들다. 그러나 이미 오늘날 미국의 대학은 국민국가보다는 글로벌한 자본주의와 연동함으로써 포스트 국민국가형 사회에서 점점 세력을 확장하고 있고, 당초에 중세의 대학은 국민국가를 알지 못했다. 대학이라고 하는 존재는 원래 국민국가와는 다른 조건에서 출발한 것이다. 따라서 우리는 당연히 이미 존재하는 미국형이나 중세형 모델에 구애받지 않고도 국민국가 퇴조 이후의 대학 개념을 구상할 수 있을 것이다.

포스트 중세적인 대학 모델

　이 같은 방향에서 새로운 대학 개념을 사고할 때 기존의 대학 개념 가운데 가장 참고가 될 만한 것이 미국식 글로벌 스탠더드가 아니라고 한다면, 최근 유럽 국가들이 추진하고 있는 '볼로냐 프로세스'를 주목할 필요가 있다. 제목이 적절히 제시하고 있듯, 이는 중세 도시 네트워크를 기반으로 한 대학 개념이다. 중세적 대학 모델이 근대적 모델이나 제국대학 모델 이상으로 미래로의 도약에 참고가 되는 것은 다음의 세 가지 이유 때문이다.

첫째로, 중세의 대학은 이동성을 기반으로 하여 다수의 도시가 학생이나 교사의 끊임없는 이동을 매개로 지역을 초월하여 연결됨으로써 발전했다. 대학을 탄생시킨 것은 도시를 허브로 한 이동하는 사람들의 네트워크였는데, 이것이야말로 도시의 자유를 뒷받침했고 학문의 자유의 원천이 되었다. 지금의 세계 역시 다수의 대학이 점점 국경을 초월하여 도시 간에 긴밀히 연관을 맺는 과정에 있다. 최근 10년간만 하더라도 유럽의 여러 나라뿐 아니라 한국, 타이완, 싱가포르, 중국의 학생들이 급격히 여러 외국 대학을 돌아다니기 시작했다. 일본의 학생들만이 이러한 흐름의 바깥에 있는 것은 앞으로 문제가 될 것으로 본다.

두 번째 이유는 중세 대학이 지닌 범유럽적 공통성이다. 이미 말한 바와 같이 중세 유럽의 대학에서는 라틴어를 공용어로 사용했고 자격도 통용되었다. 지식의 기반이 공유되고 있었으므로 교사와 학생이 다른 도시로 이동하더라도 동일한 지식이나 논리, 자격이 통용되었다. 마찬가지로 오늘날은 고등교육이 미국화되는 가운데 학술 언어로서 영어의 세계화나 학위 및 평가 시스템의 국제표준화가 강해지고 있다. 중요한 것은 이를 단순히 미국 시스템으로의 일원화로만 볼 수는 없다는 점이다. 예를 들어 영어의 세계화라는 시각에서 보면 일본, 한국, 중국의 학생들이 지적 교류를 진행할 때 영어를 이용한 커뮤니케이션 능력은 필수다. 공통 언어인 '영어'는 공통 통화 '달러'와 비슷하지만 그 이상의 가능성을 내포하고 있다. 왜냐하면, 실로 다양한 문화·역사적 배경을 가진 세계의 학생들이 영어로 직접 논의하고 프로젝트를 공유하는 과정에서 단지 '영어 지배'라는 상투적인 표현으로 수렴되지 않는 무수한 새로운 지성이 이미 생겨나고 있기 때문이다.

미래의 대학이 중세 모델을 참조해야 하는 가장 중요한 이유는 사실 따로 있다. 이미 논한 바와 같이 중세 유럽에 대학을 탄생시킨 지적 기반은 기독교 세계와 이슬람 세계를 경유하여 유럽으로 다시 유입된 고대 그리스의 지성, 그중에서도 아리스토텔레스와의 만남이었다. 신을 향한 수직축에서 지식의 보편성을 통합하고 있었던 기독교와 달리 아리스토텔레스의 지식은 오히려 수평면을 따라 체계화되었고, 종교성과 세속성의 이와 같은 긴장감 있는 만남 속에서 리버럴 아트가 발생했다. 또한 이 만남이 만든 무대 위에서 탁월한 대학 교사들이 다수 활약했다. 모리 아리노리나 난바라 시게루가 수행한 역할에서 알 수 있듯, 근대 일본에서도 프로테스탄티즘적인 신에 대한 지향은 대학이 발전하는 결정적인 계기로 작용했다. 학문의 장으로서 대학은 본질적으로 보편성을 지향하는데, 이 보편성은 일신교적 신의 차원과 아리스토텔레스적 자연의 차원, 이른바 헤브라이즘적 차원과 헬레니즘적 차원이 교차되면서 탄생한 것이다.

학지의 영역에서 보면 대학은 탄생 이래로 자유학예로서의 리버럴 아트와 전문지식으로서의 신학, 법학, 의학의 길항적 제휴 속에서 운영되어왔다. 칸트가 말한 '하급학부'와 '상급학부'가 그것이다. 신학, 법학, 의학은 모두 질서의 지식이라 할 수 있다. 이 세 지식은 다양한 모순이 들끓는 현실에서 어떻게 질서를 유지하고 그 상태를 관리해나갈 것인가 하는 질문에 대한 대답을 신의 질서와 사회의 질서 그리고 인체의 질서라는 세 층위에서 제공해왔다. 이윽고 '오컴의 면도날'에 의해 과학이 자유학예로부터 분리되고, 발견·발명·개발의 전문지식으로 발전했다. 새로운 발견이나 발명이 무수히 이루어지고 혁신적인 기술이 개발되면서 인간의 역사는 바뀌었다. 그리고 앞으로도 대학을 삼켜버릴 정도로 거대한 과학기술 체제 속에서 새로운 발견이나 발명, 기술 개발은 계속될 것이다. 그러나 오늘날 전 인류가 필요로 하고 세계의 대학교육이 추진하려 하는 것은 이같은 개별적인 발견이나 개발을 위한 지식뿐만 아니라, 오히려 모순되는 요소를 종합적으로 연관지어 안정적인 질서를 창출하는 관리management의 전문지식이 아닐까 한다.

앞으로 수십 년, 아니 수백 년에 걸쳐 인류가 몰두해야 할 중요 과제는 모두 이미 국경을 초월해 있다. 환경, 에너지, 빈곤, 차별, 고령화 등에서 지적 소유권, 문화복합, 국제경제, 국제적 법질서에 이르기까지, 여러 학문적 과제는 이미 국민국가라는 틀을 전혀 전제하지 않는다. 싫든 좋든 향후 내셔널한 인식의 지평을 넘어 지구사적 시점에서 이러한 인류의 과제를 해결할 전문적 방법론을 찾아내는 일과, 이를 실행할 수 있는 전문 인재를 사회에 제공하는 일이 점점 대학에 요구될 것이다. 그러나 어떻게 이것이 가능할 것인가.

일찍이 발견·발명·개발하는 지성은 인류의 외부, 즉 아직 발견되지 않은 미개척의 프런티어가 충분히 남아 있던 시대에 세계를 확장하고 미래를 창조하는 기축이 되었다. 서양 근대의 시선은 이 같은 발견과 발명의 기술을 사용하여 지구, 우주 그리고 미시적인 세계의 외부를 향해 확장되어왔다. 그러나 오늘날 많은 분야에서 지식의 포화 상태가 진행되었고, 이미 팽창한 기존 지식의 모든 요소는 서로 모순과 충돌을 빚으면서 확산되고 있다. 이런 상황에서 다음 세대의 전문지식은 아주 새로운 발견·개발을 하는 것 못지않게 이미 포화 상태에 이른 지식의 모순되는 요소들을 조정하고 바람직한 질서 안에 종합하는 관리의 지식이 되어야 한다. 이 같은 전문지식을 발달시키기 위해서는 기존의 틀 속에 다른 요소를 편입하기보다, 틀을 초월하여 새로운 전문지식을 창출해나갈 필요가 있다. 이와 동시에 근대국민국가와 연동되어온 '교양'이 아니라 오히려 중세의 '자유학예'에 가까운 새로운 횡단적인 지식의 재구조화가 요청된다.

새로운 '인쇄혁명'과 대학의 지식 기반

그러나 몇 가지 측면에서 중세 대학은 미래의 대학 개념의 토대가 되기 어렵다. 이는 미디어로서의 대학이라고 하는 차원에서 가장 명백하게 드러난다. 앞에서 논의한 것처럼 중세 대학과 구텐베르크에 의해 개발된 출판 미디어는 긴장을 내포한 관계였다. 19세기 이후 대학은 출판이 낳은 새로운 지식 지평을 내부에 받아들이지 못했는데, 이는 중세 대학이 힘을 잃게 된 하나의 요인이 되었다. 17~18세기에 지식의 기조를 만들어나간 것은 데카르트나 스피노자, 라이프니츠, 로크, 루소와 같은 몇 사람의 '위대한 학자'였고, 이 같은 저자들이 등장할 수 있었던 배경에는 출판 시스템의 활성화가 있었다. 또한 막부 말기에서 유신 시기에 걸쳐 일본에서 성립된 지사들의 네트워크와 그 허브로서의 사숙 문화도 넓은 의미에서는 출판에 의해 가능해진 새로운 지식운동의 일부였다. 오가타 고안, 사쿠마 쇼잔, 가츠 가이슈, 후쿠자와 유키치와 같은 사람들에게 있어서 네덜란드어 책이나 영어 책을 번역하는 작업이 얼마나 중대한 의미를 지닌 것이었는지는 이미 논한 바 있거니와, 이들 서책은 서양에서 인쇄되어 그 출판 시스템을 통해서 유통되었던 것이다.

메이지 이후 일본 대학은 서양에서 이식된 지식을 천황의 시선 아래 통합하는 제국대학 모델로 수렴되어가지만, 이러한 공식 대학 제도의 외연에는 출판 시스템을 중요 기반으로 하여 번역하는 지식인과 그들의 사숙 네트워크가 확장되고 있었다. 메이로쿠샤와 메이지 문화연구회, 나아가서는 쇼와 초기의 유물론연구회나 전후의 사상의과학연구회까지 근대 일본에서는 실로 많은 그리고 지적 상상력이 풍부한 '연구회'가 만들어졌다. 이 같은 지식의 얼개를 가능하게 한 최대의 기반은 출판이었다. 에도 시대부터 이어진 높은 식자율과 서점문화의 뒷받침을 받으며 근대 일본의 출판산업과 그 독자층은 세계적으로도 드문 교양문화권을 형성해왔다. 즉 막부 말기에서 전후에 이르기까지 근대 일본의 출판 시스템은 제도 속에서 서서히 증식해나간 대학 이상으로 일본 교양주의의 기반 역할을 수행해온 것이다. 이 때문에 일본에서는 전후가 되어서도 독학을 한 많은 지식인이 높이 평가받는 일이 가능했다.

물론 근대의 대학이 중세 대학처럼 출판문화의 번영을 수수방관해온 것은 아니다. 근대 이후의 대학은 첫째로 교사들이 출판계의 주요한 '저자'가 됨으로써, 둘째로 학생들이 출판된 책의 주요 '독자'가 됨으로써, 셋째로 대학이 전문적인 도서관을 갖추어 대량의 출판물을 보존하는 반영구적인 수장고가 됨으로써, 마지막으로 대학 자신이 출판사를 설립함으로써 출판문화와 상호보완적인 관계를 유지해왔다. 18세기까지는 '위대한 저자'가 대학 교사인 경우가 드물었지만, 20세기 초반까지의 많은 '명저'는 대학에 재직하는 '학자'에 의해 집필되었다. 참고로 19세기 중반에 활약한 카를 마르크스는 신문과 출판, 도서관을 이용하면서 자신의 사상을 펼쳐나갔으므로 그의 명성은 대학과는 관계가 없었다. 그러나 세기말에 저서를 남긴 막스 베버는 젊은 시기에 프라이부르크 대학의 정교수가 된 사람이었다. 20세기 동안 학생들은 교수의 저서를 읽는 변치 않는 독자였고, 유명 대학 주변에는 서점가가 생겨났는데, 그중에서도 도쿄 진보초神保町에는 세계 굴지의 서점가가 형성되었다.

이처럼 19세기 말 이후 저자, 독자, 도서관, 출판사라는 네 차원에 걸쳐 출판 미디어가 대학문화를 받아들이고 있던 것과 마찬가지 차원에서 대학 역시 출판문화의 모든 요소를 수용했다. 미국의 대학은 꽤 이른 시기부터 내부에 출판사를 둠으로써 대학 스스로 학술의 발신자가 되려 했다. 1892년 시카고 대학에 대학출판부가 설립된 이래 대학출판은 미국에서 학술출판의 중핵을 형성해왔던 것이다. 일본에서 대학이 스스로 학술 출판사를 설립한 것은 난바라 시게루에 의해 전후에 도쿄 대학 출판회가 설립된 무렵부터였다. 그러나 생각해보면 이미 후쿠자와 유키치는 초기부터 지지신보샤를 설립했고, 사숙 운영과 신문사 운영을 자신의 지적 활동의 두 축으로 생각했다. 오쿠마 시게노부 역시 언론에 종사한 사람이었으므로 초기 사학과 자유민권운동은 수면 아래에서 깊은 관련을 지니고 있었다고 할 수 있다. 요즘 말로 하자면 이른바 인터넷 저널리스트의 집합 속에서 무수한 사학이 설립되고 있었던 셈이다. 제국대학만 놓고 보면 미국의 대학출판을 모델로 하여 일본에 대학출판사가 설립된 것은 전후의 일이지만, 초기 사학을 고려하면 당초에 일본의 대학은 신문과 출판이라는 바다 속에서 솟아오르기 시작한 섬이었다고 말할 수도 있을 것이다.

그럼에도 불구하고 대학과 출판을 이어주던 복합체 전체가 오늘날 새로운 미디어 상황 속에서 위기에 직면해 있다. 인터넷이 세계적으로 보급되면서 오늘날 지식의 축적이나 유통에 있어 가장 중요한 기반은 책장이나 도서관의 서책에서 인터넷상의 데이터베이스나 아카이브로 옮겨가고 있으며, 검색형의 지식 기반이 강력하게 작동하고 있다. 요즘 학생들은 수업 노트에서 리포트, 논문 작성까지 인터넷이라는 매체에 의존하고 있어 교실이나 서책은 이차적인 역할만을 수행하는 상황이다. 휴대전화나 이메일로 수업 정보를 수시로 교환하고, 리포트나 논문마저도 복수의 웹사이트에서 입수한 정보를 솜씨 있게 편집하여 제출하는 사례가 늘어나고 있다. 책을 구입하기 위해 서점까지 나간다든지 귀중한 책을 빌리기 위해 도서관에 가는 일은 서서히 줄어들고 있다. 적어도 필요한 지식을 입수할 수 있는 곳이라는 의미에서 대학과 서점의 중요성은 함께 줄어들고 있다.

인터넷이 전면화된 미래 사회에서 캠퍼스와 교실, 학년제와 다수의 전공 교원을 갖춘 대학은 살아남을 수 있을 것인가. 이 질문은 출판사나 편집자가 미래의 인터넷 사회에서 살아남을 수 있을까 하는 질문과 마찬가지로 절박한 것이다. 물론 정보기술의 발달에 의해 "사람들이 캠퍼스뿐만 아니라 가정이나 직장에서도 평생에 걸쳐 교육의 기회에 참여하는 '유니버설 파티시페이션universal participation(만인의 교육 참가)'(마틴 트로)"이 가능할 것이라는 다소 경박한 낙관론도 있지만, 여기에 무조건 동의하기는 어렵다. 다소 공상적이긴 하지만, 모든 지식을 인터넷을 통해 순식간에 검색할 수 있으므로 더 이상

대학은 필요 없다는 비관론에 오히려 충분한 주의를 기울여야 할 것이다. 대학교수의 강의나 토론의 중요성은 남을 것이다. 그러나 모든 대학교수에게 이를테면 마이클 샌델과 같은 '백열' 강의가 가능한 것은 아니며, 애플 사는 이미 세계 유수 대학의 양질의 강의를 아이튠스 유iTunes U라는 형식으로 연결하여 아이패드와 같은 차세대형 휴대단말기로 제공하고 있다. 이러한 움직임이 앞으로 더욱 가속화될 것이라는 점은 확실하다. 구글이나 애플, 페이스북과 같은 새로운 인터넷 지식 시스템을 마주하여 대학이라는 상대적으로 낡은 지식 형성의 장이 무엇을 자신의 고유성으로 삼아야 할지를 결정해야 하는 때가 오고 있다.

관료제적 경영체 속의 '직업으로서의 학문'

이제 이 책의 탐구도 종착점을 향해 가고 있다. 이미 말한 바와 같이 오늘날 대학이 처한 어려운 상황의 배후에 있는 가장 큰 역사적 변화는 국민국가의 퇴조다. 훔볼트형이든 제국대학형이든 근대의 대학은 근본적으로는 '상상의 공동체'로서의 국민국가에 의해 뒷받침을 받는 '학지 공동체'였다. 물론 이러한 '상상의 공동체'와 '학지 공동체'의 관계는 긴장을 내포한 것이었지만, 그럼에도 불구하고 양자는 상부상조 관계에 있었던 것이다.

이 관계는 그러나 20세기 초반에는 확실히 변화하기 시작했다.

1917년, 즉 러시아혁명이 일어나던 해에 막스 베버는 뮌헨 대학에서 한 유명한 연설 '직업으로서의 학문'에서 독일에서도 대학이 이미 '미국화'되는 중이라는 것, 즉 대학이 국민적 학지의 공동체라기보다는 자본주의의 논리에 따라 경영되는 관료제적 기업체가 되고 있다는 점에 대해 주의를 환기했다. 이 연설에서 베버는 독일에서 연구자의 커리어 패스는 미국과 완전히 다르다는 데 주목한다. 독일의 경우, 학위를 받은 신진연구자는 장래가 보장되지 않는 사강사私講師[1]라는 지위에서 커리어를 시작하지만, 미국 대학에서 신진연구자는 우선 조교가 되고 그 뒤에도 단계적인 수순을 거쳐 올라갈 수 있다. 반면 독일 대학의 사강사는 한번 자리를 얻으면 평생동안 이를 잃게 되는 경우는 없지만, 미국 대학에서는 정교수tenure가 되기 전에 대학의 사정에 의해 언제든 직위를 잃게 될 위험성이 있어서 그렇게 되지 않도록 신진연구자는 "중요한 젊은 시절에 계속 대학 일로 쫓긴다". 즉 미국 대학은 대기업과 마찬가지로 관료제로 성립되고 대학 교사는 봉급생활자에 불과하다. 또한 베버는 '노동자의 생산수단으로부터의 분리'가 완벽히 이루어졌다는 의미에서 지금은 대학 교사도 자본주의 체제 아래 '노동자'가 되어가는 중이라고 주장한다. 이러한 경향이 독일 대학에도 침투하기 시작하여 바야흐로 모든 대학이나 학과가 미국식으로 운영되리라는 것이다. 그 근간을

---

1 Privatdozent : 독일의 고등교육기관에서 교육활동에 종사하는 사람으로 우리의 시간강사에 해당하는 직위.

이루는 것은 자본주의적이면서도 관료주의적인 '경영＝매니지먼트'의 논리와 다름 없다.

자못 베버다운 것은 이러한 주장에 앞서 미국의 대학이 보여주는 학문 세계의 관료제화 및 그것과 표리를 이루는 지식의 전공별 분화라는 상황 속에서 "오늘날 실제로 어떠한 학문적 업적을 달성했다는 긍지는 오로지 자기의 전공에 골몰함으로써만 얻어진다"고 말한 부분이다. 미국 대학에서 사람들은 대학 교사로부터 "'세계관'이라든가 자기 생활의 기준이 될 규칙 따위를 구할 수 있다고는 꿈에도 생각하지 않는다". 그들은 교사에 대해 "마치 채소 파는 여인이 우리 어머니에게 양배추를 팔듯이 이 사내는 우리 아버지로부터 받은 돈으로 내게 자기의 지식이나 방법을 팔고 있다"고 생각할 뿐 "그 이상은 별로 기대하지 않는다". 이 '대학교사＝채소장수'설이 지나치게 과장된 표현이라는 것은 베버도 인정하지만, 그럼에도 그는 "이처럼 극단적으로 표현되는 사고방식 속에 오히려 한편의 진리가 있지는 않은지 생각해볼 여지가 있다"라고 논했다(『직업으로서의 학문』). 세계적으로 대학의 지적 헤게모니가 독일에서 미국으로 옮겨가고 있던 시대에, 베버는 미국의 대학이 일찍이 자신이 『프로테스탄티즘의 윤리와 자본주의 정신』의 끝부분에서 의문시한 '정신없는 전문인'의 화석화된 철창이 되리라는 점을 충분히 예견하면서도, 세계가 한층 거대한 체제를 향하고 있는 한가운데에서 대학이 국민적인 학지의 공동체로 회귀하려 하거나 대학에서 "세계의 의미에 대해 현인이나 철학자의 명상"을 찾는 안이한 발상을 단호히 경계하고 있다.

수월성의 대학과 리버럴한 지성

우리는 베버만큼 금욕적일 수도 없고 이는 바람직하지도 않을 것이다. 그의 연설로부터 1세기 가까이 지나 베버가 예견했던 미래가이미 세계적인 현실이 되고 있는 상황에서, 미래를 위해서는 다소다른 전략을 취할 필요가 있다. 예를 들어 문화연구의 관점에서 오늘날 대학의 위기를 분석한 빌 레딩스는 그의 저서 『폐허 속의 대학』에서 이 어려움을 내파하기 위해 '수월성秀越性'이라는 개념과 정면에서 부딪쳐야 한다고 논했다. 여기서 말하는 '수월성'이란 이른바 'COE'에서 말하는 '엑설런스Excellence'와 같은 것으로서, 그 의미는 '탁월성'이다. 원래 이 말은 1960년대 미국의 교육개혁 논의에서 과도한 평등주의를 비판하고 개인의 능력을 최대한 신장해야 한다는주장에서 사용되기 시작한 말이지만 1980년대 이후 신자유주의적조류 속에서 세계의 학술정책 분야에 즐겨 사용되는 개념이 되었다.

레딩스에 따르면, 국민국가의 퇴조에 따라 국민적으로 상상된 구축물인 '문화=교양'에 의해 그 지적 활동의 가치를 뒷받침받을 수없게 되면서 대학은 차츰 '수월성'에 준거하는 글로벌한 관료제적 경영체가 되고 있다. '수월성'이라는 개념은 하이퍼화된 금융경제와 마찬가지로 내용을 가지지 않으며, 그 진위조차 문제되지 않는다. 수월성 담론은 정치성을 지니고 있지만 전혀 이데올로기적이지 않다. 즉 이 개념은 고유의 어떠한 정치적, 문화적 경향성과 연관되어 있는 것이 아니라 순수하게 비지시적이며 경영적인 개념이다. 이를테면 좌익이든 우익이든 수월성을 지녔다면 대학을 위해 충분히 공헌한다는 것이다. 순수하게 교환가치적인 이 수월성이라는 공허한 기호를 매개로 대학은 국민국가의 이데올로기 장치에서 글로벌한 관료제적 경영체로 변모하고 있다. 즉 이 개념은 "모든 활동을 하나의 일반화된 시장으로 차츰 통합하도록 허락하는 한편으로 부분적으로는 융통성과 혁신을 대규모로 인정한"다.

레딩스는 현재의 대학이 "수월성에 호소하는 것은 대학의 이념이 이미 존재하지 않는다는 사실, 또는 대학의 이념이 이제 모든 내용을 잃어버리고 말았다는 사실을 보여준다"고 주장한다. 따라서 그는 오늘의 대학이 '폐허'라고 말하는데, 폐허가 아무리 불편하다고 해도 기존의 이념으로 회귀할 수는 없다. 앞서 서술한 것처럼 19세기 이후 근대 대학은 이성 그리고 문화를 보편적인 통합의 원리로 발달시켜왔다. 칸트적 의미의 대학에서 신학, 법학, 의학이라는 세 상급학부에서 확립한 체계적 지식과 철학이라는 하급학부의 자유로운 탐구 사이의 대립은 "보편적인 기반을 가진 합리성"을 향한 길을 열었다. 자유＝리버럴한 지성으로서의 철학의 힘을 빌려 각 전공분야가 그 기반을 되물음으로써 스스로를 발전시키는 순환이 근대 대학의 활력을 뒷받침한 것이다. 그러나 오늘날 국민국가의 뒷받침에 의해 상상된 교양적 이성은 포스트 국민국가 체제 속에서 급속히 위축되고 있다. 이제 대학은 '자유로운 이성'을 위해 국가와 긴장 관계를 유지하는 것보다는 수월성의 셈법이 지배하는 대학에서 세계의 의미와 가치에 대한 질문이 효력을 상실하고 말았다는 사실에 보다 신경을 써야 한다.

여기에서 제안되는 것은 수월성이 지배하는 대학에서 '자유'를 재정의하는 일이다. 레딩스는 "수월성의 지배를 받는 관료적 기관으로서의 대학은 이러저러한 관용구를 통해 이데올로기적으로 통합되지 않고도 내부적으로는 충분히 다양성을 지닐 수 있다. 이들의 통일성은 이제 이데올로기의 문제가 아니라 확대된 시장 내부의 교환 가치의 문제"이기 때문이다. 수월성에 관여하게 됨으로써 "탈지시화의 과정에서 생겨나는 자유야말로 정교한 대책을 다듬는 데 필요한 아주 큰 공간을 마련"한다. 그러므로 우리는 오늘날 대학의 이와 같은 탈지시성을 역으로 이용할 수 있다. 이처럼 역설적으로 확대되는 자유의 장을 레딩스는 "커뮤니케이션의 투명성이라는 통제하려는 이상을 포기하고 아이덴티티와 통일을 단념한 '의견불일치의 공동체 the community of dissensus'"라 부른다. '의견불일치의 공동체'인 대학에서 부상하는 리버럴한 지성이란 "일반화된 학제 공간이 아니라 학문상의 결합과 이반이 반복되는 일종의 리듬"이다. 우리는 미래의 대학에서 지식 체계의 분야별 틀을 느슨하게 만들면서 "영속적인 문제로 새로운 학문 분야의 설치를 위하여 기회를 마련하는" 자유를 제도화해나가야만 한다.

국민의 문화적 교양도 서양의 고전적 교양도 아니면서 커뮤니케이션 능력이라든지 역량competency과 같은 것도 아니라면, 어떻게 "학문상의 결합과 이반이 반복되는 일종의 리듬"인 새로운 리버럴 아트를 조직할 것인가. 이 물음에 답하는 데 있어 가장 중요한 것은 아마도 국민국가가 퇴조한 뒤에도 유용한 지식과 리버럴한 지성의 길항적 협동에 관한 칸트적 물음 그 자체는 유지되어야 한다는 사실일 터이다. 미래의 대학은 칸트와 같은 물음에서 출발하지만 19세기와는 다른 대답에 이른다. 자크 데리다는 전술한 대학론에서 '조건 없는 대학'의 중요성을 다시 제기했다. 우리는 포스트 국민국가 체제의 미래에서 "모든 종류의 경제적 합목적성이나 이해관심에 봉사하는 모든 연구기관을 엄밀한 의미에서 대학과 구별하기" 위해 대학 속에 "무조건적이면서도 전제를 두지 않는 논의의 장을, 무언가 검토하고 재고하기 위한 정당한 공간"을 찾아내야 한다. 그것은 "이 같은 논의를 대학이나 '인문학' 속에 가두기 위해서가 아니라, 오히려 커뮤니케이션, 정보, 아카이브화, 지식의 생산과 관련된 신기술에 의해 변모하는 새로운 공공공간에 다가가기 위한 가장 좋은 방법을 찾아내기 위해서"다.

바로 이 때문에 우리는 이제 이 논의의 시야를 더욱 확장시키는 동시에 20세기 이후에 생겨난 다양한 지적 운동과 연관지을 필요가 있다. 이 책이 지금까지 확인한 바에 따르면 대학이란 자유를 향한 의지다. 그러나 그 자유의 조건은 시대와 더불어 변화한다. 오늘날 대학은 이미 자본주의 바깥에 있는 비평가가 아니라 자본의 순환 시스템을 담당하는 중요한 요소가 되었다. 교사와 학생 모두 이 시스템의 일부로 존재하므로 그 회로의 바깥에만 서는 것은 불가능하다. 그러나 자본주의와 세계화는 둘 다 중층적인 성격을 지니고 있어 일원화로 회수할 수 없는 지적 운동을 생성한다. 이 같은 복잡한 상황에서 우리는 '의견불일치의 공동체'를 형성해나가야 한다. 그것은 어떠한 단일한 통일 원리에 귀속되지 않으면서 학지의 중층적인 그물코 속에서 융통성을 발휘해 틈새를 발견해나가는 방식이어야 할 것이다. 이와 더불어, 이제는 발견이나 개발만이 아니라 관리에도 주력하는 다양한 새로운 전문지식과 새로운 리버럴 아트 사이의 긴장감 있는 관계를 창출해야 한다.

21세기 중반 무렵이 되면 대학은 퇴조하는 국민국가와 여전히 관계를 유지하면서도 이를 초월한 글로벌한 지식 체계로 변모해나갈 것이다. 세계의 대학 순위가 그 산출 방식에서 많은 문제점을 보이고 있음에도 불구하고 그 영향력이 커진 것은 그 속에 미래 대학의 모습이 예상되고 있기 때문일 것이다. 고도의 지적 능력을 가진 인재가 차츰 국경을 초월하여 거래되는 자본주의 체제 아래 대학은 뛰어난 인재의 선발과, 육성, 인증을 담당하는 하위기관이 되기 십상이다. 앞에서 말한 것처럼 우리가 살고 있는 시대는 어느 정도는 16세기와 닮아 있다. 중세에서 근대로 나아가던 그 시대, 새로운 인쇄기술이 폭발적으로 보급되면서 더 큰 영방국가의 질서가 기존의 도시 질서를 집어삼키는 와중에 대학은 쇠퇴했다. 그러나 지금, 마찬가지로 디지털 기술의 폭발 속에 전 지구적 질서가 국민적인 질서를 집어삼키고 있지만, 시대는 오히려 근대적이라기보다 중세적인 양상을 드러내고 있다. 이러한 상황에서는 근대적인 전략과는 근본적으로 다른 방식으로 대학을 재정의해야 할 것이다.

실제로 더욱 더 막대한 정보가 인터넷 공간에서 유통, 번역, 축적, 검색, 가시화되고 있는 상황에서, 대학에는 머지않아 새로운 세대가 등장하게 될 것이고, 그들은 지구상의 다양한 지식운동과 제휴하면서 새로운 지식을 편집하고 혁신적인 플랫폼을 만들어나갈 것이다. 중세 이래의 명문대학이 근대에 살아남은 것과 마찬가지로 현대의 주요 대학 역시 포스트 국민국가 시대에도 살아남겠지만, 이 시대의 대학은 도시나 국가를 기반으로 하지는 않을 것이다. 디지털화된 지식기반 위에서 전혀 새로운 유형의 대학도 등장하게 될 것이다. 우리가 지금 살고 있는 곳은 이와 같은 새로운 시대를 향한 입구다. 그 자체로서는 공허한 미래형에 불과한 것일지라도 '수월성'의 대학은 앞으로도 새로운 의미를 계속 발견해갈 것이다. 의미의 발견이 가능하려면 대학은 '수월성'과 더불어 '자유'의 공간을 만들어내려는 노력을 계속해야 한다. 오늘날 대학에 부여된 실천적인 사명은 포스트 국민국가 시대의 새로운 '자유=리버럴'에 형태를 부여하는 것이다.

맺는 글

| 참고문헌 |

여는 글 대학이란 무엇인가

天野郁夫,『大學改革の社會學』, 玉川大學出版部, 2006.

____,『國立大學·法人化の行方』, 東信堂, 2008.

AREZERU 日本 편,『大學界改造要綱』, 藤原書店, 2003.

石弘光,『大學はどこへ行く』, 講談社現代新書, 2002.

猪木武德,『大學の反省』, NTT出版, 2009.

岩崎稔·小澤弘明 편,『激震!國立大學』, 未來社, 1999.

潮木守一,『世界の大學危機』, 中公新書, 2004.

호세 오르테가 이 가제트José Ortega y Gasset,『大學の使命』, 井上正 역, 玉川大學出版部, 1996.

金子元久,『大學の教育育力』, ちくま新書, 2007.

苅部直,『移りゆく'敎養'』, NTT出版, 2007.

임마누엘 칸트Immanuel Kant,「諸學部の爭い」, 角忍·竹山重光 역,『カント全集』第18卷, 岩波書店, 2002.

黑木登志夫,『落下傘學長奮鬪記』, 中公新書ラクレ, 2009.

舘昭,『大學改革 日本とアメリカ』, 玉川大學出版部, 1997.

『大學革命』(別冊『環』2卷), 藤原書店, 2001.

立花隆,『東大生はバカになったか』, 文春文庫, 2004.

筒井淸忠, 『日本型 '敎養'の運命』, 岩波書店, 1995.

＿＿＿, 『新しい敎養を求めて』, 中央公論新社, 2000.

堤淸二·橋爪大三郎, 『選擇·責任·連帶の敎育改革』, 勁草書房, 1999.

中井浩一, 『徹底檢証 大學法人化』, 中公新書ラクレ, 2004.

＿＿＿, 『大學 '法人化' 以後』, 中公新書ラクレ, 2008.

존 헨리 뉴먼John Henry Newman, 『大學で何を學ぶか』, ピーター·ミルワード 편, 田中秀人 역, 大修館書店, 1983.

펠리칸 야로슬라브Pelikan Jaroslav, 『大學とは何か』, 田口孝夫 역, 法政大學出版局, 1996.

제1장 도시의 자유, 대학의 자유

에릭 아쉬비Eric Ashby, 『科學革命と大學』, 島田雄次郎 역, 中公文庫, 1977.

자크 베르제Jacques Vergès, 『中世の大學』, 大高順雄 역, みすず書房, 1979.

오웬 깅거리히Owen Gingerich 외, 『コペルニクス』, 林大 역, 大月書店, 2008.

비비안 H. H. 그린Vivian H. H. Green, 『イギリスの大學』, 安原義仁 외 역, 法政大學出版局, 1994.

兒玉善仁, 『ヴェネツィアの放浪敎師』, 平凡社, 1993.

＿＿＿, 『イタリアの中世大學』, 名古屋大學出版會, 2007.

스티븐 샤핀Steven Shapin, 『'科學革命'とは何だったのか』, 川田勝 역, 白水社, 1998.

크리스토프 샤를Christophe Charels 외, 『大學の歷史』, 岡山茂 외 역, 白水社, 2009.

田中峰男, 『知の運動』, ミネルヴァ書房, 1995.

찰스 H. 하스킨스Charels H. Haskins, 『大學の起源』, 靑木靖三 외 역, 八坂書房, 2009.

＿＿＿, 『十二世紀ルネサンス』, 別宮貞德 외 역, みすず書房, 2007.

앙리 피렌느Henri Pirenne, 『中世都市』, 佐佐木克巳 역, 創文社, 1970.

마르크 블로흐Marc Bloch, 『封建社會 1·2』, 新村猛 외 역, みすず書房, 1973.

한스 베르너 프랄Hans-Werner Prahl, 『大學制度の社會史』, 山本尤 역, 法政大學出版局, 1988.

요한 하위징아Johan Huizinga, 『中世の秋』, 堀越孝一 역, 中公文庫, 1976.

앙리 I. 마루Henri I. Marrou, 『古代教育文化史』, 横尾壯英 외 역, 岩波書店, 1985.

자크 르 고프Jacques Le Goff, 『中世の知識人』, 柏木英彦 외 역, 岩波新書, 1977.

리처드 E. 루벤슈타인Richard E. Rubenstein, 『中世の覺醒』, 小澤千重子 역, 紀伊國屋書店, 2008.

제2장 국민국가와 대학의 재탄생

엘리자베스 L. 아이젠스타인Elizabeth L. Eisentein, 『印刷革命』, 小川昭子 외 역, みすず書房, 1987.

매튜 아놀드Matthew Arnold, 『敎養と無秩序』, 多田英治 역, 岩波文庫, 1946.

필립 아리에스Philippe Aries, 『「敎育」の誕生』, 中內敏夫 외 편역, 新評論, 1983.

市川愼一, 『百科全書派の世界』, 世界書院, 1995.

레이몬드 윌리엄스Raymond Williams, 『文化と社會』, 若松繁信 외 역, ミネルヴァ書房, 1968.

덩컨 웹스터Duncan Webster, 『アメリカを見ろ!』, 安岡眞 역, 白水社, 1993.

潮木守一, 『近代大學の形成と變容』, 東京大學出版會, 1973.

____, 『ドイツの大學』, 講談社學術文庫, 1992.

____, 『アメリカの大學』, 講談社學術文庫, 1993.

____, 『フンボルト理念の終焉?』, 東信堂, 2008.

노베르트 엘리어스Norbert Elias, 『宮廷社會』, 波田節夫 역, 法政大學出版局, 1981.

隱岐さや香, 『科學アカデミーーと有用な科學』, 名古屋大學出版會, 2011.

로제 샤르티에Roger Chartier, 『書物の秩序』, 長谷川輝夫 역, 築摩書房, 1996.

Judy Ronald A.T., *Dis-Forming the American Canon*, University of

Minnesota Press, 1993.

프리드리히 실러Johann Christoph Friedrich von Schiller, 『人間の美的教育について』, 小栗孝則 역, 法政大學出版局, 2003.

曾田長人, 『人文主義と國民形成』, 知泉書館, 2005.

자크 데리다Jacques Derrida, 『條件なき大學』, 西山雄二 역, 月曜社, 2008.

中川久定, 『啓蒙の世紀の光のもとで』, 岩波書店, 1994.

피터 버크Peter Burke, 『知識の社會史』, 井山弘幸 외 역, 新曜社, 2004.

요한 고틀리프 피히테Johann Gottlieb Fichte, 『學者の使命 學者の本質』, 宮崎洋三 역, 岩波文庫, 1942.

뤼시엥 페브르Lucien Febvre 외, 『書物の出現 上·下』, 關根素子 외 역, 築摩書房, 1985.

미셸 푸코Michel Foucault, 『言葉と物』, 渡邊一民 외 역, 新潮社, 1974.

마셜 매클루언Marshall McLuhan, 『グーテンベルクの銀河系』, 森常治 역, みすず書房, 1986.

南川高志 편저, 『知と學びのヨーロッパ史』, ミネルヴァ書房, 2007.

吉見俊哉, 『カルチュラル·スタディーズ』, 岩波書店, 2000.

_____, 『博覽會の政治學』, 中公新書, 1992(講談社學術文庫, 2010).

Leavis, F. R., *Education and the University*, Cambridge University Press, 1943.

프리츠 K. 링거Fritz K. Ringer, 『讀書人の沒落』, 西村稔 역, 名古屋大學出版會, 1991.

프레드릭 루돌프Frederick Rudolph, 『アメリカ大學史』, 阿部美哉 외 역, 玉川大學出版部, 2003.

에르네스트 르낭Ernest Renan 외, 『國民とは何か』, インスクリプト, 1997.

빌 레딩스Bill Readings, 『廢墟のなかの大學』, 靑木健 외 역, 法政大學出版局, 2000.

제3장 학지를 이식하는 제국

天野郁夫,『大學の誕生 上·下』, 中公新書, 2009.

潮木守一,『京都帝國大學の挑戰』, 講談社學術文庫, 1997.

大久保利謙 편,『森有禮全集』, 宣文堂書店, 1972.

大久保利謙,『明六社』, 講談社學術文庫, 2007.

大澱昇一,『技術官僚の政治參畫』, 中公新書, 1997.

加藤詔士,「日本·スコットランド教育文化交流の諸相」,『名古屋大學大學院教育發達科學研究科紀要』56卷 2號, 2009.

北正巳,『御雇い外國人ヘンリー·ダイアー』, 文生書院, 2007.

瀨上正仁,『明治のスウェーデンボルグ』, 春風社, 2001.

園田英弘,『西洋化の構造』, 思文閣出版, 1993.

竹內洋,『大學という病』, 中公叢書, 2001.

_____,『敎養主義の沒落』, 中公新書, 2003.

立花隆,『天皇と東大 上·下』, 文藝春秋, 2005.

寺崎昌男,『東京大學の歷史』, 講談社學術文庫, 2007.

東京大學百年史編集委員會,『東京大學百年史』, 東京大學, 1984~1987.

中野實,『東京大學物語』, 吉川弘文館, 1999.

_____,『近代日本大學制度の成立』, 吉川弘文館, 2003.

永嶺重敏,『雜誌と讀者の近代』, 日本エディタースクール出版部, 1997.

中山茂,『帝國大學の誕生』, 中公新書, 1978.

長谷川精一,『森有禮における國民的主體の創出』, 思文閣出版, 2007.

林竹二,「森有禮」,『林竹二著作集』第2卷, 築摩書房, 1986.

福澤諭吉,『學問のすすめ』, 岩波文庫, 1942.

松田宏一郎,『江戶の知識人から明治の政治へ』, ぺりかん社, 2008.

松本三之介,『吉野作造』, 東京大學出版會, 2008.

三好信裕,『ダイアーの日本』, 福村出版, 1989.

三好信裕 편,『ヘンリー·ダイアー著作集成』(全5卷), エディション·シナプス, 2005.

『明六雜誌』(全3卷), 山室信一·中野目徹 校주, 岩波文庫, 1999~2009.

森田草平, 『私の共産主義』, 新星社, 1948.

吉見俊哉, 「運動會の思想」, 『思想』844號, 1994.

제4장 전후 일본과 대학개혁

天野郁夫, 「日本の大學院問題」, 『IDE』466號, 2005.

安藤丈將, 「日常性の自己變革の參照點を探して」, 『早稻田政治經濟學雜誌』369號, 2007.

荒井克弘, 「科學技術の新段階と大學院教育」, 『教育社會學研究』45集, 1989.

大崎仁, 『大學改革 1945~1999』, 有斐閣, 1999.

小熊英二, 『1968 上·下』, 新曜社, 2009.

小阪修平, 『思想としての全共鬪世代』, ちくま新書, 2006.

小林信一, 「若手研究者の養成」, 『高等教育研究紀要』19號, 2004.

小林雅之, 「高等教育の多樣化政策」, 『大學財務經營研究』第1號, 2004.

絓秀美 編, 『1968』, 作品社, 2005.

關正夫, 『日本の大學教育改革』, 玉川大學出版部, 1988.

島泰三, 『安田講堂 1968~1969』, 中公新書, 2005.

橘木俊詔, 『東京大學 エリート教育機關の盛衰』, 岩波書店, 2009.

土持ゲーリー法一, 『戰後日本の高等教育改革政策』, 玉川大學出版部, 2006.

永井道雄, 「'大學公社'案の提唱」, 『世界』, 1962.10.

____, 『未完の大學改革』, 中公叢書, 2002.

長崎浩, 『叛亂論』, 合同出版, 1969(彩流社, 1991).

____, 『叛亂の六〇年代』, 論創社, 2010.

中島誠 編, 『全學連』, 三一新書, 1968.

南原繁, 『文化と國家』, 東京大學出版會, 1957.

橋本鑛市 外 編, 『リーディングス 日本の高等教育』(全8卷), 2011.

앤드류 바셰이Andrew Barshay, 『南原繁と長谷川如是閑』, 宮本盛太郎 감역, ミネル
ヴァ書房, 1995.

피에르 부르디외Pierre Bourdieu, 『遺産相續者たち』, 石井洋二郎 감역, 藤原書店,
1997.

山口周三, 『資料で讀み解く 南原繁と戰後敎育改革』, 東信堂, 2009.

吉見俊哉, 『ポスト戰後社會』, 岩波新書, 2009.

四方田犬彦, 『ハイスクール1968』, 新潮社, 2004.

셸든 로스블라트Sheldon Rothblatt, 『敎養敎育の系譜』, 吉田文 외 역, 玉川大學出
版部, 1999.

맺는 글 그래도 대학이 필요하다 · 후기

막스 베버Max Weber, 『職業としての學問』, 尾高邦雄 역, 岩波文庫, 1936.

에드워드 사이드Edward Said, 『知識人とは何か』, 大橋洋一 역, 平凡社, 1995.

피터 실링스버그Peter L. Shillingsburg, 『グーテンベルクからグーグルへ』, 明星聖子
외 역, 慶應義塾大學出版會, 2009.

De Barry, Brett eds., *Universities in Translation*, Hong Kong University
Press, 2010.

Yoda, Tomiko et. al., eds., *Japan after Japan*, Duke University Press, 2006.

마틴 트로Martin Trow, 『高度情報社會の大學』, 喜多村和之 감역, 玉川大學出版
部, 2000.

西山雄二, 『哲學と大學』, 未來社, 2009.

蓮實重彦, 『私が大學について知っている二, 三の事柄』, 東京大學出版會, 2001.

피에르 부르디외Pierre Bourdieu, 『ホモ・アカデミクス』, 石崎晴己 외 역, 藤原書店,
1997.

마사오 미요시マサオミヨシ · 吉本光宏, 『抵抗の場へ』, 洛北出版, 2007.

장 프랑수아 리오타르Jean-François Lyotard, 『ポスト・モダンの條件』, 小林康夫

역, 書肆風の薔薇, 1986.

데이비드 리스먼David Riesman, 『大學教育論』, 新堀通也他 역, みすず書房, 1961.

| 후기 |

　정말이지 요란한 제목을 붙였다. 이 책의 저자는 교육학 전문가
도 아닌 주제에 정면으로 '대학의 재정의'를 주장하면서 상대의 심
장부로 뛰어들 기세다. 일찍이 하스미 시게히코蓮實重彦는 도쿄 대학
총장에서 퇴임한 뒤에 정리한 논문집 말미에서 "무엇무엇이란 무엇
인가"라는 그럴싸한 질문이 얼마나 의심스러운 것인지 말한 바 있
다. 그의 경험으로는 "'~란 무엇인가'라는 근본적인 질문을 제기하
는 사람 중에 제대로 된 사람이 없었기 때문"이라는 것이다. 이 같
은 호들갑 때문에 "이것은 무언가가 될 가능성이 감지되므로 실제로
무엇이 될 때까지 이것과 함께하고 싶다"라는 마음의 움직임이 사
그라져버리는 것이 싫기 때문이기도 하다(『내가 대학에 대해 알고 있
는 두세 가지 것들』). 대학의 정의를 묻고 그 대답을 내놓는 일은, 대
학이 "무언가가 되려는" 꿈틀거림에 함께하는 일을 시시한 실천으로
생각하게 만들기 십상이다.
　그럼에도 불구하고 왜 굳이 '대학이란 무엇인가'를 물었던가. 이

책을 통해서 필자는 '대학이란 무엇이다'라는 궁극적인 대답을 내리려 하기보다는 이 같은 정의가 어떻게 흔들리고 붕괴되어 상이한 지식 기반에 의해 대체되었는지, 또한 새로운 정의는 어떻게 상상되고 이식되었는지, 이 같은 다양한 정의와 재정의의 포개짐이 오늘날 대학의 표면적 통일성의 배후에서 어떻게 꿈틀거리고 있는지에 관심을 기울였다. 즉 '대학이란 무엇인가'에 대한 대답을 이끌어내기보다는 이와 같은 질문이 성립되는 다양한 지평이 역사적으로 변용되는 지점을 파악하려 했다.

그럼에도 불구하고 만약 대학에 대한 모종의 정의가 이 책을 관통하고 있다면 그것은 아마도 대학이란 '미디어'라는 점일 터이다. 도서관이나 박물관, 극장, 광장 그리고 도시가 미디어인 것처럼 대학 역시 하나의 미디어다. 미디어로서의 대학은 사람과 사람, 사람과 지식의 만남을 지속적으로 매개한다. 그 매개의 기본 원리는 '자유'다. 바로 이 때문에 근대 이후 같은 '자유'를 지향하는 미디어로서 출판과 대학은 싫든 좋든 복잡한 길항적 제휴 속에서 관계를 맺어왔다. 중세에는 도시가 미디어로서의 대학의 기반이었고, 근대에 와서는 출판이 대학 바깥에서 발달했으며, 국민국가 시대에 양자는 통합되었다. 그리고 지금 출판의 세계로부터 인터넷의 세계로 급격한 이행이 이루어지는 상황에서 미디어로서의 대학의 위상도 급속히 변화하고 있다.

따라서 이 책은 '대학'이라는 영역에 대해 미디어론적 개입을 시도한 것이다. 대학을 주어진 교육제도로서 파악하기 전에 지식을 매개하는 집합적 실천이 구조화된 장으로서 이해하는 것이다. 대학을 이렇게 재정의함으로써 대학을 둘러싼 오늘날의 문제점을 타개할 실마리를 파악할 수 있지 않을까. 적어도 이러한 시도를 통해서 '대학'에 대한 질문의 사정거리는 크게 확장되리라 생각한다.

2011년 3월 11일에 일어난 지진과 원전 사고로 인해 오늘날 '풍족한 전후'의 종말은 분명해졌다. '전후'뿐만 아니라 19세기부터 계속되어온 '근대'도 이제는 확실히 종언을 고했다. 대학의 가치나 이에 대한 신뢰 역시 위기에 처해 있다. 급증한 대학과 포화된 인재 시장 속에서 엄청난 수의 고학력층이 일자리를 찾아 방황하고 있다. 대학 입장에서 힘겨운 나날들이 지속될 것이다. 당연한 것으로 간주되어왔던 것이 근저에서부터 의문시되기 시작하는 시대에 사람들은 새로운 가치를 구하게 된다. 그 새로움은 결코 누군가의 번뜩이는 재능에 의해 돌연 생겨나지는 않는다. 역사라는 옥토와 거기에서 양분을 빨아올려 화합시키는 대학이라는 미디어가 필요한 것은 바로 이 때문이다.

책을 마무리 짓는 시점에서 많은 분께 감사의 말씀을 드리고 싶다. 이 책은 어디까지나 일개 학자의 입장에서 쓴 것이지만, 이와 같은 책을 쓰려고 마음먹게 된 배경에 필자가 재직하는 대학에서 겪은 다양한 경험이 없었다고 하면 거짓말일 것이다. 특히 도쿄 대학 대학원 정보학환情報學環의 동료들, 종합교육연구센터와 교육기획실의 여러분, 고미야마 히로시古宮山宏 전 총장과 그 집행부 여러분 그리고 하마다 준이치濱田純一 총장과 현 집행부 여러분께 깊이 감사드린다. 끝으로 늘 일을 쌓아둔 채 상습적으로 약속을 어기는 필자와 끝까지 함께 해준 이와나미신서 편집부의 오다노 고메이小田野耕明 씨에게 마음 깊은 곳에서 우러나오는 감사를 드린다.

2011년 6월 20일
요시미 순야

| 옮긴이의 말 |

이 책은 도쿄 대학 대학원 정보학환 교수로 있는 요시미 순야의 『대학이란 무엇인가大学とは何か』(이와나미신서, 2011)를 번역한 것이다. 이 책의 저자를 소개할 때 우선 그가 소속된 '정보학환情報學環'이라는 조직을 설명하는 데 다소간 어려움을 느끼게 되는데, 이 조직이 우리에게 친숙한 학과나 학부의 이름과는 매우 다르기 때문인 듯하다. '정보학환Interfaculty Initiative in Information Studies'은 도쿄 대학이 법인화되면서 기존에 존재하던 조직을 통폐합하는 과정에서, 정보information와 관련된 문과와 이과의 대학원을 통합하면서 만들어진 조직으로 알려져 있다. 영문명에서 알 수 있듯이 학제적 연구를 통해 정보학 관련 분야를 주도하려는 지향을 지닌 연구조직으로서, 대학원생들이 속해 있는 교육조직인 '학제정보학부Graduate School of Interdisciplinary Information Studies'와 짝을 이루고 있다.

'정보학환'이라는 낯선 명칭의 마지막에 붙은 '환環'이라는 용어는 본문에서 설명하듯 니시 아마네가 'Encyclopedia'의 어원을 살린

'백학연환百學連環'이라는 번역어에 등장하는 '환'과 마찬가지로, '다양한 배움이 원을 이루는 상태'라는 의미로 사용된 것이 아닐까 한다. 이 연구기관의 뿌리는 요시노 사쿠조와 함께 메이지 문화연구회에서 활동했던 오노 히데오가 설치한 신문연구소로 거슬러올라간다. 참고로 요시미 교수는 신문연구소와 그 후신인 사회정보연구소 시절부터 '정보학환'의 창설에 이른 현재까지, 재일조선인 최초로 도쿄대학 교수가 된 강상중 교수와 오랫동안 같은 직장의 동료로 지내면서 『세계화의 원근법』 등의 저서도 함께 펴낸 바 있다.

요시미 교수가 현재 진행 중인 과제는 첫째, 20세기 일본과 아메리카니즘, 둘째, MALUI 제휴와 디지털 지식 기반, 셋째, 20세기 동아시아문화사 쓰기의 세 가지라고 한다. 이 가운데 첫째와 셋째가 전통적인 포스트콜로니얼 문화연구의 연장선에서 진행되는 연구라면, 둘째는 문과와 이과를 아우르는 학제적 연구로서 요시미 교수가 매우 의욕적으로 진행하고 있는 과제로 보인다. Museum, Archives, Library, University, Industry의 이니셜을 딴 MALUI라는 다소 생소한 용어에서 짐작할 수 있듯, 지금까지 공공적 아카이브를 구축해온 도서관, 박물관, 미술관, 문서관, 자료관, 필름센터, 방송 프로그램 아카이브 등의 기관과 대학, 산업체가 제휴하여 새로운 형태의 아카이브를 정비하는 작업을 통해서 디지털 사회의 지식 기반을 구축하는 작업을 행하고 있다고 한다.

요컨대 '정보학환'이라는 학제적 연구기관과 'MALUI'라는 영역 횡단적 네트워크를 통해 저자가 이 책에서 어렴풋이나마 구상한 바 있는 새로운 대학상을 구현해나가고 있는 것이 아닌가 한다. 일본은 물론 한국을 비롯한 동아시아와 서구 학계에도 이름이 알려진 학자가 부총장(정확한 명칭은 부학장이나 우리의 부총장vice president에 해당됨), 신문사 이사장 등 학내의 주요 보직을 맡으면서 교육행정가로서 능력을 발휘하고 있는 점도 같은 맥락에서 이해할 수 있을 것이다.

한국어판 서문 등 여러 곳에서 저자 스스로 잘 요약해 놓은 것처럼, 이 책은 대학의 정체성에 대한 역사적 상대화, 대학에 대한 미디어적 접근, 대학과 학문의 자유의 관계 재정립이라는 세 가지 시각을 관철시키면서, 중세에 있어서 대학의 탄생과 근대에 있어서 대학의 재탄생 그리고 일본을 필두로 한 동아시아에서 서양 학지 수입 차원으로서 대학의 이식과 변용이라는 흐름을 개괄하는 한편으로 '리버럴 아트'와 '학문의 자유'에 대한 새로운 규정을 통해 21세기가 요구하는 대학의 모습을 구상하고 있다.

이 책이 가진 장점 중 하나는 대학의 역사를 저자의 일관된 관점 아래 일목요연하게 잘 정리하고 있다는 점이다. 실제로 이제 갓 대학에 들어온 신입생들은 물론 일반 독자들로 하여금 대학이란 어떤 곳이며, 대학에서 무엇을 배울 것인가에 대해 생각할 기회를 갖게 하는 추천도서로서 손색이 없다는 생각에 번역에 착수하게 되었다. 그러나 무엇보다도 '대학이란 무엇인가'라는 물음과 정면으로 마주하면서도 적층되는 지식을 메타적 층위에서 관리하는 메타 미디어로서 대학을 이해함으로써, 대학을 고정불변의 실체로 보려는 어떠한 시도와도 결별하고 있다는 점이 이 책이 지닌 가장 큰 장점이자 매력이 아닐까 한다. 번역자 개인으로서는 『도쿄대생은 바보가 되었는가』나 『교양, 모든 것의 시작』과 같은 책을 학생들과 함께 읽으면서 어쩔 수 없이 느껴야 했던 그들과의 세대 차이 그리고 그 속에서 스스로 교양주의 시대의 대학관을 젊은 세대에게 강요하고 있는 것이 아닌가 하는 마음 한 곳의 꺼림칙한 기분이 이 책을 읽으면서는 전혀 느껴지지 않아서 무엇보다 좋았다.

　물론 이러한 참신한 문제제기에 비해 결론은 다소 싱겁다는 인상을 주는 것도 사실이다. '수월성'이 지배하는 대학에서 새롭게 구상하는 '학문의 자유'란 근대 대학과 '학문의 자유'에 대한 칸트적 이념을 레딩스식 문화연구의 시각에서 반복하고 있는 것에 불과하다는 인상을 지우기 힘들다. 또한 포스트 국민국가 시대 대학의 방향성에 대한 힌트를 중세 대학 모델에서 찾아야 한다는 주장은 나름의 논리를 지니고는 있다고는 해도 다소 엉뚱하다는 느낌을 준다. 메이지 시기 재야 지식인의 네트워크나 1960년대의 코뮌적 학문공동체에 대한 지나친 가치 부여와 중세 대학 모델에 대한 애착에는 무언가 공통된 편향성이 발견되는 것으로 보인다. 저자 스스로 "기계공업에 선행한 수공업"으로 표현한 것에 대한 모종의 물신화 같은 것인데, 이는 『소리의 자본주의』나 『미디어 문화론』 등 저자의 다른 저서에서도 그 저변에 흐르고 있는 '요시미'적인 에토스로 보인다. 이상화된 공동체로 중세 유럽을 묘사하는 미야자키 하야오의 애니메이션을 보는 듯한 이 같은 편향성은 저자가 레딩스나 덩컨 웹스터를 빌려 비판하는 스크루티니 그룹의 공동체론과는 얼마나 다른 것일까.

　가중되는 취업난 속에 '88만원 세대'라는 말조차도 진부해진 오늘날의 대학은 요시미 교수가 지적했듯 기업에 취업하기 위한 '스펙'을 쌓기 위해 잠시 거쳐가는 직업 양성소로 전락한 지 오래다. 한국경제의 글로벌 경제로의 편입과 신자유주의의 득세 속에서 사회가 감당하지 못하는 청년실업 문제의 책임이 고스란히 대학에 전가되면서, 이제는 대학 총장들까지도 기업이 요구하는 인재를 양성하는 대학을 만들겠다고 공언하고 있는 상황이다. 학생은 물론이고 교수들도 자본의 논리 속에 포섭되어 대학이 갖추어야 할 최소한의 대학다운 것조차도 포기해버린 상황 속에서 대학과 학문의 자유를 주장하는 논리는 점점 더 설 자리를 잃고 있는 것이다. 게다가 조만간 밀어닥치게 될 대학 구조조정의 과정에서 취업률이라는 지표에서 불이익을 받을 수밖에 없는 전통적인 인문학과 예체능 분야가 급속히 위축될 것이라는 것은 이미 일부 대학의 사례를 통해 예견된다.

　이런 상황에서 대학이야말로 시류에 영합하지 말고 자유롭게 학문에만 몰두할 수 있어야 한다는 이야기를 오히려 대학 바깥에서 만나는 많은 사람으로부터 심심찮게 듣게 된다. 실제로 인쇄매체가 점점 퇴조하는 상황에서도 대학 바깥에서는 인문학에 대한 수요가 폭증하고 있으며, 심지어 자본의 내부에서도 '인문학적 소양'을 갖춘 인재에 대한 수요를 어쨌든 표방하고 있는 상황이기도 하다. 그러나 다른 한편으로 전통적인 지식 체계를 고집하면서 대학이 스스로 변모하지 않는다면, 대학을 능가하는 외부의 교육 시스템에 의해 대학은 또다시 죽음을 맞이하게 될지도 모른다. 저자의 말대로 16세기 인쇄혁명과도 같은 지금의 디지털 혁명과 위키피디아로 대표되는 집합지성은 새로운 지의 커뮤니케이션 구조를 만들어내면서 그동안 지의 독점을 학문적 권위의 주요 원천으로 삼았던 상아탑의 아카데미즘을 위협하게 될 것임에 틀림없다.

사실 우리는 우리 사회가 요구하는 고등교육의 모습과 대학상이 어떠한 것인지, 대학은 어느 방향으로 나아가야 할지에 대해 사회적인 합의를 찾기 위한 진지한 논의를 제대로 한 적이 없다. 저자가 이 책에서 말하듯 대학은 국가의 것도, 사학법인의 것도, 그렇다고 선생이나 학생의 것도 아니다. 더더구나 자본의 것일 수는 없다. 오히려 대학과 학문의 역사는 국가나 시장 혹은 자본이 끊임없이 그 자유를 제한하려 한 역사이자 그런 상황과 맞서 싸운 역사이기도 하다. 이런 점에서 과거의 대학으로 회수되지도 시장과 자본에 종속되지도 않으면서 사회 구성원의 공공재로서의 대학을 다시 생각해보자는 이 책의 주장은 오늘날 우리 사회에 꼭 필요한 문제제기가 아닌가 한다.

옮긴이의 말

저자의 말마따나 교육학의 전문가도 아닌 사람이 '대학이란 무엇인가'라는 꽤 요란한 제목의 책을 썼고, 교육학은 물론 일본학의 전문가가 아닌 사람이 겁도 없이 번역에 나섰다. 저자만큼이나 번역자도 꽤 위험한 외도를 한 셈인데, 여기에는 앞에서 말한 이 책의 장점 이외에도 요시미 교수와의 개인적인 인연이 작용했다. 요시미 교수와의 인연이 시작된 것은 번역자가 2004년 가을에서 2005년 겨울에 걸쳐 박사학위 논문 자료 수집을 위해 일본에 유학 중일 때였다. 이 책을 읽으면서 깨닫게 된 바지만, 번역자가 혼고本郷 캠퍼스의 '요시미 세미나'에 참석하면서 박사학위 논문의 방향을 잡는 데 큰 도움을 받고 있을 때, 도쿄 대학은 법인화의 소용돌이 속에서 새로운 도전에 직면해 있던 상황이었다. 그 당시 요시미 선생이 했던 한 마디 한 마디가 이 책에 그대로 서술되어 있는 것을 보면서, 당면한 현실의 문제의식을 토대로 한 권의 책으로 엮어내는 탁월한 능력에 감탄하지 않을 수 없다. 다만, 번역자로서 가장 아쉬운 것은 번역자의 역량 부족으로 이 책의 마무리 부분에 꼭 있어야 할 한국의 대학과 고등교육의 역사와 과제에 대해 개괄하지 못했다는 점이다. 이 점은 기회가 된다면 개정판을 낼 때 꼭 보충을 하고 싶다.

신임교수가 연구에 전념할 수 있도록 한 국민대의 신임교수 연구지원 프로그램이 없었다면 이 책의 번역을 기한 내에 마치기 힘들었을 것이다. 번역본 초고를 끝까지 읽으면서 어색한 직역투의 문장을 유려한 한국어 문장으로 바꾸는 일에 많은 도움을 준 서울대 대학원 현대문학연구실의 이경림 선생에 대한 고마움은 이루 말할 수 없다. 마지막으로 번역자의 안목을 믿고 마감기한을 넘긴 원고를 이토록 멋진 장정의 책으로 만들어 준 글항아리 편집부 여러분께 감사의 인사를 드린다.

2014년 4월
서재길

대학이란
무엇인가

1판 1쇄 2014년 4월 30일
1판 3쇄 2022년 2월 18일

지은이 요시미 순야
옮긴이 서재길
펴낸이 강성민
편집장 이은혜
마케팅 정민호 이숙재 김도윤 한민아 정진아 이가을 우상욱 박지영 정유선
브랜딩 함유지 함근아 김희숙 정승민
제작 강신은 김동욱 임현식

펴낸곳 (주)글항아리 | 출판등록 2009년 1월 19일 제406-2009-000002호
주소 10881 경기도 파주시 회동길 210
전자우편 bookpot@hanmail.net
전화번호 031-955-2696(마케팅) 031-955-1903(편집부)
팩스 031-955-2557

ISBN 978-89-6735-112-0 03900

www.geulhangari.com